Prikkelbaarheid bij kinderen en adolescenten

Oorspronkelijke auteurs:
Argyris Stringaris
Eric Taylor

Prikkelbaarheid bij kinderen en adolescenten

Nederlandse vertaling en bewerking:
Inez Buyck

Houten 2018

ISBN 978-90-368-2080-6   ISBN 978-90-368-2081-3 (eBook)
https://doi.org/10.1007/978-90-368-2081-3

Disruptive Mood, Irritability in Children and Adolescent was originally published in English in 2015. This adapted translation is published by arrangement with Oxford University Press. Bohn Stafleu van Loghum, part of Springer Media BV is solely responsible for this adapted translation from the original work and Oxford University Press shall have no liability for any errors, omissions or inaccuracies or ambiguities in such translation or for any losses caused by reliance thereon.

Disruptive Mood, Irritability in Children and Adolescent werd oorspronkelijk in het Engels gepubliceerd in 2015. Deze Nederlandse vertaling en bewerking is met toestemming van Oxford University Press gepubliceerd. Bohn Stafleu van Loghum, onderdeel van Springer Media BV is volledig verantwoordelijk voor deze vertaling en bewerking. Oxford University Press is niet verantwoordelijk voor fouten, omissies, onjuistheden of onduidelijkheden in de vertaling of voor enige schade voortvloeiend uit het gebruik hiervan.

© Bohn Stafleu van Loghum is een imprint van Springer Media B.V., onderdeel van Springer Nature 2018
Alle rechten voorbehouden. Niets uit deze uitgave mag worden verveelvoudigd, opgeslagen in een geautomatiseerd gegevensbestand, of openbaar gemaakt, in enige vorm of op enige wijze, hetzij elektronisch, mechanisch, door fotokopieën of opnamen, hetzij op enige andere manier, zonder voorafgaande schriftelijke toestemming van de uitgever.

Voor zover het maken van kopieën uit deze uitgave is toegestaan op grond van artikel 16b Auteurswet j° het Besluit van 20 juni 1974, Stb. 351, zoals gewijzigd bij het Besluit van 23 augustus 1985, Stb. 471 en artikel 17 Auteurswet, dient men de daarvoor wettelijk verschuldigde vergoedingen te voldoen aan de Stichting Reprorecht (Postbus 3060, 2130 KB Hoofddorp). Voor het overnemen van (een) gedeelte(n) uit deze uitgave in bloemlezingen, readers en andere compilatiewerken (artikel 16 Auteurswet) dient men zich tot de uitgever te wenden.

Samensteller(s) en uitgever zijn zich volledig bewust van hun taak een betrouwbare uitgave te verzorgen. Niettemin kunnen zij geen aansprakelijkheid aanvaarden voor drukfouten en andere onjuistheden die eventueel in deze uitgave voorkomen.

NUR 777
Basisontwerp omslag: Studio Bassa, Culemborg
Automatische opmaak: Scientific Publishing Services (P) Ltd., Chennai, India
Vertaling: Timon Meynen (Meynen Tekstadvies)

Bohn Stafleu van Loghum
Walmolen 1
Postbus 246
3990 GA Houten

www.bsl.nl

Voorwoord

'Twee zeer goede wetenschappers nemen met succes de uitdaging aan om *prikkelbaarheid* af te bakenen en te plaatsen in de klinisch relevante context van ontwikkelingspsychopathologie. Het is tegelijk een meesterlijke synthese van de wetenschappelijke en klinische onderzoeken naar prikkelbaarheid en een uitdagend overzicht van dit courante psychiatrische symptoom.'

Bennett L. Leventhal, University of California, San Francisco, USA

'In deze baanbrekende tekst bieden twee internationaal erkende clinici-wetenschappers een kader voor prikkelbaarheid bij kinderen en de definitie, neurobiologie, beoordeling en behandeling ervan. *Prikkelbaarheid bij kinderen* is een gemakkelijk leesbare en praktische tekst die inspeelt op een belangrijke behoefte in de geestelijke gezondheid van kinderen.'

James McGough, University of California, Los Angeles, USA

'Stringaris en Taylor combineerden hun enorme ervaringen en diepgaande kennis als clinici en onderzoekers om een inzichtelijke tekst te schrijven. Hun briljante werk is een must-read voor al wie geïnteresseerd is in het begrijpen van prikkelbaarheid en betrokken is bij de geestelijke gezondheidszorg van kinderen en adolescenten.'

Guilherme V. Polanczyk, University of Sao Paulo Medical School, Brazilië

'*Prikkelbaarheid bij kinderen* geeft een beknopte en toonaangevende uiteenzetting over het begrip, de beoordeling en het management van dit frequente en erg beperkende, maar vaak verwaarloosde psychiatrische symptoom dat tot verwarring heeft geleid bij clinici. Lezers zullen solide antwoorden vinden op veel kernvragen die in het onderzoek en de klinische praktijk rijzen over disruptieve stemming en prikkelbaarheid bij kinderen en adolescenten.'

Tobias Banaschewski, Heidelberg University, Mannheim, Duitsland

Na het lezen van zo veel lovende woorden van autoriteiten in het vakgebied, was mijn interesse om me te verdiepen in het boek *Prikkelbaarheid bij kinderen* onmiddellijk gewekt.

Prikkelbaarheid is een van de meest voorkomende redenen voor verwijzing van kinderen naar de geestelijke gezondheidszorg en kan gepaard gaan met ernstige psychosociale beperkingen. Hoewel er de laatste jaren meer en meer wetenschappelijk onderzoek wordt gedaan naar prikkelbaarheid bij kinderen en jongeren, is het een heterogeen klinisch fenomeen dat zowel naar beoordeling als behandeling toe, nog veel vragen oproept. Vragen die zich onder meer voordoen, zijn hoe prikkelbaarheid verschilt van andere gelijkaardige symptomen (zoals frustratie, woede, woede-uitbarstingen, agressie), hoe klinisch abnormale prikkelbaarheid op een betrouwbare manier kan worden vastgesteld, of prikkelbaarheid inherent is aan bepaalde psychiatrische stoornissen, een stoornis op zich vormt of eerder een niet-specifiek klinisch fenomeen is, in welke mate prikkelbaarheid een significante predictor is voor klinische uitkomsten, welke pathofysiologische mechanismen er betrokken zijn bij prikkelbaarheid, en welke klinische interventies er op basis hiervan het meest aangewezen zijn.

In dit boek wordt het construct prikkelbaarheid vanuit een aantal richtinggevende thema's op een systematische manier behandeld, wat een aanzienlijke verheldering en verdieping brengt voor zowel de klinische als wetenschappelijke praktijk.

Het boek bestaat uit drie delen. In het eerste deel worden de definitie, epidemiologie, assessment, ontwikkeling, psychopathologie en neurobiologie van prikkelbaarheid besproken. Het tweede gedeelte belicht de relaties tussen prikkelbaarheid en bepaalde psychiatrische en medische aandoeningen. Het derde deel van het boek exploreert het klinisch management en toekomstige onderzoeksperspectieven van prikkelbaarheid.

Na het inleidende hoofdstuk, wordt in ►H. 2 aandacht besteed aan het vinden van gemeenschappelijke taal om het begrip 'prikkelbaarheid' duidelijk te conceptualiseren. Prikkelbaarheid wordt vaak gebruikt als synoniem van termen zoals woede, stemmingsinstabiliteit of stemmingsdisregulatie. Deze begrippen zijn nauw aan elkaar verwant en overlappen elkaar in sommige aspecten. In de context van huidige wetenschappelijke theorieën en het empirische kader van dit boek wordt prikkelbaarheid gedefinieerd als een toestand van woede; een toenaderingsemotie met een negatieve valentie die op een vorm van emotionele disregulatie wijst.

In de dagelijkse realiteit komt prikkelbaarheid vaak voor, het vormt een onderdeel van de normale menselijke ervaring. Dit kan de beoordeling van prikkelbaarheid in een klinische context bemoeilijken, want dit wijst op de behoefte aan een duidelijke afbakening van klinisch relevante grenzen van het construct. Een goede anamnese is cruciaal voor differentiaaldiagnose en het vinden van belangrijke aanwijzingen voor het kiezen van werkzame behandelingen. Prikkelbaarheid wordt als klinisch abnormaal beschouwd als deze excessief is in frequentie, duur en intensiteit, uitermate makkelijk wordt uitgelokt, en/of oncontroleerbaar is, schade toebrengt aan het kind of andere mensen en niet aansluit bij de ontwikkelingsleeftijd van het kind. In ►H. 3 wordt een systematische aanpak aangereikt om deze factoren te beoordelen en een onderscheid te maken tussen de verschillende omstandigheden die tot prikkelbaarheid leiden. Er worden handvatten aangeboden om te begrijpen hoe gezinnen het probleem (indirect) kunnen communiceren en er worden hulpmiddelen en (screenings)instrumenten voorgesteld om prikkelbaarheid op een betrouwbare manier te kunnen meten.

Problemen van kinderen, dus ook woede en prikkelbaarheid, dienen altijd in een ontwikkelingsgericht perspectief te worden bekeken: wat op een bepaalde leeftijd als 'normaal' gedrag wordt gezien, kan op een andere leeftijd als afwijkend en bijgevolg ook klinisch relevant worden beschouwd. In ►H. 4 wordt het ontwikkelingsverloop van de intensiteit en frequentie, uitdrukking, en controleerbaarheid van woede doorheen de levensloop besproken. Daarnaast wordt ook de ontwikkeling van het vermogen van kinderen en jongeren om emotionele toestanden van zichzelf en anderen te herkennen en verwerken toegelicht. Verder worden genetische, sociale en culturele factoren die deze ontwikkelingslijnen kunnen beïnvloeden en bijgevolg ook een bron kunnen vormen voor individuele verschillen in het tot uiting komen van prikkelbaarheid uiteengezet.

►Hoofdstuk 5 biedt verdere inzichten in de prevalentie, comorbiditeit en het verloop van prikkelbaarheid over de tijd heen. Prevalentieschattingen zijn moeilijk te maken, omdat ze variëren volgens de definitie die aan prikkelbaarheid wordt gegeven. Een consistent gegeven is wel dat kinderen met prikkelbaarheid vaak lijden aan één of meerdere comorbide psychiatrische aandoeningen, waaronder emotionele en gedragsstoornissen. Prikkelbaarheid blijkt in de levensloop ook relatief stabiel te zijn. Zo vertonen kinderen met prikkelbaarheid een verhoogd risico op emotionele stoornissen en een verstoord adaptief functioneren in hun latere volwassen leven. Dit illustreert het belang van een zorgvuldig assessment en adequate behandeling van de problematiek in de kindertijd.

De substantiële impact die prikkelbaarheid heeft op de algemene gezondheid toont aan dat het belangrijk is om de pathofysiologische mechanismen die aan de prikkelbaarheid ten grondslag liggen in kaart te brengen. Prikkelbaarheid heeft niet enkel psychosociale, maar ook onderliggende neurologische fundamenten. Neurowetenschappelijk onderzoek rond prikkelbaarheid staat relatief gezien nog in de kinderschoenen, waardoor het op dit moment nog niet mogelijk is om een volledig overzicht te geven van de neurobiologische onderbouw. In ▶H. 6 wordt besproken hoe een verstoord functioneren van hersenstructuren die verbonden zijn met het verwerken van dreiging en beloning en cognitieve controle verband houden met woede. Aan de orde komen verder mogelijke neurochemische veranderingen die kunnen leiden tot interindividuele verschillen in woede.

In de klinische praktijk kent prikkelbaarheid een heel heterogeen fenotypisch beeld. Ze kan worden opgemerkt bij verschillende stoornissen waarvan de diagnostische criteria soms met elkaar overlappen of samen voorkomen. De ▶H. 7 tot en met 13 bespreken achtereenvolgens het voorkomen van prikkelbaarheid bij aandachtstekortstoornis met hyperactiviteit (ADHD), autismespectrumstoornis, disruptieve gedragsstoornissen, bipolaire en depressieve stoornissen, disruptieve stemmingsdisregulatiestoornis en hersenletsels. De manier waarop prikkelbaarheid samenhangt met of inherent is aan de stoornis en hoe prikkelbaarheid tot stand kan komen en zich kan uiten, wordt voor elke fysieke of psychiatrische beperking toegelicht, waarbij onder meer het onderscheid tussen episodische en chronische prikkelbaarheid een belangrijk aandachtspunt voor differentiaaldiagnostiek vormt. Bij elke stoornis worden ook specifieke aanknopingspunten voor behandeling geformuleerd. Hierbij worden zowel potentieel effectieve farmacologische als psychosociale interventies onder de loep genomen. In ▶H. 14 worden de belangrijkste klinische en wetenschappelijke bevindingen over prikkelbaarheid nog eens op een rijtje gezet. Eerst wordt een overzicht gegeven van de huidige diagnostische benaderingen van prikkelbaarheid. Prikkelbaarheid wordt gezien als een niet-specifiek diagnostisch verschijnsel bij ADHD, autismespectrumstoornissen en hersenschade. Episodische prikkelbaarheid vormt een criterium voor het diagnosticeren van manie, hypomanie en depressie, terwijl chronische prikkelbaarheid deel uitmaakt van de definitie van de oppositioneel-opstandige gedragsstoornis. Bij de disruptieve stemmingsdisregulatiestoornis is chronische prikkelbaarheid een aandoening op zichzelf. Vervolgens worden in dit hoofdstuk de voornaamste aandachtspunten voor behandeling opgelijst. Psychologische en sociale interventies omvatten onder meer het aanpassen van de omgeving, psycho-educatie, oudertraining, cognitief-gedragsmatige therapie en de behandeling van onderliggende aandoeningen. Verder worden de mogelijke rollen van anti-epileptica, antipsychotica en andere geneesmiddelen beschreven bij de behandeling van prikkelbaarheid.

Het laatste hoofdstuk is gewijd aan het formuleren van enkele ideeën om het begrip over het construct van prikkelbaarheid op een hoger niveau te tillen. Toekomstig onderzoek zou zich kunnen richten op hoe prikkelbaarheid kan worden gedifferentieerd van andere emoties, hoe we de heterogeniteit en hersenmechanismen van prikkelbaarheid kunnen begrijpen, hoe we de duur van een prikkelbare stemming kunnen vertalen naar klinisch relevante tijdschalen en hoe we de mogelijk verschillende ontwikkelingspaden die leiden tot prikkelbaarheid verder in kaart kunnen brengen. Dit alles kan weer resulteren in de ontwikkeling van nieuwe tools die in de dagelijkse klinische praktijk van diagnostiek en behandeling kunnen worden aangewend.

Wat me vooral aanspreekt in het boek is de combinatie van betrouwbare wetenschappelijke inzichten en degelijk klinisch werk. Deze combinatie zorgt ervoor dat de auteurs niet alleen goed theoretisch onderbouwde, maar ook haalbare en werkbare handvatten voor de klinische praktijk aanreiken. Er wordt rekening gehouden met dagdagelijkse praktijk. Deze Nederlandse vertaling maakt dit boek bekend bij een breed publiek van Nederlandstalige zorgprofessionals en beroepskrachten die betrokken zijn bij onderwijs- en onderzoekstrajecten over de geestelijke gezondheid van kinderen en jongeren. Daar heb ik met plezier aan meegewerkt.

Ik ben de oorspronkelijke auteurs van het boek, professor Stringaris en professor Taylor, erg dankbaar voor hun enthousiasme en steun om het boek in het Nederlands te vertalen. Ik hoop op die manier hun baanbrekende werk mee te kunnen verspreiden, zodat we met z'n allen de geestelijke gezondheidszorg voor kinderen en jongeren verder kunnen optimaliseren.

Inez Buyck
Januari 2018

Dankbetuiging

Professor Taylor erkent dankbaar de steun van de Medical Research Council UK en het Wellcome Trust. Dr. Stringaris is dankbaar voor de steun van het Wellcome Trust en het National Institute of Health Research Biomedical Research Centre.

Inhoud

1	Prikkelbaarheid: overzicht en introductie	1
2	Terminologie	5
2.1	Definities	6
2.2	Prikkelbaarheid: stemming, emotie, of temperament?	7
2.3	Prikkelbaarheid en andere nauw verwante termen	7
3	Beoordeling van kinderen met prikkelbaarheid	9
3.1	Is prikkelbaarheid een probleem?	10
3.2	Wie rapporteert prikkelbaarheid?	11
3.3	Het definiëren van prikkelbaarheid	11
3.4	Intensiteit van driftbuien	11
3.5	Frequentie en chroniciteit	12
3.6	Context en antecedenten	12
3.7	Gevolgen	14
3.8	Mogelijkheid tot afzwakking	14
3.9	Instrumenten	14
3.10	Maakt de prikkelbaarheid deel uit van een complexe aandoening?	15
4	De ontwikkeling van woede	17
4.1	Zuigelingen	18
4.2	Peuter en kleuter	20
4.3	Schoolleeftijd en adolescentie	22
4.4	Volwassenheid	23
4.5	Woede en agressie	23
4.6	Normale en abnormale prikkelbaarheid	27
5	Prevalentie, comorbiditeit, en ontwikkelingsverloop	29
5.1	Hoe vaak komt prikkelbaarheid voor?	30
5.2	Amerikaanse bevindingen: prevalentie van ernstige stemmingsdisregulatie	30
5.3	Britse bevindingen: Isle of Wight-studie	30
5.4	Britse bevindingen: stemmingslabiliteit bij de algemene bevolking	31
5.5	Hoe vaak komen woede-uitbarstingen voor?	31
5.6	Welke problemen gaan gepaard met prikkelbaarheid?	31
5.7	Prikkelbaarheid is gerelateerd aan een heleboel psychiatrische stoornissen	32
5.8	Prikkelbaarheid voorspelt emotionele problemen	32
5.9	Prikkelbaarheid voorspelt sociale rolbeperking	33
6	De neurowetenschap van prikkelbaarheid	35
6.1	Hersennetwerken en emotieverwerking	37
6.2	Neurologische processen	37
6.3	Neurale verwerking bij kinderen met chronische prikkelbaarheid	42
6.4	Stemmingswisselingen	45
6.5	Effecten van neurotransmitters en neuromodulators op woede	46
6.6	Klinische aspecten	47

7	**ADHD en prikkelbaarheid**	49
7.1	Sterkte en aard van het verband	50
7.2	Waarom zijn zoveel kinderen met ADHD prikkelbaar?	52
8	**Prikkelbaarheid bij autismespectrumstoornissen**	61
8.1	Sterkte en aard van het verband	62
8.2	Waarom zijn zoveel kinderen met een autismespectrumstoornis prikkelbaar?	63
8.3	Behandeling van prikkelbaarheid bij personen met ASS	65
9	**Prikkelbaarheid en disruptieve gedragsstoornissen**	69
9.1	Prevalentie en comorbiditeit	70
9.2	Het verband met de antisociale gedragsstoornis	71
9.3	Het verband met ADHD	71
9.4	Behandeling	72
10	**Prikkelbaarheid en de bipolaire stoornis**	75
10.1	Epidemiologische gegevens over de prevalentie van de bipolaire stoornis bij kinderen en adolescenten	78
10.2	De stijging van de prevalentie van de bipolaire stoornis bij kinderen en adolescenten	78
10.3	Prikkelbaarheid bij de episodische bipolaire stoornis	82
10.4	Behandeling van manische stemmingen	82
10.5	Chronische, niet-episodische toestanden van prikkelbaarheid	86
10.6	Korte affectieve episodes	88
10.7	De relatie tussen prikkelbaarheid en de bipolaire stoornis in de literatuur: een samenvatting van de hoofdpunten en open vragen	89
11	**Prikkelbaarheid bij depressieve stoornissen**	91
11.1	Prikkelbaarheid en depressie bij volwassenen	93
11.2	Episodische prikkelbaarheid en depressie bij kinderen	94
11.3	Chronische prikkelbaarheid en depressie bij jongeren	95
11.4	Behandeling van prikkelbaarheid bij depressie	97
12	**Prikkelbaarheid en de disruptieve stemmingsdisregulatiestoornis**	99
12.1	Achtergrond	100
12.2	Beschrijving van DMDD	100
12.3	Onderzoeksresultaten	101
12.4	Behandeling en differentiaaldiagnose	102
13	**Prikkelbaarheid bij hersenaandoeningen en hersenletsel**	105
13.1	Niet-aangeboren hersenletsel	106
13.2	Chronische hersenletsels	107
13.3	Specifieke neurologische syndromen	109
14	**Klinische behandeling van prikkelbaarheid en disruptieve stemming**	111
14.1	Huidige diagnostische benaderingen	112
14.2	Psychologische en sociale behandeling	114
14.3	Farmacologische behandeling van prikkelbaarheid	118

15	**Toekomstige richtingen en een model voor prikkelbaarheid**	123
15.1	Prikkelbaarheid, het dreigingsnetwerk en andere emoties	124
15.2	Prikkelbaarheid: duur en gemoedstoestand	125
15.3	Prikkelbaarheid: één of meer?	125

Bijlagen ... 127
Een schaal om prikkelbaarheid te meten ... 128
ARI-P ... 129
ARI-S ... 130
Literatuur ... 131
Register ... 142

Over de auteurs

Argyris Stringaris, MD, PhD, MRCPsych
is klinisch wetenschapper die gemoedstoestanden en de hersenen in de loop van de menselijke ontwikkeling bestudeert. Hij studeerde psychiatrie aan het Maudsley Hospital in Londen, waar hij de functie van consulterend psychiater uitoefende. Hij promoveerde aan het Instituut voor Psychiatrie van King's College London, waar hij Wellcome Trust Fellow en Senior Lecturer was. Hij staat nu aan het hoofd van de Mood Brain & Developmental Unit van het National Institute of Mental Health, National Institutes of Health, USA.

Eric Taylor, MB, FRCP, FRCPsych (Hon), FMedSci
heeft nu al bijna veertig jaar kinderneuropsychiatrie onderzocht, onderwezen en beoefend. Hij heeft een reeks behandelingen geïntroduceerd en geëvalueerd in het Maudsley Hospital in Londen, waar hij enige tijd aan het hoofd gestaan heeft en nu ereconsulent is. Hij publiceerde veel wetenschappelijke artikelen, en diverse handboeken en praktijkrichtlijnen aan het Instituut voor Psychiatrie van King's College London. Daar stond hij aan het hoofd van de afdeling Kinder- en Jeugdpsychiatrie en is hij nu emeritus professor.

Inez Buyck, MSc, PhD
is klinisch wetenschapper en wetenschappelijk clinicus met expertise in de diagnostiek en behandeling van kinderen en jongeren met een psychische kwetsbaarheid. Ze studeerde klinische psychologie aan de universiteit van Gent, waar ze promoveerde op onderzoek naar ADHD. Ze werkt momenteel als senior onderzoeker aan de Katholieke Universiteit Leuven, praktijkassistent aan de Universiteit Gent en staat aan het hoofd van een zelfstandige praktijk voor kinder- en jeugdpsychologie.

Prikkelbaarheid: overzicht en introductie

Samenvatting

Prikkelbaarheid komt heel frequent voor bij kinderen die worden verwezen naar instellingen voor jeugd-ggz en kan een bron zijn van ernstige psychosociale beperkingen. Toch vormt prikkelbaarheid ook een onderdeel van de normale menselijke ervaring. De schijnbare spanning daartussen zorgt sinds enige tijd voor breed debat in de psychiatrie, maar heeft ook wetenschappelijk onderzoek gestimuleerd naar prikkelbaarheid als gemoedstoestand. Dit hoofdstuk brengt wetenschappelijke en klinische kennis uit verschillende bronnen samen, met als doel clinici te helpen het ontstaan van en het omgaan met prikkelbare stemmingen bij kinderen en adolescenten te begrijpen. In dit hoofdstuk wordt beschreven hoe dit boek de hoofdvragen over prikkelbaarheid en de afbakening ervan ten opzichte van normaliteit en andere aandoeningen benadert.

© Bohn Stafleu van Loghum is een imprint van Springer Media B.V., onderdeel van Springer Nature 2018
I. Buyck, A. Stringaris en E. Taylor, *Prikkelbaarheid bij kinderen en adolescenten*,
https://doi.org/10.1007/978-90-368-2081-3_1

Instellingen voor geestelijke gezondheidszorg voor jeugdigen krijgen vaak kinderen met een ernstige vorm van prikkelbaarheid over de vloer, en er heerst steeds meer onenigheid over de hulpverlening aan deze kinderen en hun families. Om tegemoet te komen aan de erkenning van de noden van kinderen met ernstige prikkelbaarheid, werd een aandoening toegevoegd aan de vijfde editie van de Diagnostic and Statistical Manual of Mental Disorders (DSM-5), het wereldwijd gehanteerde classificatiesysteem voor psychiatrische aandoeningen.

Dit boek brengt wetenschappelijke en klinische kennis vanuit verschillende bronnen bij elkaar en helpt clinici de oorsprong en hantering van prikkelbare stemmingen bij kinderen en adolescenten beter te begrijpen. Ons algemene perspectief is dat klinische prikkelbaarheid bij voorkeur wordt beschouwd als een emotioneel uiterste:

- Prikkelbaarheid is een trek die wordt gekenmerkt door overmatige woede. Deze woede is overmatig in frequentie, duur, intensiteit, gemak waarmee ze wordt uitgelokt en/of oncontroleerbaarheid. In ▶H. 2 lichten we de begrippen die we hierbij hanteren nader toe. In ▶H. 3 beschrijven we hoe prikkelbaarheid kan worden geëvalueerd.
- Prikkelbaarheid kan, maar hoeft niet noodzakelijkerwijze te leiden tot agressie in verhouding tot anderen (en er zijn bovendien veel andere oorzaken van agressie). Sommige onderzoekers en clinici interpreteren prikkelbaarheid louter als disruptief gedrag. Dit kan ertoe leiden dat de emotionele aspecten die met agressie gepaard gaan over het hoofd worden gezien. ▶Hoofdstuk 4 beschrijft de vroege ontwikkeling van woede, en waarom de kenmerken van deze emotie kunnen verschillen tussen personen. ▶Hoofdstuk 5 gaat verder met de prevalentie en het tijdsverloop van prikkelbaarheid. Centraal hierbij staat dat prikkelbaarheid die tot uiting komt in de kindertijd een risicofactor vormt voor het ontstaan van stemmingsstoornissen (zoals depressie en een verstoord adaptief functioneren) in het volwassen leven.
- Prikkelbaarheid kan optreden bij verschillende aandoeningen, die vaak samen voorkomen en overlappende diagnostische criteria hebben: dit kan leiden tot verwarring bij clinici. In ▶H. 7 tot en met ▶H. 12 worden de verschillen beschreven in de presentatie en behandeling van prikkelbaarheid bij verschillende psychische stoornissen, zoals aandachtstekortstoornis met hyperactiviteit (ADHD), autisme en stemmingsstoornissen.
- Verwarring is des te waarschijnlijker vanwege de huidige controverses over de diagnostische afbakening van de verschillende stemmingsstoornissen. ▶Hoofdstuk 10 en ▶H. 12 behandelen vragen over de bipolaire stoornis en de nieuwe aandoening van disruptieve stemmingsdisregulatiestoornis (DMDD), en benadrukken het belang van het maken van een onderscheid tussen een episodisch en chronisch verloop van problemen.
- Prikkelbaarheid heeft zowel neurologische als psychosociale wortels. ▶Hoofdstuk 6 bespreekt een aantal neuropsychologische hypothesen over de pathogenese, maar er is momenteel onvoldoende bewijs voor een volledig theoretisch kader. ▶Hoofdstuk 13 geeft een overzicht van aandoeningen, letsels en functiebeperkingen in de hersenen die prikkelbaarheid kunnen beïnvloeden. ▶Hoofdstuk 14 biedt vervolgens op basis van de informatie uit eerdere hoofdstukken een aantal aanbevelingen – die noodzakelijkerwijs niet helemaal gebaseerd zijn op wetenschappelijk bewijs – voor clinici om te kunnen navigeren in de complexiteit van de diagnostiek en een nuttige behandeling te kunnen bieden. Hoewel prikkelbaarheid frequent voorkomt, is het pas recent een specifieke focus voor onderzoek geworden, en een groot deel van het onderzoek is nog niet geïntegreerd in het reguliere klinische denken.

Dit boek bespreekt een aantal kernvragen:

- *Prikkelbaar zijn is normaal: waarom zou prikkelbaarheid een onderwerp zijn voor clinici in de geestelijke gezondheidszorg?* Veel zaken die meestal normatief zijn, kunnen aan de uiteinden van het continuüm problematisch zijn. Een hoge bloeddruk en aanhoudend verdriet worden bijvoorbeeld als pathologisch beschouwd, vooral omdat ze nadelige gevolgen voor het individu met zich mee brengen. Theoretici die gespecialiseerd zijn in persoonlijkheid en temperament zien variaties in gradaties van prikkelbaarheid als een onderdeel van de interindividuele variatie in normatieve trekken. Er wordt echter erkend dat hoge niveaus van deze eigenschappen een risico op psychiatrische stoornissen en sociale onaangepastheid met zich meebrengen. Dit lijkt ook het geval voor prikkelbaarheid. ▶Hoofdstuk 5 beschrijft opvolgstudies die aantonen dat prikkelbaarheid tot dertig jaar later negatieve uitkomsten, met inbegrip van psychiatrische stoornissen en sociale onaangepastheid, kan voorspellen.

- *Is prikkelbaarheid slechts een niet-specifiek probleem, dat zich verhoudt tot de psychiatrie zoals koorts zich verhoudt tot de algemene geneeskunde?* Prikkelbaarheid kan zich inderdaad voordoen als onderdeel van een aantal andere psychiatrische symptomen en stoornissen, variërend van depressie en gegeneraliseerde angst tot oppositioneel-opstandige gedragsstoornis (ODD). Toch blijkt uit bevindingen van verschillende studies over de afgelopen tien jaar dat emotionele problemen, met name depressieve stoornissen en gegeneraliseerde angst, langetermijnuitkomsten van prikkelbaarheid zijn (▶H. 5). Deze bevindingen zijn in overeenstemming met de opvatting dat prikkelbaarheid een manifestatie van een stemming is en dat ze gemeenschappelijke risico's, en mogelijk ook uitkomsten, deelt met depressieve stoornissen. Deze visie zal verder worden besproken in de hoofdstukken over mogelijke mechanismen van prikkelbaarheid (▶H. 6 en 11).

- *Moet prikkelbaarheid primair worden beschouwd als een disruptief symptoom, een kenmerk van kinderen met oppositionele en gedragsproblemen?* Traditioneel wordt prikkelbaarheid bij jonge mensen gezien als een kenmerk van disruptieve gedragsproblemen (gedragsstoornissen of oppositionele aandoeningen). Prikkelbaarheid vormt echter vaak geen aanleiding tot gedrags- of oppositionele symptomen. De diagnostische criteria voor ODD bevatten items die een prikkelbare stemming beschrijven (prikkelbaar, snel geïrriteerd en boos), samen met een aantal andere karakteriserende gedragingen (bijvoorbeeld 'maakt ruzie met volwassenen' of 'is ongehoorzaam'). Recent onderzoek suggereert dat kinderen die hoog scoren op items die prikkelbaarheid signaleren een andere uitkomst hebben dan kinderen die hoog scoren op items die niet-conform en opstandig gedrag karakteriseren. Jonge mensen met een prikkelbare stemming hebben namelijk een verhoogd risico op het ontwikkelen van depressieve of angststoornissen, terwijl kinderen die hoog scoren op de gedragsitems meer kans lopen op het ontwikkelen van ADHD of gedragsproblemen. We leggen in ▶H. 4 voor dat prikkelbaarheid een motiverende stemming is voor wat wordt beschreven als 'reactieve agressie', maar dat prikkelbaarheid minder relevant is bij mensen met een proactieve, aangeleerde, of geplande agressie, of bij kinderen met harteloze en emotieloze trekken.

- *Is prikkelbaarheid een manifestatie van vroeg-ontstane bipolaire stoornis?* Naar aanleiding van een enorme toename van het aantal diagnoses van bipolaire stoornis bij kleuters ontstond in de Verenigde Staten een 'pediatrisch bipolair debat'. Er werden vragen gesteld over deze diagnostische praktijken en de gevolgen daarvan voor kinderen (een enorme toename in het voorschrijven van antipsychotica werd waargenomen rond dezelfde tijd).

Prikkelbaarheid scheen in deze discussie centraal te staan, omdat deze door sommige onderzoekers werd beschouwd als de meest voorkomende en karakteristieke vroege manifestatie van bipolaire stoornis. Deze opvatting is aangevochten op een aantal gronden die worden besproken in ▶H. 10. Het lijkt onwaarschijnlijk dat een typische bipolaire stoornis bij kinderen heel vaak voorkomt, en prikkelbaarheid is zeker geen specifiek kenmerk van een vroege bipolaire stoornis. Toch ontbrak het artsen, ouders en beleidsmakers tot voor kort aan een officiële beschrijving van kinderen met ernstige prikkelbaarheid. De waarde van een dergelijk label (dat opgenomen is in de DSM-5 maar niet in de internationale classificatie van aandoeningen van de *World Health Organization*), wordt besproken in ▶H. 10 en 12.

– *Zijn er verschillende ontwikkelingspaden naar prikkelbaarheid?* Clinici hebben vaak het gevoel dat prikkelbaarheid bij, laten we zeggen, een jonge jongen met autisme op een of andere manier verschilt van prikkelbaarheid bij een tienermeisje met een depressie. Zeker, de context waarin prikkelbaarheid zich manifesteert, kan verschillen tussen personen. Bij autisme kan prikkelbaarheid bijvoorbeeld optreden als gevolg van sensorische gevoeligheid of weerstand tegen verandering (zie ▶H. 8), terwijl prikkelbaarheid bij een depressie zonder een duidelijke aanleiding (gedurende een periode van verdriet) kan ontstaan of gepaard kan gaan met zelfondermijnende gedachten (zie ▶H. 11). Dit kan erop wijzen dat er verschillende wegen leiden tot het ontstaan van prikkelbaarheid.

– *Heeft prikkelbaarheid een effect op behandeling en hoe kan het op zichzelf behandeld worden?* Prikkelbaarheid wordt traditioneel gezien als een belemmering bij behandeling en als een moeilijk op zichzelf te behandelen eigenschap. Veel clinici beweren dat bijvoorbeeld ADHD of depressie moeilijk te behandelen zijn wanneer er prikkelbaarheid mee gepaard gaat. Onderzoek suggereert niettemin dat de behandeling van ADHD, depressie, manie of andere onderliggende problemen vaak leidt tot aanzienlijke verbeteringen in prikkelbaarheid. ▶Hoofdstuk 14 presenteert opties voor behandeling van prikkelbaarheid wanneer die niet samen voorkomt met één van deze diagnoses.

Terminologie

Samenvatting

Prikkelbaarheid kan worden gedefinieerd als een toestand van neiging tot woede. In dit hoofdstuk wordt deze definitie als uitgangspunt genomen en wordt geprobeerd ze uit te breiden en aan te scherpen. Met prikkelbaarheid wordt, hier en in de bredere psychiatrische en psychologische literatuur, verwezen naar een emotioneel gekleurde toestand. Het is echter onduidelijk of prikkelbaarheid moet worden beschouwd als een stemming, een emotie of een temperamentsdispositie. Prikkelbaarheid wordt vaak gebruikt als synoniem van termen zoals woede, stemmingsinstabiliteit of stemmingsdisregulatie. In dit hoofdstuk worden de oorsprong van sommige van deze termen en hun overlapping met elkaar besproken, samen met de vaak impliciete theoretische aannames die de term 'disregulatie' onderbouwen en hoe dit klinische overwegingen en onderzoeksplannen beïnvloedt. Het hoofdstuk eindigt met een heuristisch schema dat de termen in de belangrijkste huidige theorieën over stemming en emotie kadert.

2.1   Definities – 6

2.2   Prikkelbaarheid: stemming, emotie, of temperament? – 7

2.3   Prikkelbaarheid en andere nauw verwante termen – 7

© Bohn Stafleu van Loghum is een imprint van Springer Media B.V., onderdeel van Springer Nature 2018
I. Buyck, A. Stringaris en E. Taylor, *Prikkelbaarheid bij kinderen en adolescenten*,
https://doi.org/10.1007/978-90-368-2081-3_2

2.1 Definities

Prikkelbaarheid kan worden gedefinieerd als een toestand van neiging tot woede. In dit boek zullen we deze definitie als uitgangspunt nemen en ze proberen uit te breiden en aan te scherpen. De oorsprong van het woord 'prikkelbaar' gaat terug naar het Latijnse adjectief 'irritabilis', wat 'gemakkelijk opgewonden' of 'gemakkelijk woedend' betekent (Lewis en Short 1879). Het begrip deelt haar wortels met het Latijnse woord 'ira', dat gewoonlijk wordt vertaald als 'woede'. In het Latijn lijkt 'ira' een vrij brede betekenis te hebben gehad. De classicistische William V. Harris verwoordt het als volgt (2002, blz. 69):

> De term 'ira' en zijn correlaten staan soms voor lichte woede, maar het bereik wordt ook uitgebreid naar intense woede, zoals Cicero zei … dat het kenmerkend is voor een boze man dat hij zijn slachtoffer 'zo veel mogelijk pijn wil berokkenen', maar dat dit te extreem is voor veel hedendaagse woede.

De Latijnse wortels voor 'prikkelbaarheid' zijn ook in de huidige woordenboeken terug te vinden.

Het Oxford Engels Woordenboek (OED 2007), geeft drie met elkaar samenhangende betekenissen:
- de bekende definitie die verwijst naar een emotionele reactie: 'gemakkelijk op te hitsen tot woede of ongeduld, snel geïrriteerd';
- een tweede definitie die verwijst naar een algehele verhoogde gevoeligheid: '(van een ding) gemakkelijk op te hitsen tot actie; sterk responsief op stimuli; (van een lichaamsdeel of orgaan) overmatig of abnormaal gevoelig';
- een derde definitie komt het dichtst bij de biologische: 'in staat actief te reageren op een bepaalde fysieke prikkel'.

Volgens Chambers woordenboek van etymologie (Barnhart 1988) werd de betekenis van leed en verontrusting door prikkelbaarheid pas in 1703 voor het eerst opgenomen. Zo werd prikkelbaarheid gerelateerd aan een soort van reactiviteit die emotioneel ongekleurd (bijvoorbeeld de beweging van een levend organisme als reactie op een elektrische prikkel) of gekleurd (zoals bij het beschrijven van iemand die snel boos wordt) kan zijn.

Het is belangrijk op te merken dat in deze definities prikkelbaarheid wordt beschreven als een geneigdheid. Het is een neiging om boos te worden na relatief weinig provocatie of met een relatief hoge frequentie. Deze definitie als een neiging is echter niet altijd duidelijk in dagelijks taalgebruik. Overweeg de situatie waarin iemand die net vijandig is benaderd door een ander, zich tot deze persoon richt met de woorden: 'Je bent zo prikkelbaar' of 'Waarom ben je zo prikkelbaar?' of 'Wat maakte je zo prikkelbaar?'. In deze gevallen verwijst 'prikkelbaar' naar de vijandige of boze reactie op dat moment, in plaats van naar de neiging van een persoon. Dit kan te wijten zijn aan het feit dat mensen zich uit eenmalige ontmoetingen indrukken vormen over gewoontereacties of neigingen (bijvoorbeeld of iemand prikkelbaar is of niet). Ook 'woede' – een woord dat vaak als synoniem wordt gebruikt van prikkelbaarheid – wordt zowel als een neiging ('een boze persoon', 'over het algemeen heel boos') als een beschrijving van een huidige toestand ('Wat maakte je zo boos ?') gebruikt.

Zoals we zullen bespreken, wordt prikkelbaarheid vaak als synoniem van of nagenoeg synoniem aan een aantal andere woorden gebruikt: we kozen 'prikkelbaarheid' in plaats van daaraan verwante woorden, omdat dit woord meestal wordt gebruikt in de officiële terminologie die naar stemmings- en angststoornissen verwijst.

2.2 Prikkelbaarheid: stemming, emotie, of temperament?

Zowel in dit boek als in de bredere psychiatrische en psychologische literatuur verwijst prikkelbaarheid naar een emotioneel gekleurde toestand. Het is echter onduidelijk of prikkelbaarheid moet worden beschouwd als een stemming, een emotie of een temperamentsdispositie. Het belangrijkste onderscheid dat wordt gemaakt tussen deze drie termen, is de duur: emoties nemen een aantal minuten in beslag, stemmingen kunnen een aantal maanden duren (althans wanneer het om pathologische toestanden gaat) en temperamenten houden jaren tot decennia aan (Ketter et al. 2003). Het is duidelijk dat deze verschillen niet erg precies zijn: hoeveel minuten dient een emotie maximaal te duren voordat ze een stemming kan worden genoemd, en hoeveel maanden kan een stemming aanhouden totdat ze als een temperament wordt beschouwd? Bovendien kunnen de definities van emoties, stemmingen en temperamentvolle disposities van elkaar afhankelijk zijn. Als temperamenten bijvoorbeeld een aanleiding vormen voor bepaalde stemmingen, dan is de enige manier om ze te detecteren het herhaaldelijk optreden van bepaalde stemmingen. Verder lijkt er een asymmetrie tussen stemmingen en emoties te zijn in de zin dat alleen bepaalde emoties lang genoeg kunnen aanhouden om stemmingen te worden. Het is bijvoorbeeld moeilijk in te beelden hoe de relatief vaak voorkomende emotie van verbazing een stemming kan worden. Omgekeerd lijkt het moeilijk om de meest ervaren stemmingen te vertalen naar een concrete langdurige emotie. Het lijkt erop dat de meest gebruikelijke stemmingen ofwel neutraal zijn of een mengeling van kortdurende, meestal mild gekleurde toestanden bevatten.

Het vraagstuk rond de duur van emotioneel gekleurde toestanden heeft belangrijke praktische implicaties. Zoals later in meer detail zal worden besproken, kan de duur van een emotionele toestand essentieel zijn voor beslissingen rond de classificatie en behandeling ervan, zoals bij het maken van het onderscheid tussen chronische en episodische prikkelbaarheid (Leibenluft et al. 2003).

In de DSM-IV (APA 2000) werd prikkelbaarheid duidelijk aangeduid als een stemming in het kader van drie centrale psychopathologische aandoeningen: depressie, dysthymie en bipolaire stoornis. Daarom zullen we in dit boek verwijzen naar prikkelbaarheid als een stemming. We zullen ons in het boek steeds laten bepalen bij de vraag naar de verhouding tussen prikkelbaarheid en constructen van temperament en persoonlijkheid, evenals naar de kwalificatie van prikkelbaarheid als een stemming.

2.3 Prikkelbaarheid en andere nauw verwante termen

Prikkelbaarheid wordt gebruikt om een neiging aan te geven om te reageren met woede. Doorheen dit boek gebruiken we globaal genomen de termen 'lichtgeraakt of gemakkelijk geïrriteerd', 'boos' en 'woede-uitbarstingen' om het construct van prikkelbaarheid te definiëren. De redenen daarvoor zullen worden toegelicht, met inbegrip van precedenten (Leibenluft et al. 2006) of nabije precedenten (Angold et al. 1999; Brotman et al. 2006), en een groot deel van het boek is gewijd aan de empirische toetsing van deze keuze. Het is echter duidelijk dat in veel situaties die zich voordoen in het dagelijks leven de woorden 'prikkelbaarheid', 'woede' en 'woede-uitbarstingen' door elkaar worden gebruikt, net zoals 'frustratie', 'geërgerd' of 'vijandig'. Het uittekenen van een sterk semantisch onderscheid tussen deze woorden valt buiten het bestek van dit boek en de lezer wordt verwezen naar publicaties die het nut van dergelijke analyses benadrukken (Ortony et al. 1990; Wierzbicka 1999; Kagan 2004). Om de terminologie binnen de ontwikkelingspsychiatrie te situeren, zullen we hier kort bespreken

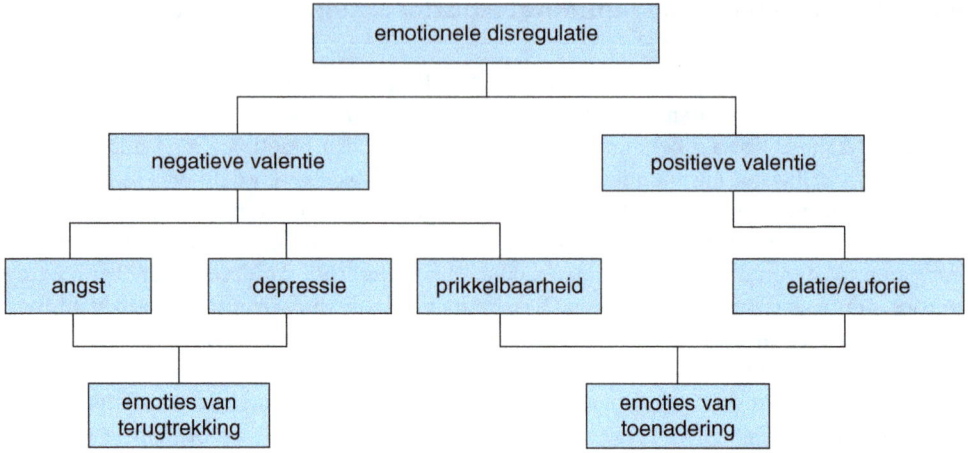

🔲 **Figuur 2.1** De positie van prikkelbaarheid binnen veel gebruikte terminologie. Merk op dat prikkelbaarheid een negatieve valentie deelt met angst en depressie, maar een emotie van toenadering is en daarom ook verbonden wordt met euforie bij manie

hoe prikkelbaarheid zich verhoudt tot andere gangbare termen. Zoals genoemd, wordt prikkelbaarheid vaak gebruikt om een sterke neiging om te reageren met woede aan te duiden. Een aantal termen kan aan prikkelbaarheid verbonden zijn, in het bijzonder emotionele disregulatie (zie 🔲 fig. 2.1).

Sommige van deze woorden, zoals 'emotie', 'stemming' of 'affect' worden vaak gebruikt als bijvoeglijke naamwoorden (emotionele/affectieve) bij het woord 'labiliteit'. Vaak wordt in plaats van 'labiliteit', de vermelding 'instabiliteit' of 'disregulatie' of, minder voorkomend, 'impulsiviteit' (Barkley et al. 2010) gemaakt. Termen als 'emotionele labiliteit' of 'stemmingslabiliteit' omvatten vaak prikkelbaarheid, omdat ze kunnen verwijzen naar een neiging om niet alleen boze reacties te manifesteren, maar ook andere negatieve (zoals verdriet) en positief gekleurde (zoals euforie) emoties. Bij volwassenen wordt de term 'emotiedisregulatie' inderdaad vaak gebruikt om zowel positief als negatief gekleurde stemmingsschommelingen aan te duiden bij bipolaire stoornissen (Phillips et al. 2008). Evenzo wordt de term 'stemmingslabiliteit' gebruikt om stemmingsschommelingen bij kinderen en adolescenten, zowel negatieve als positieve, te beschrijven (Stringaris et al. 2009a). Het merendeel van de literatuur – met name de literatuur met betrekking tot kinderen en jongeren – maakt echter gebruik van dergelijke termen om negatief affect te beschrijven. Zo wordt de term 'stemmingsdisregulatie' gebruikt om stemmingstoestanden van prikkelbaarheid en verdriet te beschrijven (Leibenluft et al. 2003) en 'emotionele labiliteit' om negatief affect aan te duiden, dat waarschijnlijk het dichtst komt bij de prikkelbaarheid zoals Sobanski en collega's die bedoelen (2010). Ook emotiedisregulatie is een term die vaak wordt gebruikt om negatief affect (zoals huilen) bij jonge kinderen te beschrijven, maar niet om euforie aan te duiden (Eisenberg 2000). De drie termen 'emotie' (of emotioneel), 'stemming', en 'affect' (of affectieve) worden in deze context min of meer uitwisselbaar gebruikt. Ook de woorden 'stabiliteit', 'labiliteit' en 'disregulatie' worden in het kader van de onderzoeken die van belang zijn voor dit boek nagenoeg als synoniemen gebruikt, duidend op fluctuaties van emotie, stemming of affect. De term 'disregulatie' heeft in de context van pathofysiologische studies verschillende betekenissen, waarbij de grondslag van schommelingen in emoties vaak wordt geduid als een vermoedelijke afwijkende functie van een controlerende instantie (vaak een prefrontaal corticaal gebied; Leibenluft et al. 2007; Phillips et al. 2008).

# Beoordeling van kinderen met prikkelbaarheid

Samenvatting

Hoewel prikkelbaarheid een van de meest voorkomende redenen is voor verwijzing van kinderen naar de geestelijke gezondheidszorg, is het lang een van de minst beoordeelde klinische presentaties geweest. Dit hoofdstuk beschrijft een systematische aanpak voor het beoordelen van prikkelbaarheid bij kinderen en hun families. Dit gaat van het begrijpen hoe gezinnen het probleem kunnen communiceren tot hoe clinici prikkelbaarheid op een betrouwbare manier kunnen meten, met inbegrip van het gebruik van screeningsinstrumenten. Er wordt gesproken over waarom de duur en frequentie van prikkelbaarheid, woedeuitbarstingen en driftbuien belangrijk zijn voor de differentiële diagnose en hoe de context belangrijke aanwijzingen kan geven voor het kiezen van werkzame behandelingen.

3.1 Is prikkelbaarheid een probleem? – 10

3.2 Wie rapporteert prikkelbaarheid? – 11

3.3 Het definiëren van prikkelbaarheid – 11

3.4 Intensiteit van driftbuien – 11

3.5 Frequentie en chroniciteit – 12

3.6 Context en antecedenten – 12

3.7 Gevolgen – 14

3.8 Mogelijkheid tot afzwakking – 14

3.9 Instrumenten – 14

3.10 Maakt de prikkelbaarheid deel uit van een complexe aandoening? – 15

© Bohn Stafleu van Loghum is een imprint van Springer Media B.V., onderdeel van Springer Nature 2018
I. Buyck, A. Stringaris en E. Taylor, *Prikkelbaarheid bij kinderen en adolescenten*,
https://doi.org/10.1007/978-90-368-2081-3_3

3.1 Is prikkelbaarheid een probleem?

Prikkelbaarheid vormt vaak de belangrijkste reden voor de toeleiding van een kind naar een ggz-instelling. Ouders en kinderen kunnen verschillende termen gebruiken om te verwijzen naar hetzelfde probleem. ▶ Box 3.1 somt een aantal veel voorkomende omschrijvingen op van prikkelbaarheid.

Box 3.1 Vaak gebruikte termen om prikkelbaarheid te beschrijven

Boos
Slecht gehumeurd
Chagrijnig
Nijdig
Snel geïrriteerd
Snel gefrustreerd
Weerspannig
Knorrig
Humeurig
Kribbig
Razend
Vaak geërgerd
Pissig
Driftig
Opvliegend
Bits
Driftbuien
Lichtgeraakt

Er zijn echter ook andere klinische presentaties waarbij het belangrijk is om woedeproblemen expliciet te bevragen. Soms melden kinderen en gezinnen zich met een probleem aan dat optreedt voordat het gevoel of een andere uiting van prikkelbaarheid tot stand komt. Dergelijke problemen kunnen variëren van intense angst tot communicatieproblemen (zie het probleem van Johnny in ▶ box 8.1), die beide kunnen leiden tot prikkelbaarheid. Op dezelfde manier kan de gepresenteerde klacht een probleem zijn dat zich voordoet nadat prikkelbaarheid tot uiting gekomen is. Dit is meestal het geval met kinderen die in gevechten terechtkomen of andere antisociale problemen vertonen. In dergelijke gevallen is het voor clinici makkelijk om de prikkelbaarheid over het hoofd te zien.

Soms is prikkelbaarheid aanwezig en belemmerend, maar wordt ze overschaduwd door andere problemen, zoals ongehoorzaamheid en antisociale gedragingen. Een eerste evaluatie moet symptomen van prikkelbaarheid screenen. In een drukke kliniek of in een eerstelijnsinstelling kan deze eerste screening gebeuren met behulp van vragenlijsten, zoals de *Strenghts and Difficulties Questionnaire* (SDQ; Goodman 1997) of de *Child Behavior Checklist* (CBCL; Achenbach 1991), die informeren naar psychopathologie in het algemeen en zijn voorzien van een aantal items die prikkelbaarheid nagaan.

3.2 Wie rapporteert prikkelbaarheid?

Dit zal afhangen van de kenmerken van de klinische setting, zoals de leeftijd van de doorverwezen kinderen of het gebied van de psychopathologie waarin de instelling is gespecialiseerd. Zowel ouders als leerkrachten zullen de kenmerkende gedragingen van prikkelbaarheid, zoals woede-uitbarstingen, goed opmerken. Leerkrachten zijn meestal niet zo goed in het beschrijven van de intense ontreddering die kinderen voelen aangaande hun prikkelbaarheid. Ouders zijn meestal beter in het herkennen van het persoonlijke lijden, de boze overpeinzingen, en de algehele dysforie die samengaat met prikkelbaarheid. Kinderen zelf kunnen hun woedeproblemen vaak uitmuntend beschrijven: afhankelijk van hun ontwikkelingsniveau, kunnen kinderen vanaf 7 jaar hun eigen gevoelens, en de antecedenten en gevolgen van hun prikkelbaarheid heel betekenisvol omschrijven (zie wat Jack zegt in ▶ box 7.1). Adolescenten kunnen hun gevoelens uitstekend benoemen en een heel nauwkeurige uitleg over hun problemen geven (zie het geval van Jane in ▶ box 11.2). Het is echter ook niet ongebruikelijk dat kinderen zich te zeer schamen om hun problemen te benoemen of zich eenvoudigweg te weinig bewust zijn van hun symptomen. Er zijn gevallen waarin alleen een kind of ouder de prikkelbaarheid beschrijft. Clinici kunnen worden ingezet om problemen die worden beschreven door enkele, maar niet alle informanten, te detecteren. Het is ook mogelijk dat niemand de prikkelbaarheid als een probleem noemt, maar dat enkel woede, lichtgeraaktheid en frustratie gemakkelijk waarneembaar zijn voor clinici.

3.3 Het definiëren van prikkelbaarheid

Omdat prikkelbaarheid een onderdeel van de normale ontwikkeling kan zijn, moet worden vastgesteld of deze afwijkend is op een klinisch significant niveau. Om de clinicus hierbij te begeleiden, om de voortgang te bewaken en voor onderzoeksdoeleinden, zijn meer gespecialiseerde vragenlijsten beschikbaar (Stringaris et al. 2012a; Narrow et al. 2013). In de bijlage is een dergelijke vragenlijst opgenomen die we onlangs hebben ontwikkeld om prikkelbaarheid gedurende de afgelopen zes maanden vast te leggen. De gouden standaard is de klinische beoordeling met interviews en observatie.

Zoals bij elke evaluatie is het van belang om zich ervan te gewissen dat de clinicus en de patiënt dezelfde betekenis toeschrijven aan prikkelbaarheid of woede. Een van de beste manieren om dit te bereiken, is om de ouders en kinderen enkele voorbeelden te laten geven. Het meest recente of memorabele (vaak ernstige) voorval van prikkelbaarheid is een handig ankerpunt voor het interview. Soms kunnen ouders reageren door te zeggen: 'hij is altijd zo' of vinden ze het moeilijk om afzonderlijke incidenten te beschrijven. Het loont dan de moeite om de ouders of de kinderen te vragen om een typische dag te bespreken van begin tot eind. Het is handig om een whiteboard te gebruiken om prikkelbare gevoelens of gedrag te beschrijven (zoals in ▶ box 3.1) tijdens een beoordeling.

3.4 Intensiteit van driftbuien

▶ Hoofdstuk 4 beschrijft driftbuien in het kader van de normale ontwikkeling. Ze moeten worden beoordeeld in de context van de ontwikkelingsleeftijd van het kind. Worden de kinderen geprovoceerd of lokken slechts triviale ergernissen de uitbarstingen uit? (Vergeet niet om na te gaan of er sprake is van confrontaties via sociale media.) Blijven de uitbarstingen beperkt tot boze gezichtsuitdrukkingen en mopperen? Gaan ze gepaard met roodheid in het gezicht, schreeuwen, gillen en stampen met de voeten? Wordt er met voorwerpen gegooid, worden er voorwerpen gebroken? Hebben de uitbarstingen een impact op andere mensen via verbaal geweld, vloeken, slaan of schoppen? Hebben ze ooit geleid tot zelfverwonding? Escaleren de uitbarstingen snel? Zijn ze ontredderend voor het kind? Hoe lang houden ze aan? Gaan ze volledig voorbij of is er een blijvende wraakzucht of wrevel tegenover wat de driftbuien heeft uitgelokt?

3.5 Frequentie en chroniciteit

Clinici zullen willen weten of de prikkelbaarheid optreedt in afzonderlijke episodes, bijvoorbeeld extreme prikkelbaarheid gedurende een week, of een chronisch verloop kent, en dus optreedt als een set van gevoelens en gedragingen die al een geruime tijd typerend zijn voor het kind. Het tijdsverloop schetsen – misschien op een bord of een groot vel papier in de spreekkamer – kan heel nuttig zijn.

Figuur 3.1 illustreert twee voorbeelden die het onderscheid tussen tijdelijke en chronische toestanden van prikkelbaarheid markeren. De vaste lijn beschrijft de prikkelbaarheid van een achtjarige jongen, Johnny, met een aanhoudende prikkelbare stemming (zie ▶ box 8.1) en enkele driftbuien per dag. Hij kreeg een diagnose van ODD, maar in de nieuwe DSM-5 zou hij voor een disruptieve stemmingsdisregulatiestoornis in aanmerking komen (DMDD; zie ▶ H. 12). De stippellijn in fig. 3.1 toont de prikkelbaarheid van een meisje, Jane, dat onlangs een kortstondige (duur van een week) episode van extreme prikkelbaarheid voor de eerste keer in haar leven heeft ervaren (zie ▶ box 11.2). Zij heeft in deze periode ook andere symptomen van manie ervaren, zoals disinhibitie, hyperseksualiteit, hoge uitgaven en een verminderde behoefte aan slaap. Zoals verderop zal worden besproken, is dit onderscheid van grote diagnostische waarde om een klassieke bipolaire stoornis van de meer gangbare manifestatie van chronische prikkelbaarheid te onderscheiden.

Aanhoudende woedegevoelens kunnen moeilijker op te merken zijn. Wanneer kinderen oud genoeg zijn, zal de beschrijving van hun gevoelens in een interview (of door een onpersoonlijke zelfrapportage, bijvoorbeeld op het scherm) de beste leidraad zijn. In een interview kan onderscheid worden gemaakt tussen sombere en boze gedachten, verdriet worden geobserveerd wanneer bepaalde onderwerpen worden aangestipt, en worden geluisterd naar boze piekergedachten. Indien een interview niet praktisch is, omdat het kind nog niet welbespraakt genoeg is, of nog over onvoldoende vertrouwen beschikt om een subjectieve verantwoording af te leggen, kunnen beoordelingen door volwassenen die het kind goed kennen voldoende zijn. Men moet echter voorzichtig zijn met interferentie rond herinneringen over wat het kind heeft gezegd of gedaan.

3.6 Context en antecedenten

Het is niet ongewoon dat prikkelbaarheid zich enkel manifesteert in bijzondere omstandigheden, zoals wanneer een persoon wordt herinnerd aan bepaalde gebeurtenissen (zie ▶ H. 11) of wordt geconfronteerd met specifieke uitdagingen (zie ▶ H. 8). Prikkelbaarheid kan echter pervasief zijn, en zowel thuis voorkomen, als op school, als tijdens de vrije tijd met vrienden.

3.6 · Context en antecedenten

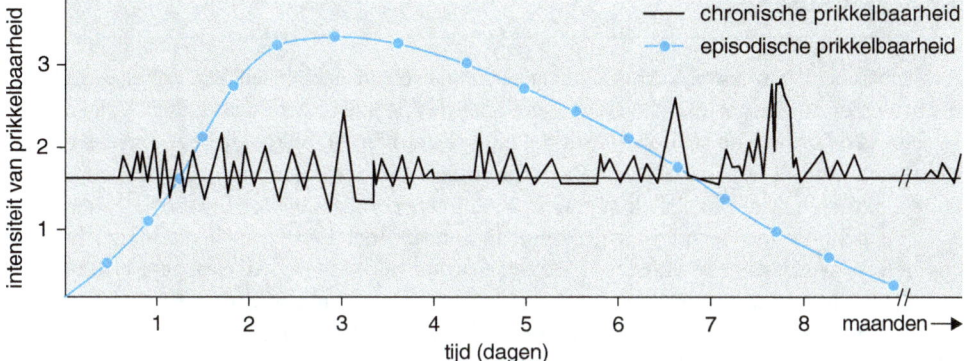

Figuur 3.1 Tijdspatronen van prikkelbaarheid. De stippellijn toont de episodische prikkelbaarheid van een jongere met manie die vroeg werd behandeld (op ongeveer dag 3), en ook een aantal andere manische symptomen vertoonde. De ononderbroken lijn toont de aanhoudende chagrijnige stemming (rechte lijn die persisteert) en de er bovenop liggende driftbuien (weergegeven als pieken). Dit zijn de karakteristieke kenmerken van chronische prikkelbaarheid, zoals onder meer gedefinieerd bij ernstige stemmingsdisregulatie en disruptieve stemmingsdisregulatiestoornis

Ongeacht waar prikkelbaarheid zich meestal manifesteert, is het belangrijk uit te zoeken wat de prikkelbaarheid uitlokt. Nuttige vragen hierbij kunnen zijn: op welk moment van de dag is de prikkelbaarheid het ergste, wat is de belangrijkste activiteit van het kind op dat moment, en valt de prikkelbaarheid samen met specifieke veranderingen? In het geval van Jack (▶ box 7.1), is de prikkelbaarheid het ergst op school, tegen het einde van de dag. Dan is zijn ADHD-medicatie uitgewerkt. Zijn gedrag verbetert aanzienlijk met een kleine toevoeging van kortwerkende methylfenidaat. Jane daarentegen (▶ box 11.2, ▶ H. 11) piekert en heeft gedachten van zelfverwijt voordat ze haar moeder of vriend afsnauwt. Ouders of patiënten moet worden gevraagd om een dagboek bij te houden – meestal in de vorm van een gedetailleerd overzicht – dat de prikkelbare stemming en de acties, gedachten, of andere gebeurtenissen weergeeft die aan de prikkelbaarheid voorafgaan. Ouders hebben vaak het gevoel dat bepaalde voedingsmiddelen driftbuien in de hand werken. Het bijhouden van een eetdagboek kan helpen om deze hypothese te testen.

De familiale en schoolse context kunnen ook een langetermijnprobleem vormen. Clinici moeten overwegen of de woede kan worden verklaard door een voorspelbare reactie op stressoren. Het is bijvoorbeeld niet ongewoon dat kinderen die blootgesteld worden aan strenge fysieke vormen van bestraffing sterke gevoelens van wrok en zelfs agressie naar anderen toe ontwikkelen (zie ▶ H. 4). Bovendien kan onderpresteren op school – en nog meer zelfs een terechtwijzing hiervoor – een boze afwijzing van de situatie voeden en een gevoel dat de wereld oneerlijk is creëren. Het is heel belangrijk dat ouders zich niet beschuldigd voelen wanneer dergelijke kwesties worden bevraagd. Ouders kunnen boos worden, omdat ze sterk worden uitgedaagd door de psychische verstoring van hun kind. Het aanpakken van ouderlijke vijandigheid kan een belangrijk behandelingsdoel zijn, zowel als deze reactief en verwacht is, als wanneer deze voortspruit uit hun eigen psychische toestand.

Thuisobservatie is een goede, maar prijzige manier om de antecedenten en gevolgen van prikkelbaarheid in kaart te brengen. Langdurige en herhaalde observaties kunnen nodig zijn, omdat een waarnemer in een situatie een verstorend effect heeft. Het bijhouden van een dagboek en het maken van opnames op tablets of smartphones kunnen een meer realistische aanpak zijn.

3.7 Gevolgen

Prikkelbaarheid kan zowel korte- als langetermijngevolgen hebben en kan zowel een impact hebben op de andere gezinsleden als op het kind zelf. Wie lijdt er het meest onder? Volgens wie?

Hoe is de situatie op school? Wordt het kind slachtoffer, of lokken de boze reacties van het kind uitsluiting of wraakacties uit? Raakt het kind vaak betrokken bij vechtpartijen? Lijden andere kinderen onder misbruik of geweld, via directe communicatie of via sociale media?

Hoe hebben andere mensen gereageerd? Dit kan het beste worden onderzocht door concrete voorvallen uit te vragen. Heeft een driftbui het kind voordeel opgeleverd, bijvoorbeeld door te kunnen ontsnappen uit een frustrerende situatie of doordat het doel van de driftbui uiteindelijk toch is bereikt? Beloningen zijn niet altijd onmiddellijk duidelijk, en het effect van sociale aandacht kan versterkend werken: hoeveel ophef was er rond de driftbui?

Werd verwacht dat het kind het goedmaakte met iedereen die het voorwerp van zijn woedeuitbarsting was? Was er een straf, en zo ja, welke vorm nam die dan aan? Waren de mensen die straf uitdeelden zelf boos en ontstond daardoor een cyclus van vijandige dreiging? Is er een algemeen klimaat van vijandigheid in de familie?

3.8 Mogelijkheid tot afzwakking

Was het kind in staat om zijn driftbui zelf te beheersen of moest de boosheid worden gesust? Dat gebeurt vaak door afleiding te zoeken in andere activiteiten, door te knuffelen, snel toe te geven aan de wensen van het kind en door middel van isolatie (zie ▶H. 4): hoeveel van deze hulpmiddelen moesten worden ingezet en hoe snel bereikte dit het beoogde effect? Het is ook nuttig om een idee te krijgen over de mate waarin familieleden het met elkaar eens zijn over de reacties op de driftbuien en over de mate waarin verzorgers hun reacties hebben aangepast aan de gevolgen van hun gedrag. Dit kan handvatten opleveren voor het bepalen van het advies dat in trainingen in gedragsverandering aan ouders kan worden gegeven.

3.9 Instrumenten

Screening op prikkelbaarheid kan heel eenvoudig zonder instrumenten gebeuren. Elk van de synoniemen in ▶ box 3.1 kan worden gebruikt om te screenen op prikkelbaarheid. Er kunnen dan vragen worden gesteld over de duur, de frequentie en gevolgen van de prikkelbaarheid. Gebruik van een screeningsinstrument, zoals de *Affective Reactivity Index* (ARI, zie bijlage), kan tijd besparen. Met een screeningsinstrument is het ook mogelijk om het niveau van prikkelbaarheid en de beperkingen die eruit voortvloeien, te kwantificeren. Het tekenen van een tijdlijn op een stuk papier of een whiteboard om onderscheid te maken tussen chronische en episodische prikkelbaarheid kan helpen om een beter overzicht te krijgen van de duur en frequentie van de driftbuien. Het is handig om het kind of de ouders van het kind te vragen om een dagboek bij te houden van hun stemmingen. Dit is waardevol voor het in kaart brengen van de antecedenten en gevolgen van de driftbuien en om een behandelplan op te stellen (Stringaris et al. 2010a).

3.10 Maakt de prikkelbaarheid deel uit van een complexe aandoening?

Prikkelbaarheid gaat vaak samen met andere aandoeningen, en de mate waarin dit het geval is, is bepalend voor het behandelplan. Bijkomende aandoeningen, zoals ADHD, depressie en bipolaire stoornis kunnen specifieke behandelingen vereisen in een vroeg stadium. De context van deze specifieke aandoeningen wordt afzonderlijk beschreven in respectievelijk ►H. 7, 11 en 10. In ►H. 14 wordt hun differentiaaldiagnose behandeld en worden een aantal algemene richtlijnen gegeven voor de behandeling van prikkelbaarheid.

Aan het eind van de eerste fase van het klinisch contact zal een behandelplan worden geformuleerd, dat in begrijpelijke bewoording moet worden overgebracht aan het kind en de verantwoordelijke volwassenen, en ook moet een systeem worden opgezet voor het opvolgen van de reactie op de behandeling en het resultaat van de interventie.

De ontwikkeling van woede

Samenvatting

Woede ontwikkelt zich gedurende de kindertijd langs afzonderlijke ontwikkelingslijnen, sommige daarvan zijn zichtbaar, andere zijn verborgen. Openlijke expressie heeft betrekking op de frequentie en intensiteit van woede-uitbarstingen, de omgeving die deze uitbarstingen uitlokt en het gemak waarmee dat gebeurt, het vermogen van het kind om zijn woede te beheersen en de invloed van anderen op de woede door deze af te zwakken en er consequenties aan te verbinden. Verborgen woede ontwikkelt zich als een blijvende toestand van vijandigheid of wrok. Het vermogen van kinderen en jongeren om emotionele toestanden van zichzelf en anderen te herkennen en te verwerken, ontwikkelt zich ook door de tijd. Dit hoofdstuk beschrijft het verloop van deze afzonderlijke ontwikkelingslijnen en de sociale en culturele invloeden die erop worden uitgeoefend.

4.1   Zuigelingen – 18
4.1.1   Uitdrukking van woede – 18
4.1.2   Perceptie van woede – 18
4.1.3   Woederegulatie – 19

4.2   Peuter en kleuter – 20
4.2.1   Openlijke en verborgen woede – 21
4.2.2   Verborgen woede – 21

4.3   Schoolleeftijd en adolescentie – 22

4.4   Volwassenheid – 23

4.5   Woede en agressie – 23
4.5.1   Individuele verschillen – 24
4.5.2   Genetische invloeden – 24
4.5.3   Psychosociale invloeden – 25
4.5.4   Culturele verschillen – 26

4.6   Normale en abnormale prikkelbaarheid – 27

© Bohn Stafleu van Loghum is een imprint van Springer Media B.V., onderdeel van Springer Nature 2018
I. Buyck, A. Stringaris en E. Taylor, *Prikkelbaarheid bij kinderen en adolescenten*,
https://doi.org/10.1007/978-90-368-2081-3_4

Woede is een normale emotie. Net als andere emoties bestaat ze uit subjectieve gevoelservaringen, verschillende soorten zichtbaar gedrag en lichamelijke veranderingen. In *De uitdrukking van de emoties in mensen en dieren* (1872) beschouwde Charles Darwin woede als een basisemotie, die al in de vroege ontwikkeling aanwezig is. Darwin zag woede als een adaptieve functie, die ontstaat bij het proberen overwinnen van een obstakel teneinde een doel te bereiken (Barrett 2011).

Er zijn verschillende lijnen waarlangs woede zich tijdens de kindertijd en adolescentie ontwikkelt: de intensiteit waarin en frequentie waarmee de stemming zich voordoet, de kenmerken van de omgeving die de woede uitlokken, het gedrag waarmee de woede zich uit, het effect van de woede op anderen en de manier waarop anderen de woede modificeren, en de mate waarin het kind de woede kan beheersen. Het vermogen om emoties in zichzelf en anderen te herkennen, is een functie die zich tijdens de levensloop ontwikkelt en die de andere ontwikkelingslijnen beïnvloedt. Hoewel woede naargelang de context zowel functioneel als disfunctioneel kan zijn, is het een emotie die vaak wordt afgekeurd.

4.1 Zuigelingen

4.1.1 Uitdrukking van woede

Zuigelingen drukken hun gevoelens niet in woorden uit, maar brengen ze tot uiting via hun lichaam. Ouders herkennen het rode gezichtje, het fronsen en de geluidjes van hun kindje. Onderzoekers hebben meerdere coderingssystemen voor gezichtsbewegingen ontwikkeld die een betrouwbare herkenning en zelfs kwantificering van gemoedstoestanden mogelijk maken (Izard et al. 1995). Op basis hiervan kunnen we stellen dat baby's op de leeftijd van twee tot drie maanden al reageren op frustratie en situaties waarin niet tegemoet wordt gekomen aan hun verwachtingen. Op de leeftijd van vijf tot zes maanden kunnen diezelfde situaties boosheid opwekken. Als een volwassene bijvoorbeeld spontane handbewegingen tegenhoudt, of een stukje eten wegneemt terwijl het kind honger heeft en denkt te gaan eten, dan impliceert de combinatie van de situatie en de gezichtsuitdrukking van de baby dat woede een goede manier is om de reacties van het kind te beschrijven.

Een plotselinge afwezigheid van ouderlijke reactiviteit (de 'still-face' situatie) is in experimenteel onderzoek ook vaak gebruikt om soortgelijke reacties op te wekken (Adamson et al. 2003). Het begin van emotionele controle wordt gevormd door het kalmeren en troosten door ouders.

Frustratie kan zowel woede als verdriet uitlokken, en baby's verschillen in de mate waarin ze deze twee reacties laten zien. In een studie van Michael Lewis en collega's was verdriet (en niet woede) geassocieerd met een significante cortisoltoename in het speeksel (Lewis et al. 2005). Verdriet kan worden gezien als een stressrespons. Woede wordt meer geassocieerd met pogingen om een obstakel te overwinnen en vormt in die context in ieder geval een positievere reactie dan verdriet.

4.1.2 Perceptie van woede

Zuigelingen kunnen reeds heel vroeg onderscheid maken tussen de emoties die andere mensen uitdrukken. Wanneer je hen foto's voorhoudt van boze, blije en neutrale gezichten, dan kijken ze korter naar de boze dan naar de blije gezichten. Dit zie je al bij baby's van vier maanden oud (LaBarbera et al. 1976).

Op de leeftijd van twaalf maanden kan men verwachten dat kinderen woede uitdrukken en herkennen in een sociale context. Ze betrekken de reacties van hun ouders op zichzelf en anderen, en kunnen op de woede van hun ouders reageren door zelf boos te worden. Het experimentele werk van Bandura (Bandura 1973) wees erop dat kinderen de sociale interacties die ze zien en horen imiteren en ook meer naturalistische observationele studies hebben aangetoond dat de emotionele reactie belangrijk is (zie ▶box 4.1).

> **Box 4.1 Onderzoek naar de emotionele reacties van kinderen**
>
> Mark Cummings en collega's (Cummings et al. 1981) bestudeerden 24 kinderen tussen de tien en twintig maanden oud en hun reacties op zowel natuurlijke als gesimuleerde boze en liefdevolle interacties tussen andere mensen. De moeders van de kinderen werden getraind als observatoren, en hun beoordelingen van het gedrag van de kinderen waren betrouwbaar.
> Na een heftige ruzie in het gezin, bijvoorbeeld tussen moeder en vader, reageerden de kinderen meestal met ontreddering en huilen, maar vaak ook met boos gedrag, zoals tekeergaan, of duwen dan wel slaan van de ruziemakers, of ongericht schreeuwen. Zij imiteerden de agressie meestal niet, maar ze lieten wel de emotie zien.
> Hun reactie op spontane affectieve interacties was er daarentegen veel meer een van plezier. Wanneer ze toch met een gedragsreactie zoals duwen reageerden, was dit eerder een jaloerse poging om genegenheid voor zichzelf te verkrijgen, en ging dit niet gepaard met ontreddering.
> Kinderen die blootgesteld waren aan hogere niveaus van agressie thuis hadden meer kans om op woede te reageren, met woede.

4.1.3 Woederegulatie

Tijdens de eerste levensmaanden wordt de uitdrukking van emoties, en in het bijzonder woede, gereguleerd door de vaardigheid van verzorgers om te kalmeren en te troosten en de groeiende capaciteit van baby's om hun eigen gemoedstoestand aan te passen.

De kalmerende reacties van ouders worden bepaald door de reactie van het kind. Ouders kunnen baby's fysiek comfort bieden, wiegen en afleiden. Ze kunnen hun kind ook helpen door voor te doen hoe een emotie kan worden verlicht. Dit kan door een gematigd niveau (uiteraard lager dan dit van het kind) van vergelijkbare onrust te simuleren en voor te doen hoe dit kan worden gereduceerd. Een verbale interventie kan op zichzelf al rustgevend zijn. Ze kan ook betekenis verlenen aan de gemoedstoestand en deze benoemen: 'Ik weet dat je geïrriteerd bent, het is niet erg.'

Met het toenemen van de fysieke mogelijkheden, kan ook de emotieregulatie door het kind zelf van start gaan. Ze kunnen dan zichzelf gaan troosten door bijvoorbeeld te gaan duimzuigen. Soms ontstaan repetitieve activiteiten (zoals hoofdbonken) als zelfregulerende functie, voordat ze een probleem op zichzelf worden. Naarmate de ontwikkeling vordert, wordt aandachtscontrole een middel tot emotieregulatie. Bij observatie zie je dat kinderen hun blik van frustrerende stimuli afwenden of ervan vandaan proberen te bewegen. Dit is typisch voor frustrerende situaties, maar bij situaties die angst opwekken, richten kinderen juist vaak hun blik op de angstopwekkende stimuli en maken ze een beweging die gericht is op veiligheid. Aandachtscontrole wordt enkel gebruikt, of is louter effectief wanneer het niveau van opwinding relatief laag is. Een intense woede wordt niet op deze manier onder controle gekregen (of heeft een dergelijke poging al achter de rug).

Onderzoekers hebben zich de vraag gesteld of deze gedragingen van zuigelingen echt kunnen worden gezien als zelfregulering. (Ze kunnen bijvoorbeeld ook gewoon samengaan met de emotie.) Het begrip regulatie (zie ▶H. 2) wijst op het stellen van adaptief gedrag om de intensiteit, kwaliteit en frequentie van emotionele expressie aan te passen. Dit kan worden getest door na te gaan of het gedrag inderdaad resulteert in een vermindering van de directe uitdrukking van de emotie. Buss en Goldsmith (1998) activeerden bijvoorbeeld negatieve emoties bij kinderen van zes, twaalf en achttien maanden. Om woede uit te lokken, beperkten ze de beweegruimte van de armen of verhinderden ze de kinderen om aantrekkelijk speelgoed te bereiken. De veronderstelde zelfregulerende gedragingen waren: wegkijken van de frustratie, dichter bij de verzorger komen of aan lichaamsdelen zuigen. Emotionele intensiteit werd afzonderlijk geregistreerd. Het onderzoek liet zien dat de woedeniveaus (maar niet de angstniveaus) waren verminderd na de pogingen tot regulatie.

Een andere manier om te testen of sommige gedragingen inderdaad eerder regulerend zijn dan een uiting van emoties, is door te bekijken hoe verschillend kinderen reageren op emotionele intensiteit. Calkins et al. (2002) vergeleken zuigelingen van zes maanden oud die (volgens hun ouders) gemakkelijk gefrustreerd raakten, met kinderen die minder makkelijk gefrustreerd raakten. De makkelijk te frustreren kinderen vertoonden minder zelfregulerend gedrag (zoals wegkijken), meer openlijk emotioneel gedrag en grotere veranderingen in hartslagvariabiliteit.

4.2 Peuter en kleuter

Op de leeftijd van twee tot vijf jaar worden zowel de expressie als de controle van woede complexer (zie ▶box 4.2). De toenemende competentie van kinderen op het vlak van cognitie, taal en motorische vaardigheden maakt dat ze meer methoden kunnen gebruiken om hun emoties te beheersen. Ze maken minder gebruik van zelfkalmerende gedragingen en maken interacties met anderen complexer (Diener et al. 1999). Regulatie vanuit de ouders is nog steeds belangrijk: studies van ouderlijke interactie met peuters en kleuters geven aan dat wederzijdse emotieregulatie de belangrijkste manier van interactie is (Cole et al. 2003).

Op deze leeftijd wordt ook zelfcontrole mogelijk. Dit wordt bevestigd door onderzoek dat aantoont dat de mate waarin peuters zichzelf controleren, wordt voorspeld door de vroege kwaliteit van de dyadische emotieregulatie tussen de ouders en het kind tijdens de zuigelingenleeftijd (Feldman et al. 1999).

Box 4.2 Onderzoek naar wat invloed heeft op de expressie van woede

Richard Fabes en Nancy Eisenberg (1992) bestudeerden voorschoolse kinderen (gemiddelde leeftijd 55 maanden) en observeerden hoe ze reageerden op provocatie. Emotionele expressie werd beïnvloed door het volgende:
- Kinderen die populair waren en goede relaties hadden met andere kinderen, hadden meerdere manieren ontwikkeld om actief om te gaan met provocerende situaties. Ze vertoonden conflictreducerende reacties.
- Meisjes neigden tot meer effectieve assertieve reacties dan jongens, terwijl jongens meer fysieke tekenen van woede vertoonden.

4.2.1 Openlijke en verborgen woede

De typische openlijke uitdrukking van woede is de driftbui. Driftbuien komen heel vaak voor bij kinderen. Uit onderzoek van Wakschlag (Wakschlag 2012) bleek dat 83,7 % van de drie- tot vijfjarigen de maand voorafgaand aan het onderzoek een driftbui had gehad (8,6 % dagelijks). Schreeuwen (en later lelijke woorden roepen), zwaaien met armen en benen (en later fysieke agressie), en autonome veranderingen (rood worden, tachycardie) treden op in episodes die wel een minuut kunnen duren. De duur is echter heel erg variabel, omdat er veel afhangt van de ouderlijke vaardigheden om de focus van de kinderen te helpen verleggen, maar het is zeker niet ongewoon dat woedeaanvallen tot 15 minuten kunnen duren. Driftbuien gaan zowel met woede als met ontreddering gepaard. Een driftbui begint normaliter met woede, maar kan worden gevolgd door huilen en het zoeken van troost (Potegal et al. 2003). Een driftbui (woede en ontreddering) is zowel een individuele als een sociale gebeurtenis. Tijdens een driftbui doet zich meestal een rustpauze voor, en zoekt het kind contact met anderen om een reactie te krijgen.

Vaardige ouders merken in een vroeg stadium op wanneer hun kind boos wordt en kunnen de intensiteit van de woede inschatten. Vervolgens kunnen ze ofwel het kind afleiden, ofwel de provocatie wegnemen. Zodra er echter sprake is van een driftbui, kunnen zelfs ervaren ouders het moeilijk vinden om de emotie te veranderen en zullen ze zich vaak afscheiden van een schreeuwend kind. Tijdens een driftbui heeft het kind vaak een heel beperkte verbinding met andere mensen. De details ervan worden achteraf vaak vergeten. Dit heeft twee klinische gevolgen, namelijk dat een driftbui abusievelijk kan worden geïnterpreteerd als een epilepsieaanval (zie ▶H. 13), en dat het zinloos is om met het kind te redeneren tijdens een driftbui. Een woedeaanval wordt later echter vaak gevolgd door berouw en op dat moment is een kind wel aanspreekbaar voor uitleg en suggesties voor de toekomst (zie ▶H. 14).

De persistentie en frequentie van driftbuien wordt beïnvloed door de mate waarin het kind erin slaagt andere mensen met de driftbui te beïnvloeden, door de vorm van ouderlijke discipline, de emotionele beschikbaarheid van ouder(s), de mate waarin het kind discipline als oneerlijk ervaart, de voorbeelden van boosheid die het kind ziet, en soms zelfs door openlijke aanmoediging van ouders die met elkaar in conflict liggen. Op deze leeftijd wordt ook inhiberende controle ontwikkeld en ook het vermogen van het kind om onmiddellijke openlijke reacties tegen te houden, zal een rol spelen.

4.2.2 Verborgen woede

Verborgen en langdurige woede is gerelateerd aan de perceptie en beoordeling van kinderen over hoe ze worden behandeld. Sterke gevoelens van wrok kunnen gekoppeld zijn aan een gevoel van oneerlijk behandeld, gedwongen of vernederd te worden. Deze gevoelens kunnen worden verergerd door een gevoel van hulpeloosheid of door tegenstrijdige regels, die het onmogelijk maken om zich correct te gedragen. Misvattingen kunnen zich voordoen. Kinderen kunnen bijvoorbeeld het gevoel krijgen dat ze te maken hebben met een kwaadwillig iemand die hen moedwillig ongeluk brengt, of ze kunnen een ouder als vijandig of nalatig ervaren, terwijl dit gevoel in werkelijkheid een waanvoorstelling van de andere ouder weerspiegelt (oudervervreemding).

In deze periode van hun leven beginnen kinderen hun gemoedstoestanden mondeling te beschrijven ('Eddie boos') en hun gevoelens te koppelen aan externe oorzaken. Ze begrijpen de gevolgen van hun woede beter en verwerven het vermogen om hun woede niet alleen te gebruiken om prikkelbaarheid uit te drukken, maar ook om andere mensen te controleren. Ze leren te praten met hun verzorgers over wat hen boos maakt en hoe dat invloed uitoefent op andere mensen. Ze ontwikkelen steeds meer de capaciteit om de emoties van anderen te beschrijven (meestal eerst positieve emoties, zoals geluk, en dan pas negatieve emoties, zoals woede). Constructief omgaan met situaties die woede uitlokken, wordt mogelijk: ze ontwikkelen bijvoorbeeld vaardigheden om compromissen te sluiten met andere kinderen wanneer er sprake is van conflicterende belangen. Hoe meer gebruik gemaakt wordt van aandachtscontrole en constructieve coping, en hoe minder intens de woede is, hoe minder waarschijnlijk het is dat kinderen grove taal hanteren of weglopen van de situatie (Eisenberg et al. 1994).

4.3 Schoolleeftijd en adolescentie

Eenmaal op school, zo rond een jaar of vijf, zijn kinderen beter in staat om hun woede te verbergen en leren ze wat de kosten en baten zijn van hun woede, vooral in verhouding tot andere kinderen. Ze kunnen deel uitmaken van situaties die mogelijk woede opwekken en deze inschatten. Doordat ze beter in staat zijn om hun eigen gemoedstoestand te monitoren, merken ze ook tijdig dat ze hun humeur verliezen, en wordt het haalbaar voor hen om vroegtijdig te beslissen over hoe ze hiermee om willen gaan. Ze beginnen regels en context te begrijpen, bijvoorbeeld dat aanvaardbaar gedrag anders kan zijn voor een jongen dan voor een meisje.

Er is een toenemende kloof tussen jongens en meisjes bij het tot uiting brengen van fysieke agressie, wat grotendeels te wijten is aan een minderheid van jongens die zich heel agressief gedraagt (Hay et al. 2011). Woede ervaren jongens en meisjes echter in gelijke mate (in tegenstelling tot depressie). Stringaris en collega's (2012b) rapporteerden dat de scores op een schaal voor prikkelbaarheid significant hoger lagen bij meisjes dan bij jongens (gemiddeld 2,27 versus 1,86 respectievelijk); op de schaal koppig/kwetsend gedrag scoorden jongens daarentegen hoger (gemiddeld 1,84 versus 1,38). Dit alles kan vermoedelijk worden verklaard door de mannelijke kwetsbaarheid voor ontwikkelingsproblemen, de vroege ontwikkeling van prosociale vaardigheden bij meisjes en aan cultureel afhankelijke, aan het geslacht gerelateerde verwachtingen.

De differentiatie binnen relaties met leeftijdgenoten groeit. Er ontstaan vriendschapsgroepen, geslachtsrollen en hiërarchieën van dominantie en populariteit. Sommige kinderen worden door hun leeftijdgenoten afgewezen en voelen zich eenzaam, worden gepest en komen in een slachtofferrol terecht, wat leidt tot frustratie en woede. De eigen boosheid van het kind kan echter ook een rol spelen bij het ontstaan van deze situatie. Op die manier kunnen kinderen dan in een vicieuze cirkel belanden van problemen hebben met leeftijdsgenoten en slecht aansluiting vinden.

Gemoedsveranderingen kunnen dan wel onzichtbaar zijn voor de buitenwereld, maar ze zijn er wel degelijk in de vorm van subjectieve vijandigheid. Een vijandigheid die invloed heeft op de mate waarin kinderen zich overgeven aan wraak of destructieve haat. Voor sommige kinderen is het aantrekkelijk om woede en/of agressie te uiten, omdat ze dan krijgen wat ze willen en het gevoel hebben een zekere macht of status te verwerven. Andere kinderen ervaren woedegevoelens als onaangenaam en aversief en proberen ze te onderdrukken.

4.4 Volwassenheid

De meeste jongvolwassenen ervaren één tot twee keer per week woede (Averill 1982), maar deze woede leidt gewoonlijk slechts één op tien keer tot agressie. Als volwassene beschikt men over steeds meer manieren om andere mensen te beïnvloeden zonder fysiek of verbaal geweld te gebruiken. Individuele verschillen in het bewust controleren van woede gaan samen met verschillen in boze reactiviteit (Wilkowski et al. 2008). Automatisch vijandige interpretaties van het gedrag van anderen kunnen diep in de persoon geworteld zijn en een ruminerende aandacht voor het onrecht dat men heeft meegemaakt kan pervasieve gevoelens van woede verergeren. Zowel de persoonlijke aard als aangeleerde reacties uit de kindertijd blijven invloed uitoefenen: woede in de vroege kindertijd is een voorspeller van zowel antisociaal gedrag als depressie in de volwassenheid (Caspi et al. 1996).

Er zijn vrij weinig verschillen tussen mannen en vrouwen ten aanzien van de zelfrapportage van boosheid/vijandigheid. De verschillen, die dus niet spectaculair zijn, betreffen datgene wat woede uitlokt (bij vrouwen hoogst waarschijnlijk in de context van nauwe persoonlijke relaties) en hoe de woede tot uitdrukking wordt gebracht (waarbij mannen eerder een klap uitdelen en vrouwen zich eerder verbaal uiten of gaan huilen) (Averill 1982).

4.5 Woede en agressie

Hoewel woede en agressie al vanaf de eerste levensmaanden met elkaar in verband staan, zijn ze niet hetzelfde van zodra het fysiek mogelijk is voor kinderen om agressie te vertonen.

Agressie kan op verschillende manieren worden ingedeeld. In dieronderzoek wordt onderscheid gemaakt tussen roofdieren en defensieve diersoorten. Bij mensen wordt vaak het onderscheid gemaakt tussen een 'hete' vorm van agressie die gedreven is door woede en een 'koude' vorm van agressie, die aangeleerd gedrag en besluitvorming weerspiegelen (▶ box 4.3).

> **Box 4.3 Classificatie van agressie**
>
> Competitief versus Impulsief
> Instrumenteel versus Vijandig
> Proactief versus Reactief
> Niet-emotioneel versus Affectief
> Openlijk versus Verborgen
> Direct versus Indirect
> Fysiek versus Verbaal

Fysiologische veranderingen tijdens woede bestaan uit een verhoogde hartslag en de cortisolrespons, zoals beschreven door Scarpa en Raine (1997). Deze zijn het gevolg van de meeste vormen van stress, en zijn bij boosheid niet anders dan bij emotionele opwinding. Personen die buitengewoon gevoelig zijn voor de emotionele-vijandige-impulsieve vormen van agressie hebben de neiging om op stimuli te reageren met een toename in huidgeleiding en hartslag. Chronische gevoelens van woede zijn mogelijk geassocieerd met verlaagde cortisol- en hartslagreacties.

4.5.1 Individuele verschillen

De individuele variatie in al deze ontwikkelingslijnen is groot. Deze wordt deels veroorzaakt door het temperament van het kind en deels door de manier waarop het wordt behandeld.

4.5.2 Genetische invloeden

Woede heeft vanaf jonge leeftijd een erfelijke component. Gagne en Hill Goldsmith (2011) bestudeerden ouderrapportages van zowel woede als inhibitorische controle bij meer dan 700 monozygotische en dizygotische tweelingen. Zoals verwacht ging sterke boosheid samen met een lage inhibitorische controle. Via de ouderrapportages werden bij zowel 12 als 36 maanden oude kinderen genetische invloeden gevonden op woede (verklaring van 72 % en 45 % van de variantie in scores), en bij peuters van 36 maanden werden genetische effecten gedetecteerd op inhibitorische controle (63 %). Dit bevestigde eerdere onderzoeksbevindingen.

Deze onderzoekers hebben ook laboratoriumtesten uitgevoerd, waarbij ze woede en inhibitorische controle manipuleerden. Woede werd daarin opgewekt door de kinderen te onderwerpen aan een lichte bewegingsbeperking. Inhibitorische controle werd uitgelokt door de kinderen een aantal seconden te laten wachten voordat ze een gekozen snack konden eten of door hen slechts één stuk speelgoed uit een reeks te laten kiezen om mee te kunnen spelen. Ook uit dit onderzoek bleek een significante erfelijke component voor woede te bestaan bij de kinderen van 12 (38 %) en 36 maanden (32 %) oud, hoewel het verband kleiner was dan in het eerdere onderzoek en er ook slechts een kleine correlatie werd gevonden tussen de testen op beide leeftijden. Wat betreft inhibitorische controle, kwamen de belangrijkste invloeden uit de gedeelde en niet-gedeelde omgeving en was er weinig bewijs voor genetische factoren.

Tijdens de kleuterschool- en de basisschooljaren is er nog steeds bescheiden bewijs voor de erfelijke component van woede. Deater-Deckard en collega's (2007) voerden een tweelingstudie uit bij 105 paar monozygotische en 154 paar dizygotische vier- tot achtjarige tweelingen van hetzelfde geslacht. De woede/frustratie, zoals onderzoekers die waarnamen tijdens thuisbezoeken, was voor ongeveer 30 % erfelijk bepaald, met vrij grote invloeden van de niet-gedeelde omgeving. Deze studie heeft ook persistentie gemeten, als een index van zelfcontrole die inspanning vereist. Het niveau van erfelijkheid bleek daarmee overeen te komen. Daarnaast toonde dit onderzoek aan dat persistentie en woede/frustratie beide gerelateerd zijn aan oppositioneel gedrag, zij het onafhankelijk van elkaar.

Ook in de adolescentie spelen genetische invloeden een rol. Aebi en collega's (2012) vergeleken het verschil in zelfgerapporteerde prikkelbaarheid tussen monozygotische en dizygotische tweelingen. Ongeveer 30 % van de interindividuele variatie was te wijten aan genetische factoren, en nagenoeg alle overige variatie sproot voort uit invloeden van de niet-gedeelde omgeving (dat wil zeggen de omgevingseffecten die beide tweelingen niet in dezelfde mate beïnvloeden). De erfelijke component van koppig/kwetsend gedrag werd hoger geschat, ongeveer 45 %, maar ook hier speelde de niet-gedeelde omgeving een belangrijke rol. Dit is in overeenstemming met studies bij volwassenen (Coccaro et al. 1997).

Een andere bevinding van een studie bij tweelingen en broers en zussen door Stringaris en collega's (2012b) was dat gedeelde genetische effecten de overlap tussen prikkelbaarheid en depressie verklaren. Prikkelbaarheid en depressie verschilden van elkaar als gevolg van specifieke omgevingseffecten.

4.5.3 Psychosociale invloeden

Uit tweelingstudies blijkt dat niet-gedeelde omgevingsinvloeden belangrijker zijn dan omgevingsinvloeden die voor alle kinderen in een familie gelden. (Gedeelde omgeving speelt echter wel een rol bij het bepalen van individuele verschillen in agressie en ander antisociaal gedrag.) Een van de belangrijkste factoren die het ene kind van het andere onderscheidt in een gezin is verbonden met ouderschap.

Reacties van ouders kunnen soms contraproductief zijn. Een jong kind dat bij een woedeaanval consequent in isolatie wordt gezet, leert geen andere manier om zijn woede te reduceren dan door uitputting. Kinderen die niet begrijpen waarom mensen boos op hen zijn, of waarom niet aan hun behoeften wordt tegemoetgekomen, kunnen een langdurig gevoel van wrok ontwikkelen. Wanneer ouders met boosheid op de woede van hun kind reageren, kan dat ervoor zorgen dat een kind steeds prikkelbaarder wordt. Een mishandeld kind kan reageren met een diepe en blijvende vijandigheid, niet alleen naar de personen die hem misbruikten, maar ook in het algemeen tegenover de wereld van de volwassenen.

Deze interpersoonlijke processen zijn meer bestudeerd bij openlijk gedrag van agressie dan bij subjectieve emotionele ervaringen (zie ▶ box 4.4). Deze invloeden worden ook geassocieerd met geweld in de latere ontwikkeling. Dit betekent dat ze al vroeg ontstaan.

Box 4.4 Het verjaardagsfeestje

Dale Hay en haar collega's (Hay et al. 2011) simuleerden verjaardagsfeestjes om agressie te observeren bij 271 zuigelingen van 12 maanden. Hoge niveaus van agressie werden voorspeld door verschillende factoren, met name:
- ouderrapportage van de woedeniveaus van de kinderen;
- depressie van de moeder tijdens de zwangerschap;
- geschiedenis van gedragsproblemen bij de moeder.

Deze invloeden worden ook geassocieerd met geweld in de latere ontwikkeling, dus de links ontstaan vroeg.

Agressief gedrag van kinderen hangt samen met een zeer strenge opvoeding en het gebruik van fysieke straf door ouders. Dit zorgt voor een interactie tussen de omgeving waarin het kind opgroeit en de genetische constitutie van een kind. Een variant van het monoamineoxidase A-gen (MAOA), dat een proteïne codeert dat het niveau van neurotransmitters in de hersenen beïnvloedt, heeft bijvoorbeeld een impact op het feit of kinderen die opgroeien in een hele strenge omgeving zelf agressief worden (Kim-Cohen et al. 2006). Wanneer kinderen echter worden blootgesteld aan een extreme vorm van vijandelijkheid, zoals fysiek misbruik, is het heel waarschijnlijk dat ze agressief worden, ongeacht hun genetische predispositie.

Individuele verschillen in agressie zijn doorgaans stabiel. Instrumentele agressie komt en gaat, naargelang het lukt om het doel te bereiken waarvoor de agressie werd ingezet. Prosociale emoties – zoals een reactie op de onrust van anderen – helpen agressief gedrag verminderen. Angst voor de reacties van anderen matigt iedere neiging om wreed te zijn en ook taalontwikkeling verhoogt de mogelijkheden om gevoelens over te brengen zonder fysiek contact.

4.5.4 Culturele verschillen

Culturele achtergrond draagt ook bij aan verschillen tussen kinderen. Cultuur kan van invloed zijn op alle ontwikkelingslijnen die hier aan de orde komen. De situaties die woede uitlokken, de manier waarop in een bepaalde cultuur tegen die situaties wordt aangekeken, het begrip dat kinderen hebben van die situaties, de perceptie van kinderen ten aanzien van woede bij anderen en de wijze waarop woede tot uitdrukking wordt gebracht in gedrag, gevoelens en lichamelijke reacties, verschillen per cultuur, net zoals verwachtingen ten aanzien van het beheersen van emoties en de opvoedingspraktijken binnen een cultuur (Mesquita en Frijda 1992). De invloed van al deze aspecten mag niet worden onderschat, ook al lijkt er geen bewijs voor de invloed van gedeelde omgevingseffecten in tweelingstudies. Deze studies zijn immers binnen één cultuur uitgevoerd. De invloed van etnisch of religieus geïnspireerde opvoedingspraktijken zal veeleer te merken zijn in reacties van gezinnen, scholen en de samenleving als geheel op individuele verschillen tussen kinderen.

Onderzoek heeft deze invloeden vaak benaderd door kinderen van verschillende etnische groepen met elkaar te vergelijken. Het is onverstandig om een cultuur onder één noemer samen te vatten, maar Japan en de Verenigde Staten worden in dergelijke studies vaak met elkaar vergeleken. Dit komt omdat Japan wordt gekenmerkt door een sfeer van collectivisme, waarbij schaamte een belangrijke rol speelt in het bereiken van conformiteit, terwijl er in de Verenigde Staten het individualisme meer wordt benadrukt, met de nadruk op onafhankelijkheid en emotionele expressiviteit.

Zahn-Waxler en collega's (1996) lieten zien dat jonge Japanse kinderen minder geneigd waren tot agressie en het uiten van woede dan Amerikaanse kinderen. Anderzijds, in een ander tijdskader en met behulp van andere middelen om emotionele expressies uit te lokken, kwamen Bear en collega's (2009) tot de conclusie dat Japanse kinderen meer schaamte en schuld uitdrukten, maar dat zij tegelijkertijd ook (iets) meer boosheid lieten zien dan hun Amerikaanse tegenhangers. (Niettemin werd in de Japanse groep een sterker schuldgevoel geassocieerd met minder terechtwijzingen en minder woede.) Wanneer aan Chinese kinderen werd gevraagd om hun reactie te beschrijven op ambigue situaties, vertoonden zij meer boze reacties dan Amerikaanse kinderen. Dit was meer het geval wanneer in de verhalen volwassenen frustraties toonden, dan wanneer het leeftijdgenoten betrof (Borke et al. 1972).

Het opmerken van verschillen tussen volkeren ontrafelt echter niet de vele en complexe processen die bij die verschillen betrokken zijn. Culturele invloeden spelen zich gedeeltelijk af binnen de microcultuur van een gezin. Een studie in landelijk Nepal vergeleek bijvoorbeeld twee gemeenschappen – Tamang en Brahman – die wat betreft demografische en collectivistische atmosfeer vergelijkbaar waren, maar verschilden in attitudes (Cole et al. 2006). Verzorgers uit Tamang reageerden meestal op de woede van kinderen met bestraffen en plagen, en beschouwden woede als disfunctioneel. Verzorgers uit Brahman waren daarentegen meer geneigd om met het kind te gaan redeneren of proberen een boos kind tevreden te stellen. Mogelijk ligt hier een verband met de reactie van deze kinderen op een hypothetische situatie: Tamang-kinderen beschrijven dan gevoelens van schaamte, terwijl Brahman-kinderen zaken beschrijven over het beheersen van woede.

Clinici kunnen hieruit leren dat ze gevoelig moeten zijn voor culturele en religieuze overtuigingen en houdingen, en zich niet moeten uitdrukken in stereotypen. Ze zouden bijvoorbeeld niet automatisch mogen veronderstellen dat een erg prikkelbaar Japans kind meer afwijkend is, of meer getroffen door een stoornis, dan een gelijkaardig kind uit een cultuur die voornamelijk westers is. Ze zouden eerder bereid moeten zijn om te luisteren naar de waarden van een cultuur en deze te begrijpen. Ze moeten hun reacties op en gesprekken over woede, en het voorbeeld dat de ouders stellen aan de kinderen over de (aanvaardbaarheid van de) uitdrukking van woede begrijpen.

4.6 Normale en abnormale prikkelbaarheid

De grote interindividuele variatie maakt het moeilijk om te bepalen wanneer prikkelbaarheid bij kinderen 'abnormaal' kan worden genoemd. De beoordeling daarvan is complex. Wakschlag en collega's (2007) hebben op basis van het onderscheid tussen typisch ontwikkelende kleuters en kleuters met disruptief gedrag, een aantal normatieve overwegingen geformuleerd. De driftbuien van kinderen met disruptief gedrag waren intenser en meer ongecontroleerd (zie ▶box 4.5).

> **Box 4.5 Driftbuien bij kinderen met disruptief gedrag versus driftbuien bij typisch ontwikkelende kinderen**
>
> In een observationele studie waarin kleuters 50 minuten speelden en allerhande taakjes uitvoerden (Wakschlag et al. 2012), bleek dat de drifbuien van kinderen met disruptief gedrag:
> - intens waren: kinderen maakten luide, actieve, sterke en krachtige bewegingen;
> - gemakkelijk werden uitgelokt: ze konden zich voordoen na een lichte provocatie;
> - progressief verliepen: ze bereikten snel hun hoogtepunt;
> - pervasief waren: ze werden waargenomen tijdens meerdere taken;
> - een aanhoudend karakter vertoonden: ze gingen maar langzaam over en konden alleen met behulp van een volwassene worden opgelost.

De ernst, intensiteit en kwaliteit van driftbuien correleren met hun frequentie. Dit bleek uit een studie die werd uitgevoerd onder moeders van 1516 drie- tot vijfjarige kinderen, die de kenmerken van de drifbuien bij hun kinderen rapporteerden (Wakschlag et al. 2012). Inderdaad bleken deze kenmerken per kind statistisch geordend te kunnen worden in ernst van de driftbuien.

Een studie die werd uitgevoerd onder de algemene bevolking bevroeg ouders van zes- en zevenjarige kinderen over de frequentie en intensiteit van driftbuien (Taylor et al. 1991). Er was geen duidelijke samenhang met oppositionele/uitdagende problemen. Negen van de veertig kinderen die door hun ouders en leerkrachten waren geïdentificeerd als kinderen met gedragsproblemen hadden minstens drie dagen per week een woede-uitbarsting, maar dit verschilde niet veel van de kinderen zonder gedragsproblemen (6/41). Het klinische oordeel wordt niet alleen bepaald door de intensiteit en frequentie van de uitbarstingen. Er moet ook naar de kwaliteit en controleerbaarheid van de aanvallen worden gekeken. Verder moet worden beoordeeld in welke mate ze worden uitgelokt door provocatie en in hoeverre ze aansluiten bij de ontwikkelingsleeftijd van het kind. Tot slot moet ook worden nagegaan in welke mate de uitbarstingen schade veroorzaken aan het kind zelf of aan derden.

Hieruit volgt dat de invloeden die normaal een rol spelen bij het uitdrukken van woede, op vele manieren kunnen leiden tot extreme niveaus van prikkelbaarheid. Het niveau van frustratie waaraan kinderen zijn blootgesteld, de mate waarin kinderen hebben geleerd hoe ze hun woede kunnen herkennen en op welke manieren ze deze kunnen uitdrukken, de mate waarin de expressie van woede wordt getolereerd in hun omgeving, en de reacties van andere kinderen en volwassenen, kunnen allemaal een substantieel effect hebben en leiden tot interactie met de constitutie van het kind zelf. Er zijn ook individuele verschillen in blootstelling aan invloeden van de fysieke omgeving.

In de klinische praktijk is het niet altijd mogelijk om de levensgeschiedenis van een kind volledig te begrijpen. Niettemin kan observatie van interacties tussen het kind en de situatie of de mens waarop de woede van het kind zich richt, nuttige aanwijzingen geven over de processen die waarschijnlijk bijsturing nodig hebben.

Alle hiervoor beschreven invloeden leiden ertoe dat de ernst van de prikkelbaarheid kan worden geordend op een continuüm. Het punt waarop het voor het kind zelf nadelige gevolgen heeft of ondraaglijk is voor anderen zal sterk afhangen van de context waarin het gedrag voorkomt. Sommige aspecten van de behandeling (zie ▶H. 14) zijn gecentreerd rond het positief beïnvloeden van de regulatie zoals hiervoor beschreven. Onaanvaardbare niveaus van prikkelbaarheid komen echter vaak voor in de specifieke context van een psychiatrische stoornis. De volgende hoofdstukken gaan hier afzonderlijk verder op in.

Prevalentie, comorbiditeit, en ontwikkelingsverloop

Samenvatting

Prevalentieschattingen van prikkelbaarheid variëren met de definitie die eraan wordt gegeven. In dit hoofdstuk worden de belangrijkste studies beschreven die prikkelbaarheid van kinderen en adolescenten in verschillende landen hebben onderzocht. Zowel bij klinische populaties als bij de algemene bevolking is vastgesteld dat kinderen met prikkelbaarheid een verhoogd risico hebben op een of meer psychiatrische aandoeningen, waaronder emotionele stoornissen (bijvoorbeeld depressie) en gedragsstoornissen (bijvoorbeeld ADHD). Kinderen met prikkelbaarheid hebben ook een verhoogd risico op toekomstige emotionele problemen, met name depressie, dysthymie en gegeneraliseerde angst en waarschijnlijk zelfmoord. Ze hebben naast hun psychopathologische problemen tevens meer kans op slechte sociale aanpassing.

5.1 Hoe vaak komt prikkelbaarheid voor? – 30

5.2 Amerikaanse bevindingen: prevalentie van ernstige stemmingsdisregulatie – 30

5.3 Britse bevindingen: Isle of Wight-studie – 30

5.4 Britse bevindingen: stemmingslabiliteit bij de algemene bevolking – 31

5.5 Hoe vaak komen woede-uitbarstingen voor? – 31

5.6 Welke problemen gaan gepaard met prikkelbaarheid? – 31

5.7 Prikkelbaarheid is gerelateerd aan een heleboel psychiatrische stoornissen – 32

5.8 Prikkelbaarheid voorspelt emotionele problemen – 32

5.9 Prikkelbaarheid voorspelt sociale rolbeperking – 33

© Bohn Stafleu van Loghum is een imprint van Springer Media B.V., onderdeel van Springer Nature 2018
I. Buyck, A. Stringaris en E. Taylor, *Prikkelbaarheid bij kinderen en adolescenten*,
https://doi.org/10.1007/978-90-368-2081-3_5

5.1 Hoe vaak komt prikkelbaarheid voor?

Het antwoord op de vraag hoe vaak prikkelbaarheid voorkomt, hangt af van wanneer men prikkelbaarheid als klinisch relevant of belangrijk beschouwt (bijvoorbeeld omdat ze een belangrijke toekomstige uitkomst voorspelt). Een gebruikelijke praktijk in de psychiatrie is om een categorie voor een aandoening of syndroom te creëren, bijvoorbeeld het al dan niet lijden aan een depressieve stoornis. Deze beslissing is gebaseerd op vooraf beschreven criteria van wat relevant is of zou kunnen zijn. Het meest prominente voorbeeld van een dergelijke categoriale benadering van prikkelbaarheid is de categorie ernstige stemmingsdisregulatie (*severe mood disregulation*, SMD), dat label wordt gebruikt voor kinderen met ernstige prikkelbaarheid (zie ▶H. 10), en de nieuwe DSM-5-diagnose disruptieve stemmingsdisregulatiestoornis (*disruptive mood dysregulation disorder*, DMDD; zie ▶H. 12). Een andere benadering is om prikkelbaarheid te beschouwen als een eigenschap die op een schaal kan worden gemeten, vergelijkbaar met bijvoorbeeld temperatuur of bloeddruk. Dit heet de dimensionele benadering, waarbij onderzoekers een drempelwaarde op zo'n schaal proberen te bepalen. Veel studies hebben bij hun onderzoek dergelijke schalen gebruikt om de langetermijnuitkomsten van prikkelbaarheid te onderzoeken. Dit heeft tal van bruikbare inzichten opgeleverd, maar geen specifieke drempelwaarden. Daarom is de bespreking van de prevalentie van prikkelbaarheid in dit hoofdstuk gebaseerd op a-priori-categorieën.

5.2 Amerikaanse bevindingen: prevalentie van ernstige stemmingsdisregulatie

Ongeveer 3 % van de kinderen tussen negen en negentien jaar voldoen op een bepaald moment in hun leven aan de criteria voor SMD (Brotman et al. 2006). SMD komt minder vaak voor dan andere stoornissen: in eenzelfde cohort was de cumulatieve prevalentie van depressie 9,5 %, van angst 9,9 %, van oppositioneel-opstandige gedragsstoornis 11,3 %, en van de antisociale gedragsstoornis 9,0 %. Zoals vermeld hangt de prevalentie af van de gehanteerde definitie. SMD vereist de aanwezigheid van een prikkelbare stemming gedurende minstens een halve dag op de meeste dagen, met daarbij woede-uitbarstingen, gedurende 12 maanden (zie ▶box 10.1 en ▶H. 10 voor een gedetailleerde beschrijving van SMD). De prevalentie was vergelijkbaar voor de nieuwe categorie disruptieve stemmingsdisregulatiestoornis (DMDD, zie ▶H. 12) (Copeland et al. 2013) en is hoger bij jonge kinderen.

5.3 Britse bevindingen: Isle of Wight-studie

Binnen de Isle of Wight-studie (Pickles et al. 2010) werden ouders en adolescenten bevraagd over prikkelbaarheid. De frequentie, ernst en duur van prikkelbaarheid werden bekeken, en deze werden als aanwezig gecodeerd als ze significant werden geacht. Ongeveer 19,1 % van de jongens en 23,9 % van de meisjes werden beoordeeld met significante prikkelbaarheid. Zoals verderop wordt uitgelegd, was prikkelbaarheid een belangrijke voorspeller van latere uitkomsten in deze steekproef.

5.4 Britse bevindingen: stemmingslabiliteit bij de algemene bevolking

Aangezien er geen studies bestaan die de prevalentie van SMD in andere werelddelen onderzoeken, kan een studie over stemmingslabiliteit bij de algemene Britse bevolking ons wat aanwijzingen geven. Zoals vermeld in ▶H. 2 is stemmingslabiliteit een van de termen die wordt gebruikt om veranderingen in de stemming te omschrijven, waaronder prikkelbaarheid. Wanneer mensen worden bevraagd over stemmingslabiliteit, lijken ze vaak te verwijzen naar een prikkelbare stemming, zoals blijkt uit de hoge correlatie tussen de twee constructen. In een studie van Stringaris en collega's (2009c), rapporteerde 6,1 % van de adolescenten (11–19 jaar) veel last te hebben van stemmingslabiliteit. 5,5 % van de ouders rapporteerde dat hun kinderen (leeftijdsgroep 8–19 jaar) vaak te kampen hadden met een labiele stemming. Een van de opvallende bevindingen van deze studie was dat er met betrekking tot de stemmingslabiliteit niet veel overeenstemming was tussen de ouderrapportage en zelfrapportage van de kinderen. Niettemin lijkt stemmingslabiliteit – ongeacht door wie ze is gerapporteerd – klinische betekenis hebben. Daarover verderop meer.

5.5 Hoe vaak komen woede-uitbarstingen voor?

Zoals besproken in ▶H. 2 zijn woede-uitbarstingen kenmerkend voor prikkelbaarheid. Ook is onderzocht hoe woede-uitbarstingen zich ontwikkelen gedurende de levensloop (zie ▶H. 4), maar het is nog niet bekend hoe gebruikelijk ze zijn in de verschillende ontwikkelingsfasen. Een recente studie (Wakschlag et al. 2010) laat zien dat, zoals we kunnen verwachten, woede-uitbarstingen erg vaak voorkomen bij jonge kinderen: 83,7 % van de drie- tot vijfjarigen had in de maand voorafgaand aan het onderzoek een woede-uitbarsting. Bij slechts 8,6 % van die kinderen kwam echter dagelijks een woede-uitbarsting voor. Bovendien waren woede-uitbarstingen die uit het niets tevoorschijn kwamen én leidden tot extreem gedrag, zoals schoppen of schreeuwen, veel zeldzamer.

5.6 Welke problemen gaan gepaard met prikkelbaarheid?

Gaat prikkelbaarheid gepaard met andere problemen, zoals andere psychiatrische aandoeningen, en lopen kinderen met prikkelbaarheid meer kans op psychosociale aanpassingsproblemen? Nog belangrijker, blijven dergelijke associaties stabiel over de tijd heen; bijvoorbeeld, lopen kinderen met prikkelbaarheid meer kans op een psychiatrische aandoening dan anderen? Het antwoord op deze vragen is cruciaal om te begrijpen of prikkelbaarheid pernicieus is.
Om de hoofdpunten samen te vatten. Kinderen met prikkelbaarheid:
- hebben meer kans op een of meerdere psychiatrische aandoeningen, met inbegrip van emotionele (bijvoorbeeld depressie) en gedragsmatige (bijvoorbeeld ADHD) aandoeningen, zowel in de kliniek als in de algemene bevolking;
- lopen een verhoogd risico op emotionele problemen in de toekomst, in het bijzonder depressie, dysthymie en gegeneraliseerde angst, en waarschijnlijk zelfdoding;
- hebben meer kans op een onvoldoende sociale aanpassing die niet louter kan worden verklaard door psychopathologie.

5.7 Prikkelbaarheid is gerelateerd aan een heleboel psychiatrische stoornissen

In een transversaal onderzoek in het Verenigd Koninkrijk (Stringaris et al. 2009b) werd prikkelbaarheid – gedefinieerd aan de hand van een schaal met items over woede-uitbarstingen, woede en lichtgeraaktheid – gerelateerd aan een breed scala van aandoeningen. Wanneer enkel prikkelbaarheid bekeken werd, was deze gerelateerd aan ADHD en disruptieve en emotionele aandoeningen. De associatie was specifieker voor emotionele aandoeningen wanneer werd gecontroleerd voor dimensies van oppositioneel gedrag die niet gerelateerd waren aan prikkelbaarheid (zie ▶ H. 9).

Zowel in de ouder- als kindrapportages werden in dezelfde studie gelijkaardige associaties gevonden met een aantal psychiatrische aandoeningen wanneer het construct van stemmingslabiliteit werd gebruikt in plaats van prikkelbaarheid (Stringaris et al. 2009a). Een opvallende bevinding van die studie was dat stemmingslabiliteit sterk was geassocieerd met comorbiditeit, dat wil zeggen de overlap tussen twee of meer aandoeningen, waarbij vooral overlap opviel tussen emotionele en gedragsstoornissen.

5.8 Prikkelbaarheid voorspelt emotionele problemen

Studies vanuit verschillende werelddelen hebben aangetoond dat prikkelbaarheid sterker gerelateerd is aan latere emotionele problemen dan aan antisociale uitkomsten.

Een longitudinale vervolgstudie van Stringaris en collega's (2009b) in het Verenigd Koninkrijk toonde aan dat prikkelbaarheid na een tijdsverloop van drie jaar beter 'distress stoornissen' – een combinatiecategorie van depressie en gegeneraliseerde angst – dan gedragsproblemen of angststoornissen – een categorie die fobieën en posttraumatische stressstoornis omvat – kon voorspellen.

De eerste studie in de Verenigde Staten die aantoonde dat prikkelbaarheid een redelijk specifieke voorspeller van depressie was, was de *Children in the Community*-studie (Leibenluft et al. 2006; Stringaris et al. 2009c). In deze studie werden kinderen en adolescenten op verschillende tijdstippen opgevolgd, terwijl ze zich ontwikkelden van adolescent tot de half volwassenheid. Bij follow-up na tien en twintig jaar bleek dat prikkelbaarheid een voorspeller van depressie was. Het verband was vrij sterk: na 20 jaar voorspelde prikkelbaarheid depressie, dysthymie en gegeneraliseerde angst met een odds ratio van 2, wat betekent dat voor elke toename van één standaardafwijking van prikkelbaarheid, er een verdubbeling van het risico op depressieve stoornissen was. Bovendien bleef prikkelbaarheid – ook wanneer er werd gecontroleerd voor de aanwezigheid van andere psychiatrische stoornissen bij de basismeting in de kindertijd – een voorspeller van toekomstige depressieve stoornissen en gegeneraliseerde angst. Prikkelbaarheid was echter geen voorspeller van andere aandoeningen, waaronder fobieën, persoonlijkheidsstoornissen en bipolaire stoornis.

De bevindingen waren vergelijkbaar met deze uit andere studies die de uitkomsten van prikkelbaarheid onderzochten en zijn niet specifiek voor het Verenigd Koninkrijk. Een recent onderzoek in een grote Braziliaanse steekproef toonde aan dat prikkelbaarheid veeleer geassocieerd was met depressieve stoornissen dan met antisociaal gedrag (Krieger et al. 2013).

In een andere studie bij adolescenten in het Verenigd Koninkrijk werd vastgesteld dat prikkelbaarheid een hele specifieke voorspeller was voor depressie en niet voor antisociaal gedrag. Een belangrijk aspect van deze studie was dat prikkelbaarheid niet door de ouders en leerkrachten werd gerapporteerd maar door de adolescenten zelf (Stringaris et al. 2012b). Soortgelijke bevindingen zijn gerapporteerd in andere studies in de Verenigde Staten (Burke 2012).

5.9 Prikkelbaarheid voorspelt sociale rolbeperking

We hebben gezien dat jongeren met prikkelbaarheid een verhoogd risico hebben op psychiatrische aandoeningen. Daarnaast hebben ze ook een hoger risico op sociale beperkingen. In de DMDD-studie van Copeland en collega's (2013, zie ook ▶H. 12) hadden jongeren met prikkelbaarheid meer kans op problemen in de relaties met hun ouders, broers en zussen, werden ze vaker geschorst van school en kwamen ze vaker in aanraking met de politie. In een studie die is uitgevoerd in het Verenigd Koninkrijk vertoonden kinderen met stemmingslabiliteit zowel thuis als op school duidelijk meer problemen in hun relaties dan kinderen zonder stemmingslabiliteit (Stringaris et al. 2009a). Deze beperkingen waren specifiek te wijten aan de stemmingslabiliteit en niet aan de aanwezigheid van andere aandoeningen. In de twintigjarige opvolgstudie (Stringaris et al. 2009c) bleken prikkelbare adolescenten minder kans te hebben op een hoger opleidingsniveau, meer kans te vertonen op werkloosheid en minder geld te verdienen. Deze sociale rolbeperking was onafhankelijk van de aanwezigheid van andere aandoeningen.

De neurowetenschap van prikkelbaarheid

Samenvatting

Pas recentelijk is menselijke prikkelbaarheid het onderwerp van neurowetenschappelijk onderzoek geworden. Decennia van onderzoek naar woede en modellen van agressie bij dieren kunnen nuttig zijn om te begrijpen hoe prikkelbaarheid wordt opgewekt bij mensen. In dit hoofdstuk wordt besproken hoe bevindingen over het dreigingsnetwerk verband houden met woede en waarom nog weinig wordt begrepen van de neurale onderbouwing van het onderscheid tussen woede en andere negatieve emoties. Er worden bevindingen gepresenteerd over cognitieve flexibiliteit en frustrerende non-beloning en over hoe omgevingsomstandigheden die in de orbitofrontale cortex worden berekend de expressie van woede kunnen beïnvloeden. Niettemin komt prikkelbaarheid naar voren als een stemming en is deze dus een langdurige neiging tot emotionele reacties. Er worden tevens mogelijke neurochemische veranderingen besproken die kunnen leiden tot interindividuele verschillen en hun huidige beperkingen in de klinische praktijk.

6.1   Hersenennetwerken en emotieverwerking – 37

6.2   Neurologische processen – 37
6.2.1   Affectieve agressie bij mensen en dieren – 37
6.2.2   Woede, prikkelbaarheid en basisemoties – 40
6.2.3   Omgeving, omstandigheden en beloningen – 40
6.2.4   Woederegulatie – 41

6.3   Neurale verwerking bij kinderen met chronische prikkelbaarheid – 42
6.3.1   Cognitieve flexibiliteit en beloning – 42
6.3.2   Frustratie – 43
6.3.3   Samenvatting van neurale verwerking bij kinderen met prikkelbaarheid – 45

© Bohn Stafleu van Loghum is een imprint van Springer Media B.V., onderdeel van Springer Nature 2018
I. Buyck, A. Stringaris en E. Taylor, *Prikkelbaarheid bij kinderen en adolescenten*,
https://doi.org/10.1007/978-90-368-2081-3_6

6.4 Stemmingswisselingen – 45

6.5 Effecten van neurotransmitters en neuromodulators op woede – 46

6.6 Klinische aspecten – 47

6.1 Hersenennetwerken en emotieverwerking

Dit hoofdstuk beschrijft de hersenstructuren en -functies die worden geacht betrokken te zijn bij de expressie en regulatie van boze emoties. Het zet de bijbehorende hersenactiviteit in een algemeen kader van emotieverwerking. ◘Figuur 6.1 geeft een aantal hersenenstructuren aan die betrokken zijn bij de expressie en regulatie van woede, met de serotonerge systemen.

Globaal genomen zijn er een aantal netwerken betrokken bij het verwerken van boze emoties. Deze netwerken zijn gericht op het beoordelen van bedreigende en frustrerende situaties (bijvoorbeeld de frontale cortex), het verbinden van emotionele waarde aan deze situaties (bijvoorbeeld de amygdala, de nucleus accumbens, het limbisch systeem), het verspreiden van responsiviteit en arousal (bijvoorbeeld via monoaminen en andere chemische stoffen die worden vrijgelaten uit zenuwcellen bovenaan de hersenstam) en het opwekken van woedereacties (bijvoorbeeld uit de hypothalamus).

Dit hoofdstuk richt zich op de volgende vragen:
- Is er een neurale handtekening van prikkelbaarheid?
- Hoe verwerken de hersenen van kinderen emoties?
- Hebben kinderen met prikkelbaarheid andere neurale en neurochemische reacties dan typisch ontwikkelende kinderen?

6.2 Neurologische processen

6.2.1 Affectieve agressie bij mensen en dieren

De term 'prikkelbaarheid' wordt zelden gebruikt in de literatuur over dieren. Defensieve of reactieve agressie liggen conceptueel echter dicht bij prikkelbaarheid (zie ▶ H. 4) en kunnen een hulp bieden bij het begrijpen van de betrokken hersennetwerken.

Net zoals bij andere dieren, kan agressie bij een kat elektrisch geïnduceerd worden door stimulatie van gebieden in de hypothalamus, zoals blijkt uit ◘fig. 6.2. Binnen het gebied van de ventromediale hypothalamische kern tot en met de laterale hypothalamus kan de stimulatie van twee verschillende gebieden twee verschillende soorten agressie opwekken (Siegel et al. 1999). Stimulatie van het mediale gedeelte van de hypothalamus – dicht bij de ventromediale kern – veroorzaakt defensieve of affectieve agressie. Deze vorm van agressie, bekend als *Affektive Abwehrreaktion*, wordt gekenmerkt door opstaande haren, pupilverwijding, kromming van de rug en uitgestoken klauwen. Soortgelijke emotionele reacties kunnen uitgelokt worden bij ratten (Haller 2013) en muizen (Dayu et al. 2011), maar de precieze anatomische locaties van de (uitlokking van) reacties, verschillen.

Deze vorm van agressie, die gepaard gaat met arousal, staat in schril contrast met de stille bijtaanval die wordt opgewekt bij stimulatie van meer lateraal gelegen hypothalamische gebieden (zie ◘fig. 6.2). Deze is kenmerkend voor een proactieve vorm van agressie, zoals wanneer een kat een stille aanval op zijn slachtoffer opent (bijvoorbeeld een rat) (Wasman et al. 1962; Siegel et al. 1999). Deze instrumentele aanval lijkt meer op de proactieve agressie van mensen.

Experimenten suggereren enkele overeenkomsten tussen mensen en andere dieren. In het verleden werd in sommige landen psychochirurgie gebruikt om ernstige vormen van agressie te behandelen. Gevalsstudies van dergelijke chirurgische interventies lieten zien dat

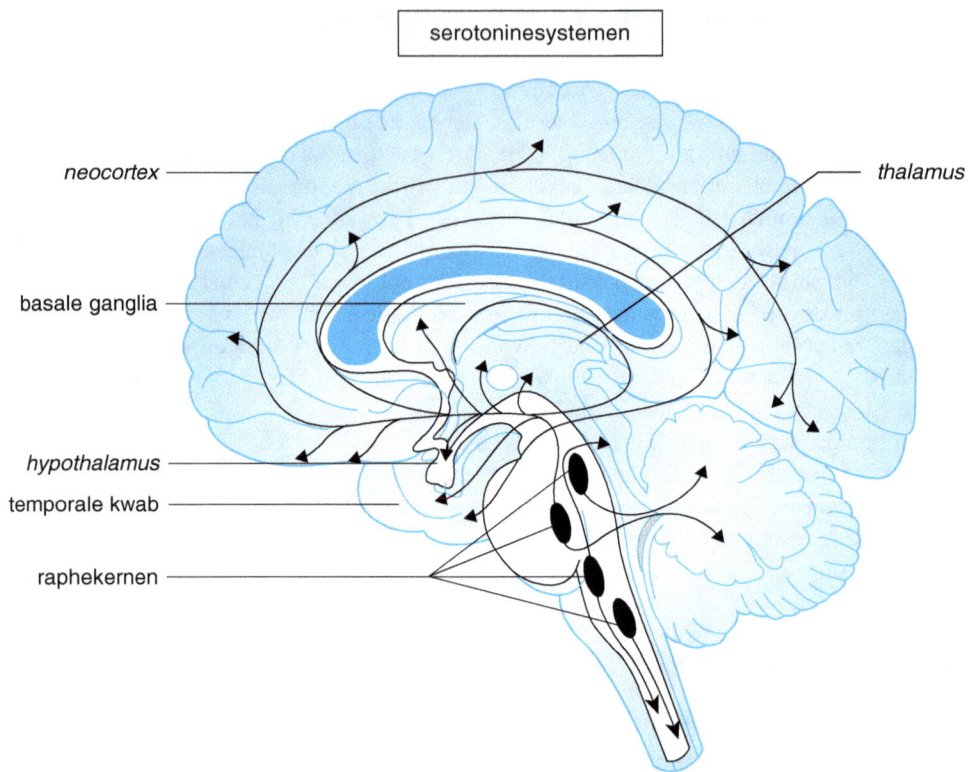

◘ **Figuur 6.1** Serotoninesystemen in de hersenen

de hypothalamus een rol speelt bij woede en agressie. Sano en collega's (1970) lieten bijvoorbeeld zien dat stimulatie van de posterieure hypothalamus bij 51 patiënten met pathologisch agressief gedrag leidden tot een stijging van de bloeddruk, een toename van de hartslag en pupilverwijding. Het aanbrengen van chirurgisch letsel door het elektrisch dichtbranden van hypothalamische gebieden werkte kalmerend. Bovendien kunnen tumoren van de hypothalamus zowel woeste gedragingen als lachbuien veroorzaken (Savard et al. 2003).

Meer in het algemeen wordt affectieve agressie in verband gebracht met een dreigingsnetwerk dat de amygdala, hypothalamus en het periaqueductale grijs omvat (Blair 2013). Bij mensen blijkt dat het dreigingsnetwerk kan worden gestimuleerd door angstwekkende stimuli, zoals een tarantulaspin (Mobbs et al. 2010). Onderzoek suggereert dat componenten van het dreigingsnetwerk, met name de amygdala, actief zijn bij jongeren met gedragsproblemen die vatbaar zijn voor niet-proactieve agressie (Jones et al. 2009). Actuele theorieën (Rolls 2007) die gebaseerd zijn op dierproeven opperen dat de intensiteit van een bedreigende stimulus en de omgevingsomstandigheden bepalend zijn voor vecht- of vluchtgedrag. Als er een manier is om te ontsnappen, wordt daarvoor gekozen. Als er echter geen ontsnapping mogelijk is, zal het bedreigde individu wellicht reactief agressief gedrag vertonen.

Deze fascinerende bevindingen suggereren dat de hypothalamus, het periaqueductale grijs en de amygdala gebieden zijn die agressie opwekken bij dieren, en mogelijk ook bij mensen. Toch zijn niet alle vragen beantwoord. Ten eerste is de rol die de hypothalamus speelt bij agressie niet afdoende aangetoond in functionele studies bij mensen; het kalmerende effect van een operatie bij agressieve individuen zou een gevolg kunnen zijn van de ervaring

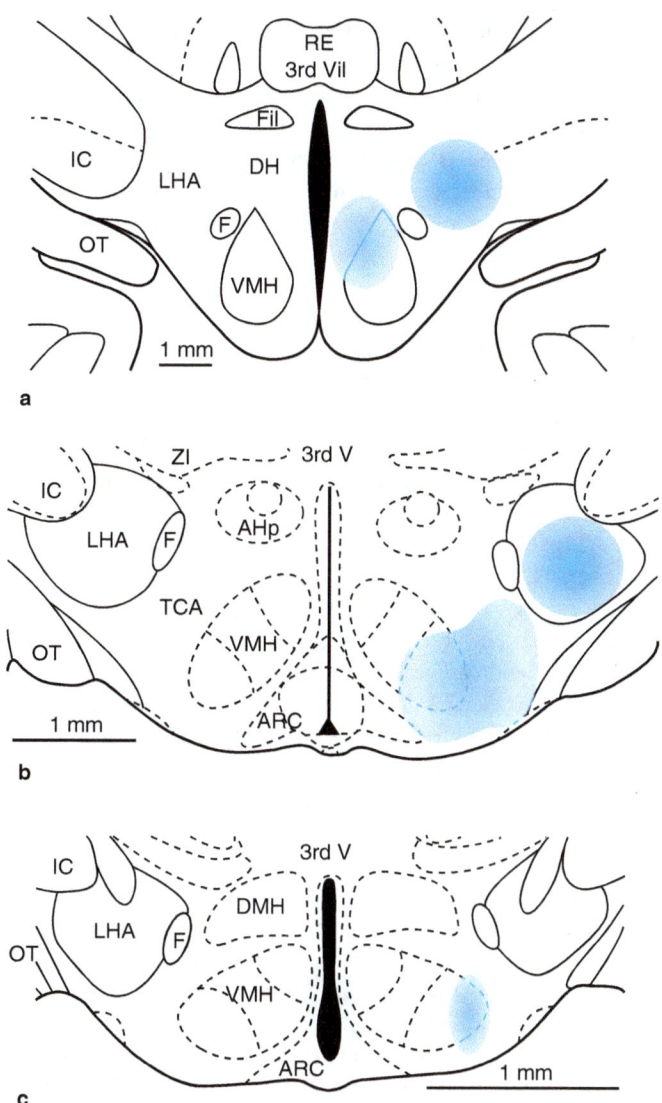

Figuur 6.2 Aan agressie gerelateerde hypothalamische gebieden in de kat (**a**), rat (**b**) en muis (**c**). Gebieden van defensieve woede (lichtgrijze) en rustig bijten (donkergrijze) ontstaan door experimenten met elektrische stimulatie bij de kat, rat en muis. Overgenomen uit Brain Res Bull, 93, Haller, J, *The neurobiology of abnormal manifestations of aggression – a review of hypothalamic mechanisms in cats, rodents, and humans*, 97–109, Copyright 2013, met toestemming van Elsevier

onderworpen te zijn geweest aan psychochirurgie. Een betere resolutie bij neurologische beeldvorming kan aan dit probleem tegemoetkomen. Ten tweede weten we weinig over de gevoelens die gepaard gaan met agressie bij mensen (en dieren ook uiteraard). Hypothalamische woede werd vroeger beschouwd als nepwoede of als pseudo-affectief. Ten derde is het onduidelijk of stimulatie van de gebieden die affectieve agressie bij dieren veroorzaken ook kan leiden tot vluchtreacties. Bij vecht- en vluchtreacties vertonen dieren de soort arousal die voortvloeit uit hypothalamische stimulatie zoals reeds beschreven. Kunnen de neurale processen van boosheid, woede en prikkelbaarheid zich van elkaar en van angst onderscheiden? Experimenten met mensen waarbij omgevingsfactoren worden gemanipuleerd om een onderscheid te maken tussen agressie en angst moeten nog worden uitgevoerd. Bovendien moet de theorie rekening houden met interindividuele verschillen. Er zijn kinderen die erg angstig en vatbaar zijn voor angst, maar nauwelijks agressie vertonen en er zijn angstige kinderen die wel agressief zijn. De oorsprong van deze interindividuele verschillen kan wellicht gerelateerd zijn aan temperament en sociaal leren, en kan door frontale corticale regulatiefuncties bepaald worden.

6.2.2 Woede, prikkelbaarheid en basisemoties

Meer dan een eeuw psychologisch onderzoek heeft aangetoond dat emoties op verschillende en vaak overlappende manieren gedefinieerd kunnen worden, en dat elk van deze definities zijn verdiensten en beperkingen heeft (Kagan 2004; Stringaris, in druk). Dit komt het duidelijkst naar voren in het debat rond basisemoties. Onze taal erkent een aantal verschillende emoties, zoals woede, verdriet en vreugde. Sommige prominente onderzoekers beweren dat er een groep fundamentele emoties bestaat (Ekman et al. 2011). Deze visie heeft enige affiniteit (Barrett 2011) met Darwins onderzoek omtrent het identificeren van universele en aangeboren uitdrukkingswijzen bij mensen en dieren. Er wordt aangenomen dat basisemoties worden gekenmerkt door onderscheidende universele signalen (bijvoorbeeld gezichtsuitdrukkingen) en fysiologie, subjectieve ervaringen en doordat ze voorkomen bij zowel mensen als andere primaten (Ekman et al. 2011). Typische voorbeelden hiervan zijn volgens deze auteurs woede, afschuw, angst, vreugde, verrassing en succes.

Deze visie van fundamentele emoties is echter uitgedaagd op basis van zowel conceptuele (Ortony et al. 1990), fysiologische (Frankenhaeuser 1971) als antropologische (Jack et al. 2012) argumenten. Het lijkt er inderdaad op dat alleen subjectieve ervaringen en gedrag (zoals toenadering of terugtrekking) een onderscheid kunnen maken tussen verdriet en boosheid. Deze twee emoties kunnen niet aan de hand van fysiologische of cognitieve argumenten van elkaar worden onderscheiden (Lench et al. 2011; Lindquist et al. 2013). Bovendien blijkt uit een recente meta-analyse van hersengebieden die betrokken zijn bij het verwerken van emoties, dat het moeilijk is om neurale substraten te identificeren die aan specifieke emoties verbonden zijn (Lindquist et al. 2012). Een van de weinige uitzonderingen hierop vormt de betrokkenheid van de linker orbitofrontale cortex (OFC) bij woede. De hersencorrelaten van woede waren in die meta-analyse echter niet beperkt tot de OFC, maar uitgebreid naar andere gebieden van de frontale lob. Sommige onderzoekers hebben gesuggereerd dat het weinig zin heeft om te zoeken naar de hersencorrelaten van woede (Lindquist et al. 2012) en dat onze gangbare woorden om emoties te omschrijven niet precies overeenkomen met hersenfuncties (LeDoux 2000).

Niettemin maken mensen onderscheid tussen emoties, voelen ze zich prikkelbaar en herkennen ze de boosheid van anderen. Dergelijke fenomenen moeten een fysiologische basis hebben, dus blijft de vraag hoe hersenreacties van woede vorm krijgen.

6.2.3 Omgeving, omstandigheden en beloningen

Het is zeer waarschijnlijk dat ons begrip van de fysiologie simpelweg niet geavanceerd genoeg is om te ontdekken wat prikkelbaarheid onderscheidt van andere emoties, zoals angst. Het is ook mogelijk dat er bij het maken van onderscheid tussen de verschillende emoties, een rol is weggelegd voor de omgeving. Algemene arousal kan worden gedeeld tussen negatieve emoties: het recht komen van de haren, pupildilatatie en tachycardie kunnen gemeenschappelijk zijn bij woede en angst. Hun differentiatie kan afhangen van omgevingsomstandigheden en de ermee samenhangende condities van beloning en straf.

Misschien is het zoeken naar hersengebieden die zich specialiseren in specifieke categorieën van emoties of gedrag tevergeefs; de hersenen functioneren economischer dan het geval zou zijn bij een een-op-eenrelatie tussen elke emotionele toestand en een hersengebied (Rolls 2007). In plaats daarvan kunnen de hersenen geëvolueerd zijn, zodat ze flexibel kunnen reageren op omgevingsvariaties. Emoties maken deel uit van die mogelijkheid om te reageren, vooral om snel te reageren, voordat, maar ook zonder dat een volledige en gedetailleerde intellectuele beoordeling heeft plaatsgevonden. Onmiddellijke hersenreacties op frustratie zouden het omschakelen naar nieuwe processen, het herleiden van aandacht en het opwekken en controleren van verhoogde responsiviteit moeten omvatten.

Het onderzoek neemt een hoge vlucht en het is nog te vroeg om definitieve conclusies te trekken. Er zijn echter enkele nuttige inzichten die relevant zijn voor clinici. Rolls (2007) stelt voor dat emoties toestanden zijn die voortkomen uit beloningen of straffen. Hij noemt die instrumentele versterkers. Beloningen zijn aantrekkelijke stimuli (die genot voortbrengen), terwijl straffen aversieve prikkels zijn die onaangename toestanden veroorzaken. Volgens de theorie van Rolls kunnen, afhankelijk van het soort versterker dat aanwezig is, verschillende emoties worden opgewekt.

De theorie zou kunnen worden uitgebreid door er meer bij te betrekken: de intensiteit van de versterker (dit is de waarde van de beloning), de aanwezigheid van meerdere – zelfs tegenstrijdige – bekrachtigers, de aanwezigheid van secundaire bekrachtigers (zoals reeds bestaande cognitieve evaluaties), en de gedragsreacties die beschikbaar zijn voor het individu (is weerstand nutteloos, of zou woede een beloning kunnen opleveren?) (Rolls 2007). Op deze manier zou woede ontstaan door een combinatie van twee dingen: het *weglaten van een verwachte beloning* op een moment waarop een *actieve gedragsrespons* mogelijk is (Rolls 2007).

Dit wordt bereikt door het samenkomen van sensorische informatie (bijvoorbeeld ruiken, aanraken, proeven) in een hersengebied dat de beloningswaarde van dergelijke versterkers berekent, zoals de OFC. Andere gebieden van de OFC en de amygdala mediëren het aanleren van associaties tussen neutrale primaire stimuli (bijvoorbeeld een geur) en primaire bekrachtigers. Dergelijke informatie zou dan patronen van autonome reacties opwekken (bijvoorbeeld tachycardie via de hypothalamus) of motorische reacties (bijvoorbeeld vechten via het striatum). Het vermogen om de beloningswaarde van stimuli te berekenen, en bij uitbreiding gedrags-, autonome en cognitieve uitkomsten te beïnvloeden, heeft ertoe geleid dat de OFC omschreven wordt als een regulator van emoties. Misschien zou interindividuele variatie in de werking van deze regulator kunnen verklaren waarom sommige mensen bozer zijn dan anderen.

6.2.4 Woederegulatie

Wat zorgt ervoor dat sommige mensen bozer worden dan anderen? Tot nu toe hebben we geleerd dat woede kan worden gegenereerd in de evolutionair oude gebieden van de hersenen, zoals het periaqueductale grijs (Mobbs et al. 2007), de amygdala en de hypothalamus. We hebben ook gezien dat de fylogenetisch meer recente OFC de waarde van stimuli beoordeelt en zo vorm kan geven aan autonome en gedragsmatige reacties. ▶Hoofdstuk 4 heeft onderscheid gemaakt tussen de intensiteit van woede en de processen die deze reguleren. Maakt buitensporige activiteit van de subcorticale gebieden zoals de hypothalamus, mensen vatbaar voor prikkelbaarheid; of ontbreekt het aan regulatie door de OFC en aanliggende gebieden?

Antwoorden op deze vragen zijn nog niet afdoende geformuleerd. Onderzoek maakt vooral gebruik van beeldvormingstechnieken, zoals functionele magnetische resonantie beeldvorming (fMRI). Bij fMRI wordt de activering van hersengebieden gemeten door het analyseren van de effecten van een sterk radiomagnetisch veld dat door de hersenen gestuurd wordt. De interferentie die hieruit voortvloeit, wordt bepaald door magneten die van nature in de hersenen voorkomen, zoals de ijzer-zuurstof binding in hemoglobine, en ontstaat dus doordat zuurstofrijk bloed een geactiveerd gebied bereikt. Om veiligheidsredenen wordt bij kinderen deze techniek gebruikt; de kinderen worden immers niet blootgesteld aan ioniserende straling.

Met technieken zoals de fMRI is het helaas moeilijker om activiteit in de hypothalamus te meten dan activiteit in de neocortex. Activering in de amygdala is makkelijker te meten, maar de relatie tussen de amygdala en woede is complex. De amygdala wordt geactiveerd door dreigingssignalen (zoals dreigende gezichten), maar personen die vatbaar zijn voor woede kunnen verminderde reacties vertonen op negatief gekleurde emotionele stimuli (Brotman et al. 2010). Er is daarentegen meer evidentie dat gebrekkige regulering van de OFC kan leiden tot woede, zoals recent geopperd door Blair (2012). Patiënten met letsels in dit gebied vertonen inderdaad een verhoogd risico op impulsief, sociaal ongepast gedrag en prikkelbaarheid (Rolls et al. 1994). Deze patiënten, met frontale schade, hadden veel meer kans dan andere patiënten om onophoudelijke fouten in een reactieomkeringstaak te maken. In reactieomkeringstaken verliezen stimuli die eerder beloond werden met geld, bijvoorbeeld voor het aanraken van het juiste patroon op een computerscherm, hun beloningswaarde (de persoon kan zelfs geld verliezen). Patiënten met schade aan de OFC bleven reageren op stimuli die niet meer belonend waren en meldden dat ze deze reactie niet konden tegenhouden. Interessant hierbij is dat kinderen met chronische prikkelbaarheid ook tekorten lijken te hebben bij taken die cognitieve flexibiliteit vereisen, ofwel flexibiliteit die verwijst naar de mogelijkheid om gedachten en acties te veranderen naargelang omgevingsomstandigheden dit vereisen (Dickstein et al. 2007).

6.3 Neurale verwerking bij kinderen met chronische prikkelbaarheid

Het type psychopathologie waarin prikkelbaarheid het meest centraal staat, is DMDD. Deze aandoening, die onlangs is gedefinieerd in de DSM-5, is enkel van toepassing op kinderen en jongeren tot 18 jaar en bestaat uit ernstige prikkelbaarheid in combinatie met dysforie tussen uitbarstingen in. Deze chronische dysforie bestaat uit woede en psychisch lijden (zie ▶ H. 12). De diagnostische definitie is gebaseerd op het vroegere concept van SMD. Het grootste deel van het beeldvormingsonderzoek bij prikkelbaarheid is uitgevoerd bij jongeren met SMD. Daaruit bleek dat er processen die bevorderlijk zijn voor cognitieve flexibiliteit en reacties op beloning en straf bij betrokken zijn.

6.3.1 Cognitieve flexibiliteit en beloning

Dickstein en collega's van het laboratorium van Ellen Leibenluft in het Nationaal Instituut voor Geestelijke Gezondheid in de Verenigde Staten hebben aangetoond dat kinderen met SMD slechter presteren dan typisch ontwikkelende kinderen in een controlegroep op taken die reactieomkering meten (Dickstein et al. 2007). (Dit tekort lijkt niet specifiek te zijn voor de diagnose: jongeren met een bipolaire stoornis – die ook prikkelbaar kunnen zijn – vonden het ook moeilijker om te stoppen met reageren op stimuli die niet beloond werden.)

Adleman en collega's uit hetzelfde lab gebruikten een reactieomkeringstaak in een fMRI-scanner om te onderzoeken of dezelfde of verschillende neurale processen ten grondslag lagen aan de slechtere prestaties van jongeren met een bipolaire stoornis en SMD ten opzichte van typisch ontwikkelende kinderen (Adleman et al. 2011). Zij vonden dat zowel de groep met SMD als de bipolaire groep significant verschilde van gezonde vrijwilligers. De gezonde jeugd vertoonde een toenemende activiteit in het striatum bij het maken van fouten – deze toename van activiteit is normatief, is waarschijnlijk afhankelijk van dopamine, en weerspiegelt het belangrijke vermogen om te leren van dergelijke fouten (Packard et al. 2002). Daarnaast lieten kinderen met SMD geen toename zien van neurale activiteit in de inferieure frontale gyrus (IFG) (die gedeeltelijk overlapt met de OFC), wat bij kinderen met een bipolaire stoornis en gezonde vrijwilligers wel het geval was. Neurale activiteit in de IFG tijdens een conflictrespons – zoals bij het maken van fouten in deze taak – weerspiegelt waarschijnlijk de controle over motorische reacties (Budhani et al. 2007). Onderzoek heeft inderdaad aangetoond dat activiteit in de IFG toeneemt naargelang een situatie meer controle vereist (Dodds et al. 2011). De auteurs speculeren dat hun bevindingen op een chronische frontostriatale dysfunctie kunnen wijzen bij personen met SMD; daarentegen lijken personen met een bipolaire stoornis te profiteren van een intacte IFG wanneer ze in een toestand van euthymie verkeren (zoals in dit onderzoek).

6.3.2 Frustratie

De reactieomkeringstaak meet cognitieve flexibiliteit, maar is niet ontworpen om emotionele toestanden uit te lokken die kenmerkend zijn voor prikkelbaarheid. Frustratietaken zijn, zoals al blijkt uit de naam, daar juist wel voor ontworpen. Bij de Affectieve Posner-taak spelen deelnemers een spel dat zo is gemanipuleerd dat ze het gevoel krijgen dat ze slecht presteren; uiteindelijk krijgen ze niet de beloningen die ze in de loop van het spel verwachtten. Dergelijke taken hebben een aantal effecten. Ten eerste veroorzaken ze frustratie en dus arousal. Op grond van het voorgaande wordt dan verwacht dat de subcorticale gebieden, in het bijzonder de amygdala, geactiveerd worden. Ten tweede doen deze taken een beroep op hulpbronnen voor aandacht. Zoals aangegeven in ▶ H. 4 wat betreft de ontwikkeling van kinderen, vormt het weg kunnen verschuiven van de aandacht van frustrerende situaties een belangrijk aspect van emotieregulatie. Hierbij zijn prefrontale gebieden zoals de IFG en de pariëtale cortex betrokken. Ten derde kan activatie in de OFC verwacht worden, omdat het bij deze taak gaat om de verwerking van beloning en straf (zoals gezegd wordt het niet verkrijgen van een beloning hier straf genoemd). Het ventrale striatum zou ook betrokken moeten zijn – het betekent voor de limbische structuren wat het neostriatum is voor de neocorticale structuren, namelijk een route om outputgebieden te bereiken. Het ventrale striatum ontvangt input van de amygdala en de OFC, en geeft deze door aan het ventrale pallidum. Dit beïnvloedt regio's zoals de subthalamische kern.

Deveney en haar collega's uit het laboratorium van Leibenluft gebruikten de Affectieve Posner-taak in beeldvormend onderzoek met een scanner om kinderen met SMD te vergelijken met gezonde vrijwilligers van dezelfde leeftijd (Deveney et al. 2013). Zoals verwacht rapporteerden kinderen met SMD meer frustratie dan gezonde controlekinderen tijdens de frustrerende onderdelen van de taak. Frustratie lijkt de aandacht te verstoren – beide groepen waren ongeveer 30 % minder nauwkeurig dan tijdens de niet-frustrerende onderdelen van de taak. Beide groepen hadden ook een tragere reactiesnelheid tijdens ongeldige beurten (dat zijn beurten waar de hint en het doelwit op tegengestelde locaties geplaatst waren) dan tijdens geldige beurten. Kinderen met SMD reageerden echter ook significant langzamer dan gezonde vrijwilligers op ongeldige beurten. Dit suggereert dat kinderen met SMD specifieke problemen kunnen hebben met het verschuiven van de aandacht wanneer ze gefrustreerd zijn.

De neurale basis van deze gedragsresultaten is misschien af te leiden uit wat Deveney en collega's (2013) vonden tijdens de fMRI-taak. Bij de frustratietaak waren gebieden in de posterieure pariëtale lob van kinderen met SMD tijdens beurten met negatieve feedback minder actief dan bij gezonde vrijwilligers. De pariëtale lob is betrokken bij selectieve aandacht, dat wil zeggen de preferentiële verwerking van een subset van informatie (Behrmann et al. 2004). Onderactivatie in dit gebied, dat betrokken is bij hogere cognitieve verwerking, ging gepaard met onderactivatie in de amygdala en het striatum tijdens negatieve feedback.

Tot nu toe wijzen de resultaten erop dat kinderen met SMD het moeilijk vinden om zich aan te passen aan veranderende omstandigheden in hun omgeving. De bevindingen van de reactieomkeringstaak suggereren dat cognitieve rigiditeit een onderliggende eigenschap kan zijn van kinderen met SMD, terwijl deze kinderen bij de Affectieve Posner-taak makkelijker gefrustreerd raken en hun aandacht sneller verslapt. De neuropsychologische bevindingen van deze studies zijn in overeenstemming met de voorspellingen van Rolls' theorie van emotie en de voorspellingen van Blair over het ontstaan van woede. De hersenbevindingen zijn echter slechts gedeeltelijk in lijn met de voorspellingen. Zoals verwacht lieten kinderen met SMD geen normatieve activiteitstoename zien in het striatum en de OFC tijdens mislukte beurten in de reactieomkeringstaak. Er werden echter geen frontale abnormaliteiten gedetecteerd in de Affectieve Posner-taak, hoewel dit het gevolg kan zijn van een gebrek aan statistische power van het onderzoek.

Misschien wel de minst begrijpelijke bevinding bij de Affectieve Posner-taak is de hyporeactiviteit van de amygdala. Volgens de standaardtheorie is de amygdala een structuur die gewoonlijk wordt geactiveerd bij arousal, frustratie of stress. Dit is een goed gerepliceerde bevinding van studies die gebruikmaken van stress- of frustratiegerelateerde paradigma's. Het lijkt daarom misschien vreemd dat er hypo- in plaats van hyperactivatie van de amygdala is. Dit roept de vraag op of de bevinding toevallig is of te wijten is aan taakspecifieke verstorende variabelen. Brotman en collega's (2010) observeerden echter soortgelijke hypoactivatie van de amygdala bij jongeren met SMD waaraan werd gevraagd hun angst voor neutrale gezichten te beoordelen. Vergeleken met gezonde vrijwilligers (en met kinderen met een bipolaire stoornis) was de linkeramygdala van kinderen met ernstige prikkelbaarheid minder actief, terwijl kinderen met ADHD een hyperresponsieve linkeramygdala lieten zien.

Een vergelijkbare hypoactivatie van de amygdala is gevonden bij kinderen met een depressie die emotionele gezichten bekeken (Beesdo et al. 2009). Dit is bijzonder interessant gezien de longitudinale en genetische verbanden die er tussen prikkelbaarheid en depressie bestaan (zie ▶H. 5). Zou hypoactivatie van de amygdala een van de onderliggende mechanismen kunnen zijn die prikkelbare en depressieve stemmingen met elkaar verbinden? Dit is een moeilijke vraag om te beantwoorden, niet in het minst vanwege de inherente beperking van fMRI-onderzoek dat er een absolute basislijn ontbreekt voor normatieve vergelijkingen. Dat betekent in dit geval dat de relatieve hyporeactiviteit van de amygdala bij kinderen met SMD ook veroorzaakt zou kunnen zijn door een toegenomen activatie bij het onderdeel van de taak dat als basismeting werd gebruikt.

6.3.3 Samenvatting van neurale verwerking bij kinderen met prikkelbaarheid

Dit overzicht van de functioneel beeldvormende literatuur bij kinderen met prikkelbaarheid wijst op drie waarschijnlijk onderling verbonden neurale karakteristieken. Ten eerste kunnen de moeilijkheden met het omgaan met veranderende omgevingsomstandigheden veroorzaakt worden doordat kinderen met SMD er niet in slagen om de IFG te activeren tijdens een reactieomkeringstaak. Ten tweede komt naar voren dat het voor kinderen met SMD wellicht moeilijker is om op veranderende omgevingsomstandigheden te reageren, omdat hun vermogen om aandachtsbronnen te herverdelen vermindert als ze gefrustreerd raken. Dit onvermogen wordt misschien weerspiegeld in de hypoactivatie van de pariëtale lob tijdens de frustratietaak. Ten derde lijkt de amygdala van kinderen met SMD onverwacht te reageren op zowel frustratie als het emotioneel beoordelen van gezichten. Deze laatste bevinding doet een belangrijke vraag rijzen over hoe een stemming typische emotionele reacties kan afzwakken. Het leidt tot een meer algemene vraag over het onderscheid tussen stemming en emotie.

6.4 Stemmingswisselingen

In ▶ H. 2 hebben we besproken hoe belangrijk het is om stemmingen, in het bijzonder prikkelbaarheid, te bekijken over een lange tijdsperiode. Het grootste deel van dit boek gaat over chronische prikkelbaarheid, en ook de neurale handtekeningen die eerder besproken werden, betreffen kinderen met een langdurige prikkelbaarheid. Terwijl klinisch onderzoek het belang van dit tijdsaspect in aanmerking heeft genomen, werd hier in neurowetenschappelijk onderzoek nauwelijks rekening mee gehouden. De twee meest voor de hand liggende vragen zijn: wat bepaalt de chroniciteit (we kunnen allemaal prikkelbaar zijn, maar wat zorgt ervoor dat sommige mensen langdurig prikkelbaar zijn) en wat zijn de gevolgen van chroniciteit? De antwoorden op deze vragen zijn relevant voor hoe een persoon zal reageren op omgevingsomstandigheden en welke omgevingen deze persoon zal uitkiezen of oproepen. Dezelfde vragen kunnen worden gesteld bij andere stemmingsstoornissen zoals depressie of manie. De determinanten van chroniciteit blijven onduidelijk voor de meeste stemmingsstoornissen, en ook de effecten van chroniciteit bij depressie en manie zijn momenteel nog niet opgehelderd. Het is hoopgevend dat de duur van de effecten al in aanmerking wordt genomen in het onderscheid tussen vrees en angst. In dit kader beschouwen onderzoekers vrees als een reactie op gefaseerde stress, terwijl angst een reactie is op aanhoudende dreiging. Beide kunnen ook onderscheiden worden op basis van hun neurale paden (Davis et al. 2010).

Er zijn echter duidelijke methodologische problemen met het bestuderen van chroniciteit. Functionele beeldvorming en elektro-encefalografie brengen veranderingen in het brein in kaart op een tijdschaal van milliseconden tot seconden. De meeste experimentele paradigma's richten zich op snelle veranderingen in emotieperceptie (bijvoorbeeld emotieverwerking). Dat zijn toestanden van korte duur in plaats van aanhoudende toestanden of het ontstaan van trekken. Om ethische redenen worden zelfs experimenten met stemmingsinductie kort gehouden. Daarom blijven de neurale correlaten van stemmingen onduidelijk (Rolls 2007).

6.5 Effecten van neurotransmitters en neuromodulators op woede

De reactie van de hersenen op omgevingsveranderingen wordt sterk beïnvloed door chemische stoffen met wijdverbreide invloeden op hersensystemen. Dopamine, serotonine (5-hydroxytryptamine) en noradrenaline (norepinefrine) veranderen alle de stemming (Ruhe et al. 2007). Dit zijn allemaal aminen ('monoaminen') die geproduceerd worden in cellen in het bovenste gedeelte van de hersenstam en zich over grote delen van de hersenen verspreiden (serotoninecellen uit de raphekernen, zie ◘ fig. 6.1). Wanneer ze vrijkomen aan het uiteinde van de zenuwcellen (synapsen) binden ze zich aan verschillende gespecialiseerde receptoren van andere zenuwcellen. Dit zorgt er meestal niet onmiddellijk voor dat de ontvangende (postsynaptische) zenuwcel een impuls uitstoot, maar wijzigt wel zijn dispositie om te reageren op andere inkomende signalen.

De dopamine-, serotonine- en noradrenalinegehaltes kunnen daarom een krachtig effect hebben op tal van hersenfuncties, en ze zijn heel vaak bestudeerd bij vele soorten dieren. Hun productie is gevoelig voor omgevingsveranderingen, bijvoorbeeld via de acties van de amygdala en het limbisch systeem bij het verwerken van emotioneel geladen stimuli en het verzenden van input naar cellen in de bovenste hersenstam die zich wijd verspreiden en het vrijkomen van neurotransmitters bepalen (Phillips et al. 2003; Surguladze et al. 2003; Talarovicova et al. 2007). De gehaltes en vrijlating van monoaminen zorgen daarom voor een gevoelig systeem waardoor signalen over een veranderende omgeving kunnen worden overgedragen om blijvende maar veranderbare wijzigingen in gemotiveerd gedrag te produceren.

Lage *serotonine*gehaltes kunnen op een natuurlijke wijze optreden en kunnen ook experimenteel worden geproduceerd – zelfs bij mensen – door diëtische veranderingen die ze in de hersenen afbreken. Ze kunnen worden verhoogd – opnieuw, ook bij mensen – door antidepressiva zoals fluoxetine. Experimenten geven aan dat lage gehaltes geassocieerd zijn met aanhoudende woede, evenals met andere negatieve gemoedstoestanden zoals depressie (Seo et al. 2008), en dat toenemende niveaus geassocieerd zijn met verminderde impulsieve agressie (Silva et al. 2007). Een onderzoek waarin een persoonlijkheidsvragenlijst werd afgenomen, toonde aan dat een variant van een gen dat invloed uitoefent op serotonine, de serotoninetransporter promotor 5HTTLPR, gekoppeld was aan een hoog niveau van vijandigheid (Keltikangas-Jarvinen et al. 2009). Het blijft onduidelijk door welke mechanismen verlaagde serotonine prikkelbaarheid veroorzaakt, en de onderzoeksbevindingen zijn variabel en afhankelijk van de methoden waarmee serotonine wordt geanalyseerd (Duke et al. 2013). Bovendien beïnvloedt medicatie die op serotonerge systemen werkt agressie op onverwachte manieren, zoals blijkt uit modellen van agressie bij dieren – zoals het socialedominantiemodel van ratten. Sommige bevindingen suggereren dat hogere, in plaats van lagere, serotoninegehaltes in de hersenen kunnen bijdragen tot agressie (Boer et al. 2005; Biederman 2006).

Dopamine is sterk betrokken bij cognitieve flexibiliteit, aandacht en beloning. Al deze factoren zijn gelinkt aan het uitlokken van woede. Dopamineniveaus dragen waarschijnlijk ook bij aan diverse psychiatrische stoornissen, waaronder schizofrenie en ADHD. De invloeden op agressie zijn complex, en met name die op prikkelbaarheid zijn onbekend. Medicatie die de dopaminegehaltes in het striatum verhoogt, reduceert zowel openlijke als verborgen agressie bij jongeren met ADHD (Connor et al. 2002). Medicatie die de werking van dopamine tegengaat, wordt veel gebruikt in de behandeling van agressief en vijandig gedrag (zie ► H. 14). (In een studie bij muizen door Couppis en Kennedy (2008) verminderde een dopamineantagonist het belonende effect van agressie, en mogelijk is dit een mechanisme van therapeutische verandering.)

*Noradrenaline*gehaltes zijn waarschijnlijk verbonden met niveaus van arousal en angst.

Er zijn verschillende pogingen gedaan om individuele monoaminen in verband te brengen met specifieke dimensies van emotie (bijvoorbeeld Lovheim (2012) associeert een woededispositie met lage serotonine, hoge dopamine en hoge noradrenaline) of met reacties op nieuwheid, aversieve stimuli en beloning (Cloninger et al. 1993). Deze pogingen erkennen natuurlijk wel dat daarbij sprake is van oversimplificatie. Zo hebben bijvoorbeeld manipulaties van monoaminesniveaus andere en gemengde effecten op andere systemen. Verder treden de systemen ook in wisselwerking met elkaar en zijn ze onderworpen aan feedback.

Belangrijk is dat de effecten van monoaminen niet alleen afhankelijk zijn van de beschikbare of vrijgegeven hoeveelheid bij de synaps. Er zijn vele soorten receptoren, en de effecten zijn afhankelijk van het type receptor dat beschikbaar is om gestimuleerd te worden.

6.6 Klinische aspecten

De complexiteit van de systemen die ten grondslag liggen aan boosheid en prikkelbaarheid impliceert dat ze op vele verschillende manieren kunnen worden verstoord. *Diffuse* hersenletsels zorgen er heel vaak voor dat mensen prikkelbaar worden. Niet-aangeboren hersenletsels, dementie en encefalopathieën kunnen allemaal de woedebeheersing ontwrichten. Het is echter meestal zinloos om te zoeken naar een *gelokaliseerd* letsel, zelfs als er voor het eerst problemen optreden tegen de achtergrond van een typische ontwikkeling. De uitzonderingen hierop worden in ▶ H. 13 besproken.

De neurowetenschappen ontsluiten enkele van de betrokken mechanismen, en dit kan ons misschien te zijner tijd aanwijzingen geven over hoe in te grijpen. De ontwikkeling van nieuwe medicatie, of een beter gebruik van bestaande geneesmiddelen, vormt hiervoor waarschijnlijk een vertrekpunt. Clinici worden er echter soms toe verleid om medicatie voor te schrijven op basis van een speculatief begrip van de betrokken hersenregio's en monoaminen. Dit kan hen brengen tot schadelijke experimentele behandelingen zonder wetenschappelijke evidentie. De neurowetenschappen die beschreven zijn in dit hoofdstuk boeken snelle vooruitgang, maar zijn nog niet in een stadium aanbeland waarbij ze beslissingen over de behandeling van individuele patiënten kunnen sturen. In plaats daarvan dienen behandelingen die zijn gebaseerd op neurobiologisch begrip gestoeld te zijn op evidentie – en vooral op de resultaten van klinische proeven, zoals beschreven in de volgende hoofdstukken.

ADHD en prikkelbaarheid

Samenvatting

Emotionele labiliteit is een kenmerk dat zeer veel voorkomt bij ADHD en dat meestal tot uiting komt in prikkelbaarheid. Verschillende factoren kunnen er de grondslag van vormen: evocatieve transacties met verzorgenden, waarbij ADHD vijandigheid oproept bij anderen die dan op haar beurt weer een effect heeft op het kind; gebrek aan beheersing en remming als gevolg van ADHD; gemeenschappelijke genetische en omgevingsrisicofactoren voor zowel prikkelbaarheid als ADHD; en effecten van comorbide aandoeningen. De beoordeling moet zijn gebaseerd op een beeldvorming van de ontwikkeling. Interventies beginnen gewoonlijk met de controle van ADHD – doorgaans met stimulerende medicatie. Psycho-educatie, manipulatie van omgevingsomstandigheden, aandacht voor details van beloning, en eenvoud van instructies en eisen worden ook beschreven.

7.1 Sterkte en aard van het verband – 50

7.2 Waarom zijn zoveel kinderen met ADHD prikkelbaar? – 52
7.2.1 Ontwikkelingsmechanismen – 52
7.2.2 Behandeling van prikkelbaarheid bij mensen met ADHD – 55

© Bohn Stafleu van Loghum is een imprint van Springer Media B.V., onderdeel van Springer Nature 2018
I. Buyck, A. Stringaris en E. Taylor, *Prikkelbaarheid bij kinderen en adolescenten*,
https://doi.org/10.1007/978-90-368-2081-3_7

Aandachtstekortstoornis met hyperactiviteit ('attention deficit hyperactivity disorder', ADHD) is een veelvoorkomend probleem. Wereldwijd lijdt ongeveer 5 % van de schoolgaande kinderen aan ADHD, maar de cijfers verschillen in sterke mate tussen landen (Polanczyk et al. 2007). In de huidige editie van de *Diagnostic and Statistical Manual of Mental Disorders* (DSM-5) van de American Psychiatric Association zijn de kernsymptomen van ADHD onoplettendheid, hyperactiviteit en impulsiviteit. In de *International Statistical Classification of Diseases and Related Health Problems* (ICD-10) van de Wereldgezondheidsorganisatie zijn dezelfde kernkenmerken opgenomen, maar wordt de term 'hyperkinetische stoornis' gebruikt en worden de criteria strenger toegepast. De prevalentie van de hyperkinetische stoornis bedraagt slechts een kwart van die van ADHD.

Onoplettendheid omvat een gebrek aan detailgerichte aandacht, een korte aandachtspanne in niet-motiverende situaties, vergeetachtigheid, snel afgeleid raken in situaties die een taakgerichte focus vereisen en een nonchalante houding. *Hyperactiviteit* wijst op overmatig bewegen in situaties die een kalme houding vereisen. *Impulsiviteit* verwijst naar onvoldoende beheerste activiteit, wat leidt tot een groter risico op ongelukken, ongeduld, opdringerigheid en gehaaste, onhandige besluitvorming.

ADHD gaat vaak gepaard met oppositioneel-opstandige gedragsproblemen, maar het zijn verschillende stoornissen, zoals geïllustreerd in ▶ box 7.1 (zie ook ▶ H. 9).

> **Box 7.1 Een kind met zowel ADHD als gedragsproblemen**
>
> Jack is een negenjarige jongen met een diagnose van ADHD en specifieke leermoeilijkheden. Zijn moeder zegt dat hij 'een nachtmerrie kan zijn', hij 'loopt voortdurend rond, kan niet stil zitten', en hij 'maakt voortdurend ruzie met zijn broer'. Hij schreeuwt tegen zijn moeder en tante wanneer ze hem proberen te doen ophouden met rondlopen: 'Ik onderhandel met hem, schreeuw tegen hem, niets werkt echt.' Hij is vaak chagrijnig, vooral op schooldagen – andere leerlingen moeten hem altijd hebben en hij raakt verwikkeld in vechtpartijtjes, waardoor hij van school wordt gestuurd. Zelfs een kleine opmerking van zijn broer is genoeg om hem heel boos te maken. Hij beschrijft zichzelf als 'stout' en zegt dat zijn boosheid 'soms te groot' is. Jacks ADHD-symptomen verbeterden aanzienlijk na toediening van methylfenidaat, maar zijn woede minder. Hij had verder baat bij schoolinterventies om het pesten te stoppen, en zijn moeder merkte dat een beloningskaart hielp.

7.1 Sterkte en aard van het verband

Kinderen met ADHD zijn vaak emotioneel labiel. Velen van hen reageren onvoorspelbaar en heel intens, maar kortstondig, op gebeurtenissen die hen beïnvloeden. De emotie past bij de situatie, maar de expressie ervan is buitensporig. Prikkelbaarheid is kenmerkend voor deze labiliteit en uit zich in extreme driftbuien die makkelijk worden opgewekt, maar maximaal slechts enkele uren duren.

Een tijdlang was het verband tussen prikkelbaarheid en syndromen van hyperactiviteit gewoon een kwestie van definitie. Tijdens het tijdperk van 'minimale hersendisfunctie' in de jaren dertig van de vorige eeuw en 'hyperactief-kindsyndroom' tussen 1950 en 1980 was stemmingslabiliteit een kernelement van de beschrijvingen van de aandoening. De situatie veranderde in 1980 met de publicatie van de derde herziening van de *Diagnostic and Statistical Manual of Mental Disorders* (DSM-III). De criteria voor 'aandachtstekortstoornis met hyperactiviteit' (ADHD) omvatten dan onoplettendheid, impulsiviteit en hyperactiviteit, in lijn met het begin van de neuropsychologische verklaringen van de aandoening. Niettemin werden 'verhoogde stemmingslabiliteit, lage frustratietolerantie en woede-uitbarstingen' allemaal vermeld als aan ADHD gerelateerde eigenschappen. Diagnostische studies concentreerden zich niet op de overlap. Prikkelbaarheid werd gewoonlijk enkel als een inherent onderdeel van het syndroom bestudeerd.

Toen het onderzoek meer begon te focussen op gedragscomponenten in plaats van op diagnostische syndromen bleek dat prikkelbaarheid geen deel uitmaakte van de kerncluster van ADHD-symptomen. Er werden vele factoranalyses uitgevoerd op beoordelingen van ouders en leerkrachten. Een meta-analyse kon de componenten van enerzijds impulsiviteit/hyperactiviteit en onoplettendheid en anderzijds disruptief gedrag duidelijk van elkaar onderscheiden (NICE 2008). Prikkelbaarheid was een onderdeel van disruptief gedrag. Epidemiologische studies die gebruikmaakten van beoordelingsschalen waarin 'prikkelbaarheid' als een item was opgenomen, vonden dat het verband hield met items zoals vechten en ongehoorzaamheid in plaats van onoplettendheid en rusteloosheid. Een voorbeeld hiervan vormen de analyses van de ouder- en leerkrachtschalen van Rutter in een steekproef van meer dan 3.000 zevenjarige jongens in Engeland (Taylor et al. 1991). Explorerende factoranalyses van Conners' beoordelingsschalen in het Verenigd Koninkrijk (Taylor et al. 1984) en van de Rutter-schalen in een Hongkong-Chinese populatie (Ho et al. 1996) vonden dat woede-uitbarstingen en snel veranderende stemmingen voortkwamen uit een factor die opstandigheid en weerspannigheid omvat eerder dan onoplettendheid en rusteloosheid.

Een prikkelbare stemming werd dus een soort van diagnostische wees. Driftbuien werden opgenomen als een van de specifieke criteria voor de diagnose van een 'oppositionele stoornis' die losstaat van ADHD, maar er vaak mee samengaat.

Prikkelbaarheid mag daarom niet gezien worden als een van de kernsymptomen van ADHD. Het kan in dimensionele termen gezien worden als een van de *componenten* die bijdragen tot psychopathologie, samen met dimensies als onoplettendheid en angst. Als zodanig wordt prikkelbaarheid vaak opgenomen als onderdeel van 'emotionele disregulatie' of 'emotionele labiliteit' (zie ▶ H. 2).

Shaw en collega's (2014) geven een overzicht van epidemiologische en klinische studies van het verband tussen ADHD en emotionele labiliteit. In een onderzoek bleek achtendertig percent van de kinderen met ADHD emotioneel labiel te zijn (Stringaris et al. 2009a), wat tien keer hoger is dan bij de bevolking als geheel. Bovendien voorspelde deze vorm van emotionele disregulatie een slechtere uitkomst voor ADHD in dezelfde studie.

De cijfers zijn vergelijkbaar hoog in klinische populaties. Ambrosini en collega's (2013) namen bij 500 kinderen met ADHD (gemiddelde leeftijd ongeveer 10 jaar) de kinderversie van de Schedule for Affective Disorder and Schizofrenia (K-SADS) af en vonden bij 21 % van hen prikkelbaarheid terug. Sobanski en collega's (2010) pasten in hun onderzoek bij 216 kinderen met ADHD in een klinische populatie een strikte definitie van emotionele labiliteit toe, namelijk drie of meer standaardafwijkingen boven de populatienormen op een schaal van de Conners-beoordelingen. Op basis hiervan was 25 % van de kinderen met ADHD ook emotioneel labiel.

In beide studies vormden de symptomen van emotionele labiliteit een belangrijk aanvullend klinisch probleem en waren ze sterk geassocieerd met bijkomende diagnoses, vooral met depressie en een patroon van dysthyme en oppositionele problemen. Bovendien lijken symptomen van emotionele labiliteit samen te gaan met slechtere sociale uitkomsten en afwijzing van leeftijdsgenoten bij kinderen met ADHD (Maedgen et al. 2000). Daartegenover staat dat de overgrote meerderheid van de kinderen met de ernstige aandoening van DMDD (zie ▶ H. 12) ook ADHD hebben (Reddy et al. 2000).

Het lijkt erop dat een slechte beheersing van emoties – waaronder prikkelbaarheid – niet alleen sterk geassocieerd is met ADHD, maar ook bijkomende en belangrijke klinische informatie biedt over de waarschijnlijke prognose en mogelijke oorzakelijke verbanden. Verder komt het specifieke symptoom van prikkelbaarheid zeer vaak voor bij ADHD. Geller en collega's (2002) vonden met behulp van gedetailleerde interviewtechnieken prikkelbaarheid terug bij ongeveer 72 % van de kinderen met ADHD. Ongetwijfeld zullen verschillen in verwijzingspatronen een verschil maken in het profiel van de gevallen die gezien worden.

7.2 Waarom zijn zoveel kinderen met ADHD prikkelbaar?

Het verband tussen prikkelbaarheid en ADHD is niet alleen te wijten aan de vele artefacten die misleidende correlaties kunnen veroorzaken in een reeks doorverwezen gevallen. Ze wordt namelijk gevonden in epidemiologische studies van representatieve steekproeven. Een deel kan veroorzaakt worden door foutieve diagnose. Het is mogelijk dat de woede-uitbarstingen van een kind zo beschreven worden dat ze gecategoriseerd worden in termen, zoals 'impulsief', die onvoorzichtige beoordelaars brengen tot een diagnose van ADHD, alhoewel de kernkenmerken van ADHD niet aanwezig zijn. Deze diagnostische valkuil kan worden vermeden door ervoor te zorgen dat er een duidelijke geschiedenis wordt opgemaakt van het gedrag en de concentratie van het kind tussen de woede-uitbarstingen door.

7.2.1 Ontwikkelingsmechanismen

Verschillende ontwikkelingsprocessen kunnen ertoe leiden dat een kind met ADHD frequente woede-uitbarstingen krijgt. Ze sluiten elkaar niet uit en er kunnen meerdere trajecten bij betrokken zijn.

Evocatieve transacties

Om te beginnen kan ADHD anderen provoceren tot vijandigheid en kritiek, die vervolgens woede oproepen bij het kind (Rutter et al. 1997). Dit is een transactionele keten die kan worden beïnvloed door eigenschappen van zowel het kind als de ouders (en broers en zussen, leerkrachten en leeftijdsgenootjes). Het is onwaarschijnlijk dat deze enkel veroorzaakt wordt door een correlatie tussen genen en omgeving, omdat een studie bij monozygotische tweelingen (waarvan de genen natuurlijk hetzelfde zijn) heeft gevonden dat de mate waarin zij worden blootgesteld aan vijandige emotionele uitingen voorspelt in hoeverre zij zelf vijandig worden (Caspi et al. 2004).

Om er achter te komen of dit het geval is bij een individu, kan naar details gevraagd worden over wat er gebeurt in disciplinaire interacties. Soms is het mogelijk om dit in de gezinssituatie te observeren. Het is ook mogelijk om vijandigheid en kritiek af te leiden uit de emotionele toon van een interview. Vijandigheid en kritiek kunnen op zichzelf een doel vormen voor therapeutische interventie (Ferrin et al. 2011). Dit is mogelijk via psychoeducatie of door het toedienen van medicatie, wat inderdaad vijandige expressie van emotie van ouders reduceert (Schachar et al. 1987).

Gebrekkige beheersing

Ten tweede kan de gebrekkige beheersing van aandacht en activiteit, die kenmerkend is voor ADHD (Taylor et al. 2008), nauw verband houden met een gebrekkige beheersing van emoties, waaronder woede. ADHD is geassocieerd met een verstoord functioneren van ten minste enkele van de neurocognitieve processen die bijdragen aan een slechte beheersing van woede en andere emoties (zie ▶ H. 6). Verminderde ventrale striatale activiteit tijdens verwerking van beloning is meerdere keren gerapporteerd bij ADHD in vergelijking met typisch ontwikkelende controlekinderen (Scheres et al. 2007; Strohle et al. 2008). Onderzoek heeft ook verminderde prefrontale activatie beschreven in onderzoek waarbij boze gezichten werden getoond aan kinderen met ADHD. Dit werd ook teruggevonden bij kinderen met een bipolaire stoornis (Passarotti et al. 2010). Het is dus mogelijk om zowel de emotionele wispelturigheid als de kernsymptomen van ADHD te begrijpen als onderdeel van hetzelfde gebrek aan inhiberende controle. Een dergelijk gebrek aan beheersing kan verantwoordelijk zijn voor het snel ontsteken in woede na frustratie, met een snelle 'flits' van boze hartstocht en een onmiddellijke omzetting ervan naar agressieve actie. De gebrekkige beheersing kan ook betekenen dat het moeilijk is om weer een toestand van gelijkmoedigheid te bereiken na een woede-episode. Dit idee wordt ondersteund doordat stimulantia een gunstig effect hebben op zowel cognitieve als emotionele disregulatie (Shaw et al. 2014), maar het is ook mogelijk dat stimulantia op beide verschillend inwerken. Een argument tegen dit idee – in ieder geval als enige verklaring – is het feit dat er geen duidelijk verschil is tussen stemmingsdisregulatie bij kinderen met en zonder ADHD, maar deze kwestie verdient systematisch onderzoek.

Gemeenschappelijke onderliggende risico's

Ten derde kan het verband tussen ADHD en prikkelbaarheid erop wijzen dat het allebei aspecten zijn van een verzameling onderliggende risico's. Beide kunnen bijvoorbeeld voorkomen als kenmerken van hersenschade of -stoornis en beide kunnen waarschijnlijk duiden op genetische factoren. Het familiale overdrachtspatroon werd onderzocht door Surman en collega's (2011) in een studie naar het verband tussen ADHD en 'gebrekkige emotionele zelfregulatie'. Ze bestudeerden de broers en zussen van volwassenen met een diagnose van ADHD. Deze broers en zussen hadden verhoogde ADHD-scores, of de patiënt nu wel of niet ook gebrekkige emotionele zelfregulatie had. Ze hadden echter enkel een verhoogd risico op een gebrekkige emotionele zelfregulatie als de patiënt zowel een gebrekkige emotionele zelfregulatie als ADHD had. Van de broers en zussen van personen met zowel ADHD als een gebrekkige emotionele zelfregulatie, ontwikkelden alleen diegenen die ADHD ontwikkelden ook een gebrekkige emotionele zelfregulatie.

Dit betekent niet noodzakelijk dat de link genetisch is – ze kan ook te wijten zijn aan psychosociale processen in de familie, zoals de voorgestelde vicieuze cirkel van aversieve en vijandige gedragingen. Een genetisch verband wordt echter ondersteund door een tweelingenonderzoek van Merwood en collega's (2014). Zij maten emotionele labiliteit en ADHD-kernsymptomen bij een groot aantal tweelingen van 5 tot 18 jaar in de algemene bevolking. Bij het vergelijken van de monozygotische en dizygotische tweelingen was er een sterk bewijs voor een enkele genetisch erfelijke factor die het verband verklaarde. Dit vormt een sterke ondersteuning voor een nieuw verband tussen de genetische risico's op ADHD en de problemen van emotionele disregulatie die in een steekproef van de bevolking worden gevonden. Het is in principe mogelijk dat er een andere verklaring is voor de zeer intense en aanhoudende niveaus van prikkelbaarheid die worden gevonden bij psychiatrische aandoeningen zoals DMDD of de bipolaire stoornis. En het is goed mogelijk dat bijkomende kenmerken de ontwikkeling van ADHD naar emotionele disregulatie mediëren – zoals een variant van een gen dat invloed kan hebben op de emotionele reactie van een kind op de uitdrukking van vijandige emoties van moeders of het gezin (Taylor et al. 2008).

Comorbiditeit met andere aandoeningen

Ten vierde is het ondanks het voornoemde bewijs ook mogelijk dat ADHD en prikkelbaarheid afzonderlijke problemen zijn en er een verband tussen beide gevonden wordt omdat ze allebei kenmerken van een andere aandoening zijn. Dit zou met name het geval kunnen zijn wanneer de prikkelbaarheid de intensiteit heeft die wordt geassocieerd met een affectieve aandoening, zoals een bipolaire stoornis of ernstige depressie (beschreven in ▶H. 10 en 12). Geller en collega's (1998) onderzochten dit in een studie die de eigenschappen van de bipolaire stoornis en ADHD van elkaar wilde onderscheiden door een klinische vergelijking van de twee aandoeningen. Ze vonden dat het symptoom van prikkelbaarheid ADHD zonder bipolaire stoornis net zozeer karakteriseerde als de bipolaire stoornis. (Dit in tegenstelling tot bipolaire kernsymptomen, zoals euforie en grandiositeit, die veel vaker voorkwamen bij een bipolaire stoornis dan bij ongecompliceerde ADHD.) Desalniettemin, en ondanks het bewijsmateriaal dat prikkelbaarheid en emotionele disregulatie inherente onderdelen of complicaties van ADHD zijn, moeten clinici alert zijn op de individuele gevallen waar de extreme intensiteit of episodiciteit van prikkelbaarheid een bijkomende diagnose van een bipolaire stoornis of DMDD verdedigbaar maken. Er kunnen verschillende soorten prikkelbaarheid zijn, met verschillende implicaties voor comorbiditeit bij ADHD. De manier waarop vragen over prikkelbaarheid worden geformuleerd, kan een groot verschil maken voor het patroon van de resultaten. Mick en collega's (2005) gebruikten bijvoorbeeld de operationalisatie van de term 'prikkelbaarheid' uit de verschillende modules van het gestructureerde interview K-SADS om 247 kinderen met ADHD te bevragen. De vraag uit de depressiemodule luidt: 'Is er ooit een periode van twee weken of langer geweest waarin je je bijna elke dag het grootste deel van de dag boos (of humeurig) voelde?' De vraag uit de maniemodule is: 'Heb je je ooit een week of langer voortdurend erg boos, knorrig of humeurig (of prikkelbaar) gevoeld?' De vragen uit de ODD-module zijn: 'Verlies je vaak je kalmte?', 'Ben je vaak boos of wrokkig?', en 'Word je snel boos of geïrriteerd?' Wanneer deze verschillende vragen werden afgezet tegen de diagnoses die met hetzelfde interview gesteld werden, dan leken ze inderdaad de juiste diagnoses van elkaar te scheiden. Het item 'erg boos' was bijvoorbeeld aanwezig bij 23 van de 30 mensen die de comorbide diagnose van 'bipolaire stoornis' gekregen hadden, maar bij slechts 11 van de 144 mensen met ADHD zonder diagnose van een comorbide stemmingsstoornis. De minder strikte vragen van de ODD-module waren daarentegen aanwezig bij een meerderheid van de kinderen met ADHD, zelfs wanneer geen stemmingsstoornis werd gediagnosticeerd.

Een klinische implicatie, die in overeenstemming is met de aanbevelingen over de stemmingsstoornis DMDD in ▶H. 12, is dat zeer ernstige niveaus van prikkelbaarheid reden zijn voor een comorbide diagnose, terwijl lage niveaus kunnen worden gezien als onderdeel van, of ontwikkeld vanuit, ADHD (meestal in combinatie met een oppositionele stoornis). Deze 'lage' niveaus kunnen nog steeds erg vaak voorkomen en voor veel beperkingen zorgen, maar rechtvaardigen meestal geen afzonderlijke diagnose.

7.2.2 Behandeling van prikkelbaarheid bij mensen met ADHD

Het detecteren van prikkelbaarheid bij ADHD

De initiële beoordeling (zie ▶H. 3) zal vaststellen of prikkelbaarheid en stemmingsdisregulatie abnormaal zijn in intensiteit en duur, niet in overeenstemming zijn met de ontwikkelingsleeftijd van het kind, en toe te schrijven zijn aan stressfactoren en frustraties waaronder de kinderen kunnen leven, zoals wrede fysieke straf (Caspi et al. 2002). De volgende stap is om te beoordelen of er andere psychische problemen aan- of afwezig zijn waarvan bekend is dat ze ook extreme prikkelbaarheid veroorzaken, met name autisme en aan autisme verwante stoornissen, en misbruik van psychoactieve middelen.

Het detecteren van ADHD bij prikkelbaarheid

De sleutel hiertoe is het herkennen van onoplettendheid en impulsiviteit. Beoordelingsschalen van ouders en leerkrachten kunnen hier van nut zijn. Aanvullend zijn echter interviews met zowel ouders als kinderen en observatie van kinderen nodig om er zeker van te zijn dat de onoplettendheid en impulsiviteit ook aanwezig zijn zonder uitgesproken emotionele symptomen, en dat ze niet te wijten zijn aan biases van beoordelaars zoals het halo-effect of misverstanden over woorden.

Beoordeling van wederkerige invloeden van ADHD en prikkelbaarheid

Een volgende stap voor degenen bij wie de prikkelbaarheid en stemmingsschommelingen inderdaad niet bij de ontwikkeling passen, niet in verhouding zijn tot de situaties die ze uitlokken, en gepaard gaan met kernsymptomen van ADHD, kan zijn om te bekijken in hoeverre ze eerder een direct gevolg zijn van de gebrekkige zelfbeheersing die inherent is aan ADHD dan van de andere genoemde ontwikkelingspaden. In de praktijk is dit echter moeilijk en vaak misleidend. Reconstructie van de geschiedenis en het tijdsverloop van de problemen is afhankelijk van het ophalen en reconstrueren van herinneringen. De praktische vraag is waarschijnlijk of verlichting van de ADHD ook helpt voor het prikkelbaarheidsprobleem. Bijgevolg is een vroege stap in de behandeling het onder controle krijgen van de kernkenmerken van ADHD, en dan opnieuw te beoordelen hoe ernstig de prikkelbaarheid nog is en of die op zichzelf aandacht behoeft.

Psychologische interventies

De algemene psychologische behandeling van buitensporige woede is beschreven in ▶H. 14, en blijft aangewezen bij aanwezigheid van ADHD. Er kunnen wel enkele wijzigingen nodig zijn om rekening te houden met de specifieke problemen van ADHD.

1. Psycho-educatie over de aard van de aandoening wordt zeer gewaardeerd door patiënten en hun gezin (Ferrin et al. 2011). Gewoon al de erkenning van ADHD als oorzaak, als een medische aandoening in plaats van een morele tekortkoming, en als een potentieel behandelbare aandoening, kan een gezin helpen om zichzelf te vergeven en zijn probleemoplossende vaardigheden vrij te maken.
2. Het onthouden van een beloning is vaak ineffectief als behandelprocedure. Dit niet alleen omdat het probleemgedrag aanvankelijk verergert (zoals beschreven in ▶H. 14), maar ook vanwege de experimentele bevindingen bij kinderen met ADHD (en/of andere vormen van disruptief gedrag) dat de uitdoving traag en onvolledig kan zijn.

3. Snelheid en nieuwheid van de beloning zijn van bijzonder belang bij het opstellen van gedragsprogramma's. Zowel bij kinderen met ADHD als bij dieren, zoals de spontane hypertonische rat, is sprake van een snelle daling van het effect van beloningen op gedrag als de beloning steeds langer wordt uitgesteld (Sagvolden et al. 2005). Dit kan aanleiding zijn om timers te gebruiken, die afgaan na bepaalde periodes van activiteit zonder woede (bijvoorbeeld 5 minuten rustig spelen met een broer of zus). Of men kan situaties waarin woede wordt beheerst snel opmerken en binnen een paar seconden een (aankondiging van een) beloning geven. Evenzo is het gebruik van snel veranderende beloningen verstandig: de ene dag kan bijvoorbeeld de beloning het spelen met een ouder zijn, een andere dag extra televisietijd, weer een andere dag een lievelingsgerecht. Dergelijke aanpassingen zijn niet formeel onderzocht, maar worden veel toegepast.
4. Wanneer een kind ADHD heeft, heeft een ouder ook vaak ADHD. Ouders met ADHD kunnen het moeilijk vinden om klinische afspraken na te komen, en moeten hier misschien aan worden herinnerd en hebben huisbezoeken nodig. Zij kunnen het met name moeilijk vinden om zichzelf te beheersen en daarom van mening zijn dat het advies om 'kleine woede-uitbarstingen' te negeren niet bij hun aandoening past. Ze vinden het misschien makkelijker om vaardigheden te verwerven om positief te reageren in plaats van negatieve reacties te onderdrukken.
5. De aandachtsproblemen kunnen het voor kinderen met ADHD moeilijker maken om de cognitieve benaderingen van woedebeheersing toe te passen die in ▶H. 14 worden genoemd. Ze hebben misschien de hulp van een leerkracht of familielid nodig om het huiswerk voor de behandeling te onthouden en uit te voeren.

Dieetbehandelingen

Een uitgebreide literatuurstudie over het effect van het weglaten van kunstmatige kleurstoffen en conserveermiddelen bereikte niet het wetenschappelijk niveau dat nodig was om deze op te nemen in de aanbevolen behandeling van ADHD (NICE 2008). Meer recent echter heeft een meta-analyse vastgesteld dat het vermijden van dergelijke stoffen toch gunstige effecten heeft (Sonuga-Barke et al. 2013). Verder hebben twee gerandomiseerde gecontroleerde proeven bij een algemene populatie van kinderen negatieve gedragseffecten gerapporteerd bij toediening van dergelijke stoffen (McCann et al. 2007). Het is daarom de moeite waard om terug te grijpen op de oudere studies en aandacht te besteden aan verscheidene rapporten die aantonen dat het vermijden van dergelijke stoffen een nog groter effect had op prikkelbaarheid dan op de kernkenmerken van ADHD (Rowe en Rowe 1994). Tartrazine is derhalve door voedselproducenten in het Verenigd Koninkrijk van de markt gehaald en in de Verenigde Staten wordt door de Food and Drugs Administration soortgelijke regelgeving overwogen. Afdoende etikettering van voedsel en drank maken het voor gezinnen mogelijk om levensmiddelen met additieven te vermijden.

Voor supplementen met mineralen en vitaminen is nog geen solide bewijsmateriaal, maar uit een meta-analyse van gecontroleerde studies blijkt dat het gebruik van visolie met omega 3-vetzuren een klein maar positief effect heeft op veel ADHD-kenmerken (Sonuga-Barke et al. 2013).

Farmacologische behandelingen

De farmacologische behandeling van prikkelbaarheid verloopt nogal anders wanneer er ook ADHD is vastgesteld. De beheersing van ADHD vormt meestal de eerste stap. Stimulerende medicatie en atomoxetine zijn de standaardbehandelingen bij ADHD, en van beide kan worden verwacht dat ze emotioneel, agressief en disruptief gedrag verminderen. Prikkelbaarheid is zelden een expliciet behandeldoel voor medicatie. Stimulerende medicatie kan echter wel het bredere probleem van emotionele disregulatie aanpakken. Shaw en collega's (2014) vonden zes gerandomiseerde gecontroleerde studies bij kinderen en vijf studies bij volwassenen waarbij emotionele disregulatie werd gemeten. Methylfenidaat had in vergelijking met een placebo een bescheiden maar consistent positief effect.

Fernandez de la Cruz en collega's (2014) gebruikten de data van een grote gecontroleerde ADHD-studie (MTA 1999) waarin farmacologische met gedragsmatige behandeling werd vergeleken, en vonden dat medicamenteuze behandeling superieur was aan gedragsbehandeling, maar niet aan standaard extramurale zorg. Een combinatie van stimulantia met gedragsbehandeling was effectiever dan alleen extramurale zorg en gedragsbehandeling, maar niet dan alleen medicatie. Bovendien vonden de auteurs dat de impact van de behandeling op de ADHD-symptomen (gerapporteerd door ouders en leerkrachten) in geen enkele van de vier behandelingsgroepen werd beïnvloed door prikkelbaarheid. De auteurs concludeerden dat behandelingen gericht op ADHD-symptomen ook nuttig waren voor het verminderen van prikkelbaarheid bij kinderen met ADHD en dat prikkelbaarheid de respons op de behandeling van ADHD niet bemoeilijkt.

Clinici dienen ook attent te zijn op de mogelijkheid dat medicatie tot negatieve emoties leidt. Prikkelbaarheid wordt soms gerapporteerd als een bijwerking van medicatie, maar dit kan eerder een gevolg zijn van de aandoening dan van de behandeling. Manos en collega's (2011) gaven een literatuuroverzicht van gerandomiseerde studies en vonden dat prikkelbaarheid weliswaar soms inderdaad als bijwerking werd gerapporteerd, maar dat stimulantia globaal genomen werden geassocieerd met een daling van prikkelbaarheid in vergelijking met placebo. Wanneer er systematisch naar werd gevraagd (bijvoorbeeld door middel van een vragenlijst over ongewenste bijwerkingen), reduceerde de prikkelbaarheid met 6,5 % volgens de beoordelingen van ouders en met 10,7 % volgens de leerkrachten. Een dubbelblind onderzoek van Ahmann en collega's (in Manos et al. 2011) dat specifiek gericht was op bijwerkingen vond dat methylfenidaat inderdaad zorgde voor een vermindering van de prikkelbaarheid in het zevendaagse verloop van het onderzoek.

Onze klinische aanbeveling is dat stimulerende medicatie en atomoxetine niet contrageïndiceerd zijn en misschien goed helpen bij deze comorbiditeit. De farmacologische middelen die de ADHD bestrijden zijn relatief veilig. Hun bijwerkingen zijn gewoonlijk klein en omkeerbaar bij symptomatische behandeling (Cortese et al. 2013). Het contrast met de bijwerkingen van lithium, valproaat en de neuroleptica is groot genoeg om de aanbeveling te ondersteunen dat de eerste keuze van farmacologische behandeling gericht moet zijn op het beheersbaar maken van de ADHD, en vervolgens te beoordelen of de prikkelbaarheid verdere behandeling behoeft.

Behandeling met stimulantia en atomoxetine moet niettemin gepaard gaan met verbeterde monitoring en toezicht wanneer er sprake is van comorbiditeit. De frequentie en intensiteit van de woede moeten bij aanvang van de behandeling worden geregistreerd, en deze meting moet regelmatig worden herhaald om de zaak in de gaten te houden.

Het voorschrijven van stimulantia

De details van het doseringsschema voor ADHD met prikkelbaarheid verschillen niet van die bij ongecompliceerde ADHD. Methylfenidaat wordt gegeven in dagelijkse hoeveelheden van 5–60 mg. Als voor een formule met onmiddellijke afgifte is gekozen, dient deze over de dag verdeeld te worden. Medicatie in capsulevorm met uitgestelde werking houdt ongeveer 8 uur aan. Een preparaat met osmotische afgifte kan tot 12 uur werken (en heeft een dagelijkse dosering tot 72 mg). Bij het voorschrijven begint men onderaan het bereik en bouwt men de medicatie op (bijvoorbeeld elke week 10 mg per dag) tot een optimale combinatie van de voordelen en nadelige effecten is bereikt. Voor sommige kinderen is het nodig, en ook veilig, om medicatie boven het normale bereik in te nemen. Als er slechts een kleine respons op de medicatie is en er geen bijwerkingen zijn opgetreden, dan is een dosering van 100 mg methylfenidaat toelaatbaar volgens de NICE-richtlijnen (2008). Doseringen van dexamfetamine bedragen ongeveer de helft van die van methylfenidaat en werken ongeveer even lang. Het effect van lisdexamfetamine is langdurig – ten minste 12 uur. Deze medicatie wordt gegeven in een dagelijkse dosis van 20–70 mg.

Als het eerste middel de ADHD-symptomen niet onder controle krijgt, dan moet een tweede antihyperkinetisch medicijn overwogen worden – atomoxetine of andere stimulerende medicatie. Voor verdere behandeling van ADHD die hierbuiten gaat, is er geen duidelijke wetenschappelijke evidentie. Clonidine (0,05–0,4 mg per dag) en guanfacine (1–4 mg per dag) kunnen nuttig zijn. Ze kunnen beide licht kalmerend zijn, en deze werking kan gunstig zijn voor zeer prikkelbare en impulsieve kinderen die tot dan toe geen baat gehad hebben bij behandeling. Indien er echter ernstige woede en agressie dienen te worden beheerst, dan kan worden overwogen om stemmingsstabilisatoren of antipsychotica voor te schrijven (zie ▶H. 14).

Verdere behandeling

Als de ADHD onder controle is, maar de stemmingsdisregulatie aanhoudt, moeten gedragsbenaderingen (woedebeheersing en oudertraining) worden overwogen, zoals beschreven in de Cochrane Reviews voor de behandeling van agressief gedrag en andere gedragsproblemen (Woolfenden et al. 2001). Als deze niet succesvol of niet aangewezen zijn, en als de problemen de ontwikkeling van het kind verstoren, moet verdere behandeling met farmacologische middelen worden overwogen (zie ▶H. 14). De vraag zal zijn of de bijwerkingen van de sterkere medicatie opwegen tegen de verwachte voordelen. Gecontroleerde experimenten geven hier nog onvoldoende uitsluitsel over. Blader en collega's (2009) hebben in een gerandomiseerd onderzoek de toediening van divalproex (gemiddelde dagelijkse dosis 567 mg) vergeleken met placebo bij 27 kinderen en adolescenten bij wie de ADHD was verbeterd met stimulantia, maar waarbij er een ernstig agressieprobleem bleef bestaan. De toevoeging van divalproex aan de stimulerende medicatie was effectief. De kinderen die hiermee werden behandeld, voldeden vaker (8 op de 14 kinderen) aan de criteria voor een remissie van de agressie dan de kinderen die placebo kregen toegediend (2 op de 13). Het effect lag specifiek op de agressie en de verbetering was niet te wijten aan een verdere verandering in ADHD-symptomen. Agressie is niet hetzelfde als prikkelbaarheid, maar beide komen wel vaak samen voor en zijn erg hinderlijk.

Omgekeerd beschreven Scheffer en collega's (2005) dat een toevoeging van stimulerende medicatie nuttig kan zijn voor het beheersen van ADHD-symptomen bij de 'bipolaire stoornis bij kinderen' nadat het chronische stemmingsprobleem met divalproex was behandeld.

Daarnaast kan risperidon effectief zijn voor disruptief gedrag van kinderen die ook behandeld worden met stimulantia voor ADHD. Aman en collega's (2004) heranalyseerden twee gerandomiseerde gecontroleerde studies (bij kinderen met een benedengemiddeld IQ) en concludeerden dat 'risperidon, al dan niet in combinatie met een psychostimulerend middel, veilig en effectief was bij de behandeling van zowel disruptieve gedragsstoornissen als comorbide ADHD bij kinderen'. Combinatiebehandelingen zijn nog niet vaak nauwkeurig geëvalueerd, maar zijn aangewezen bij ernstige, gecombineerde en complexe gevallen waar psychologische behandeling en monotherapie niet hebben geholpen. Behandelingsadvies voor prikkelbaarheid en disruptieve stemming moet verder gaan dan de wetenschappelijke evidentie, maar moet met de nodige voorzichtigheid worden bekeken. Ook de persoon die de medicatie voorschrijft moet de nodige voorzichtigheid in acht nemen, zodat kinderen niet worden blootgesteld aan onverantwoorde risico's van de medicijnen. Verder moet aan de personen die verantwoordelijk zijn voor het kind worden meegedeeld dat de geneesmiddelen nog niet grondig zijn beoordeeld op werkzaamheid of veiligheid bij ADHD.

Als de prikkelbaarheid waarmee ADHD gepaard gaat, de intensiteit, en de episodiciteit, heeft van een bipolaire-I-stoornis, dan zou het advies om te beginnen met de behandeling van de hyperactiviteit problematisch zijn (zie ▶H. 10). Er wordt vaak beweerd dat stimulantia manie kunnen verergeren. Dit hoeft niet noodzakelijkerwijze het geval te zijn (Scheffer et al. 2005), maar waakzaamheid is geboden voor gemoedstoestanden die erop achteruitgaan en de mogelijke noodzaak om een stemmingsstabilisator voor te schrijven.

Prikkelbaarheid bij autismespectrumstoornissen

Samenvatting

Prikkelbaarheid is een algemeen probleem bij kinderen met een autismespectrumstoornis of een verwante aandoening en kan het gevolg zijn van verschillende ontwikkelingsfactoren. Frustratie komt vaak voort uit het doorbreken van het rigide verlangen naar onveranderlijkheid van de kinderen. Gebrek aan communicatief vermogen versterkt de bronnen van frustratie. De reacties van andere mensen zijn voor personen met een autismespectrumstoornis vaak mysterieus en kunnen verkeerd worden geïnterpreteerd als vijandigheid. Een gebrek aan cognitieve flexibiliteit en een afwijkende reactie op stress kan ook een rol spelen in het genereren van prikkelbaarheid in deze groep. Dit hoofdstuk beschrijft de beoordeling, de farmacologische behandeling en psychologische interventies voor prikkelbaarheid bij autismespectrumstoornissen.

8.1 Sterkte en aard van het verband – 62

8.2 Waarom zijn zoveel kinderen met een autismespectrumstoornis prikkelbaar? – 63

8.3 Behandeling van prikkelbaarheid bij personen met ASS – 65
8.3.1 Psychologische behandelingen – 66
8.3.2 Farmacotherapie – 66

© Bohn Stafleu van Loghum is een imprint van Springer Media B.V., onderdeel van Springer Nature 2018
I. Buyck, A. Stringaris en E. Taylor, *Prikkelbaarheid bij kinderen en adolescenten*,
https://doi.org/10.1007/978-90-368-2081-3_8

Ons begrip van autisme is aan het veranderen, zoals ook wordt weerspiegeld in de DSM-5. Vroeger werd het beschouwd als een ongewone, ernstige en karakteristieke stoornis ('kernautisme' of 'syndroom van Kanner') met een heleboel verwante aandoeningen, zoals 'pervasieve ontwikkelingsstoornis', 'Aspergersyndroom', 'pervasief weigeringssyndroom' en 'progressieve desintegratiestoornis'. Op basis van onderzoek heeft men al deze aandoeningen in de nieuwe DSM-5-herziening als onderdelen van eenzelfde 'autismespectrum' gecategoriseerd. De aandoening omvat twee dimensies: beperkingen in sociale interactie en communicatie, en een beperkt, repetitief gedragspatroon (dat vaak wordt aangeduid als een 'verlangen naar gelijkblijvendheid') (American Psychiatric Association 2013). Beide moeten aanwezig zijn voor de diagnose. Bij de autismespectrumstoornis komen vaak andere mentale problemen voor (zie box 8.1).

> **Box 8.1 Woede in het autismespectrum**
>
> Johnny is een twaalfjarige jongen met een diagnose van autisme en milde leerproblemen. Hij is in behandeling bij de ggz-instelling voor 'ernstige gedragsproblemen'. Zijn moeder beschrijft dat hij 'uitbarstingen' heeft, waarbij hij 'rood aanloopt in zijn gezicht', 'gespannen wordt', herhaaldelijk schreeuwt 'ik kan het niet aan', en de tranen over zijn wangen stromen. Tijdens dergelijke episodes maakt hij soms zelfs dingen stuk of valt hij zijn broer aan. Tijdens de recentste uitbarsting heeft hij zijn geliefde Xbox vernield. Zijn driftbuien kunnen drie tot vier uur duren. Zijn moeder begrijpt niet wat de uitbarstingen uitlokt. Ze merkt dat hij enkele uren voor de driftbui vaak humeurig is en daarna 'bekaf' is. Zijn psycholoog voert een functionele analyse uit, die laat zien dat deze driftbuien meestal verband houden met ophanden zijnde veranderingen, zoals vakanties met het gezin of familiebezoek.

8.1 Sterkte en aard van het verband

Autismespectrumstoornissen (ASS) komen bij ongeveer 11 op duizend kinderen voor. Ze gaan vaak gepaard met emotionele stoornissen. Onderzoek bij 112 adolescenten met ASS toonde aan dat 44 % van de steekproef een emotionele stoornis had (Simonoff et al. 2008). In datzelfde onderzoek werden oppositionele stoornissen bij ongeveer 28 % van de adolescenten met ASS gevonden.

Woede is een probleem dat heel vaak gemeld wordt bij personen met ASS die een beroep doen op een klinisch psycholoog. Woede-uitbarstingen komen heel frequent voor. Onderzoeksrapporten van kinderen met ASS die naar een ggz-instelling waren verwezen, benadrukken hoe vaak prikkelbaarheid als een probleem wordt gezien. Een onderzoek van Mayes en collega's (2011) bij 350 kinderen meldt bijvoorbeeld dat 88 % van de hoogfunctionerende en 84 % van de laagfunctionerende (dat wil zeggen met een IQ lager dan 80) kinderen met autisme te kampen hadden met prikkelbaarheid. Het is natuurlijk heel goed mogelijk dat woede een belangrijke reden voor verwijzing is. Het onderzoek van Mayes en collega's toonde inderdaad aan dat prikkelbaarheid ook een probleem was bij 68 % van de kinderen met een verstandelijke beperking en 60 % van de kinderen met een hersenletsel die naar de instelling verwezen waren.

Lecavalier (2006) deed onderzoek bij 487 kinderen die niet naar een ggz-instelling waren verwezen, maar wel onderwijsondersteuning kregen voor een 'pervasieve ontwikkelingsstoornis' (dat wil zeggen het brede autismespectrum): 19 % had problemen met prikkelbaarheid, 29 % had driftbuien en 23 % was 'opvliegend'.

Soms zijn de frequentie en ernst van de uitbarstingen zo groot dat ze als een stoornis op zichzelf moeten worden beschouwd – vooral wanneer ze samen voorkomen met een langdurige toestand van dysforie. Ernstig instabiele kinderen werden in een onderzoek van Simonoff en collega's (2012) geïdentificeerd uit een groep van 91 adolescenten met een zorgvuldige onderzoeksdiagnose van ASS die door screening geïdentificeerd waren uit een populatie van personen met speciale onderwijsbehoeften en/of een klinische diagnose. Hun criteria voor 'ernstige stemmingsproblemen' waren gebaseerd op explosieve woede, labiele stemming, neerslachtigheid en depressieve gedachten, en waren derhalve vergelijkbaar met (maar niet identiek aan) ernstige emotionele disregulatie. Vierentwintig van de 91 jongeren scoorden hoog op deze maatstaf. Die 24 adolescenten bleken ook hoge scores te hebben op vragenlijsten voor emotionele problemen, beoordeeld door zowel leerkrachten als ouders. Ze scoorden niet verhoogd op gedragsproblemen of hyperactiviteit.

8.2 Waarom zijn zoveel kinderen met een autismespectrumstoornis prikkelbaar?

Er zouden in theorie meerdere ontwikkelingspaden kunnen zijn waarlangs kinderen met ASS erg prikkelbaar kunnen worden. Een aantal daarvan zijn onderzocht door kenmerken van autistische kinderen met ernstige emotionele disregulatie (Mikita et al. 2015) of ernstige stemmingsproblemen (Simonoff et al. 2012) te vergelijken met autistische kinderen die daar geen last van hadden.

De frustratie die de woede uitlokt, kan heel vaak voorkomen, maar toch onzichtbaar zijn voor de rest van het gezin als ze wordt veroorzaakt door het onderbreken van het verlangen naar gelijkblijvendheid, dat een belangrijk aspect van de aandoening is. Een gebrek aan communicatieve vaardigheden kan ook een krachtige bron van frustratie zijn. Als kinderen moeite hebben met het duidelijk aangeven van hun behoeften zodat anderen hen begrijpen, lijden ze zowel onder de onvervulde behoefte als onder het onbegrip van anderen. Dit zullen duidelijk belangrijke triggers worden, maar de mate waarin bij mensen met autisme de intensiteit en frequentie van woede varieert, wordt niet noodzakelijk bepaald door de mate waarin deze kernautistische problemen met communicatie en verlangen naar gelijkblijvendheid aanwezig zijn.

Prikkelbaarheid lijkt geen hoofdkenmerk van de aandoening zelf te zijn. Simonoff en collega's (2012) vonden dat prikkelbare kinderen alleen konden worden onderscheiden van kinderen die niet prikkelbaar waren wanneer ouders de ernst van het autisme beoordeelden. Op basis van de beoordelingen van klinisch psychologen kon dit onderscheid niet worden gemaakt. Er was ook geen verschil in prikkelbaarheid te merken tussen kinderen die werden gediagnosticeerd met 'kernautisme' en kinderen waar een minder specifieke vorm van ASS was vastgesteld. Mikita en collega's (ongepubliceerd) vonden geen verband tussen de aanwezigheid van hoge prikkelbaarheid en een van de domeinen van het autismespectrum.

Mogelijk kan prikkelbaarheid een algemeen probleem in de omgang met de uitdagingen van de wereld weerspiegelen. Dit blijkt echter onwaarschijnlijk te zijn, omdat Simonoff en collega's (2012) vonden dat IQ noch adaptieve functies kinderen met ASS en kinderen zonder ASS van elkaar onderscheidden.

Het zou kunnen dat kinderen met ASS de reacties van anderen niet begrijpen en deze als een bedreiging interpreteren. Het vermogen om emoties te herkennen in andermans gezichten was inderdaad minder bij de prikkelbare zestienjarigen die werden getest door Simonoff en collega's (2012) dan bij de controlegroep (van kinderen met autisme, maar zonder ernstige stemmingsstoornis). Een volledige interpretatie van deze bevinding is lastig. Ze was namelijk voornamelijk te wijten aan de moeilijkheid om de emotie van verrassing te herkennen, niet die van woede. Ze was echter niet toe te schrijven aan een algemeen laag IQ, aangezien ze zich ook voordeed bij kinderen met een IQ boven de 70. Een beperkt begripsvermogen kan ook verantwoordelijk zijn voor paranoïde overtuigingen over de kwaadwillige intenties van anderen. Sommige kinderen kunnen zo wrokkig zijn tegenover anderen, bijvoorbeeld broers of zussen van wie ze het gevoel hebben dat die bevoordeeld worden, dat ze gevaarlijk voor hen worden.

Kinderen met ASS zouden een verminderde cognitieve flexibiliteit kunnen hebben en daarom vatbaarder zijn voor opwekking van woede, zoals in ▶H. 6 besproken werd. In het onderzoek van Siminoff en collega's (2012), waarbij gebruik werd gemaakt van de Wisconsin Card Sorting Test, bleek dat de groep kinderen met ASS met 'ernstige stemmingsproblemen' inderdaad op die manier verschilde van andere kinderen met ASS. De interpretatie van deze resultaten is niet eenduidig, aangezien het gevonden resultaat niet meer significant was als voor IQ werd gecontroleerd, maar dit ontzenuwt niet noodzakelijkerwijs de bevinding. (Ze kan bijvoorbeeld alleen van toepassing zijn bij kinderen met een laag IQ.)

Het zou kunnen dat kinderen met ASS een andere reactie op stress hebben. Dit idee werd onderzocht door Mikita en collega's (ongepubliceerd) in een fysiologische studie bij kinderen en adolescenten met hoogfunctionerend autisme. Binnen deze groep vertoonden prikkelbare kinderen (zoals door zichzelf aangegeven) een lagere cortisolrespons op stress, evenals (zoals door de ouders aangegeven) een lagere hartslagrespons. Dit zou kunnen corresponderen met de lage fysiologische reactiviteit op stress die werd gerapporteerd voor jongens met ODD die geen ASS hadden (Goozen et al. 1998). Het is wel zo dat angst een belangrijke rol speelde in de bevindingen van Mikita en collega's, en ze zijn misschien niet erg specifiek voor prikkelbaarheid. Niettemin levert de bevinding van lage reactiviteit enig extra bewijs voor de idee dat een toestand van prikkelbaarheid en een stemmingsstoornis niet gewoon een onderdeel van het autismespectrum zijn, maar een bijkomend en apart probleem vormen.

Hoge prikkelbaarheid zou een functie kunnen zijn van andere psychische stoornissen waarvoor kinderen in het autismespectrum gevoelig zijn. Bradley en collega's (2006) beschreven bijvoorbeeld een episodische emotionele stoornis bij 17/36 kinderen met een combinatie van autisme en leerstoornissen en vonden dat deze vaker voorkwamen dan bij kinderen met enkel leerstoornissen. Slechts twee van deze zeventien kinderen werden gediagnosticeerd met een bipolaire stoornis – de anderen hadden een mix van diagnoses, waarvan depressie het meest voorkwam. Prikkelbaarheid werd echter niet specifiek bestudeerd in dit onderzoek.

Simonoff en collega's (2012) vonden evenwel dat kinderen met ASS in hun groep met 'ernstige stemmingsproblemen' veel vaker dan andere kinderen met ASS een ouder met een affectieve stoornis hadden. Dit was bovendien niet te wijten aan de zorglast die op de schouders van de ouders van kinderen met ASS drukt. De opvoedingsstress verschilde niet bij de gezinnen met kinderen die grote moeilijkheden met woede en stemmingsproblemen vertoonden. Dit komt overeen met de bevindingen over depressie bij familieleden, zowel in de studie van Bradley en Bolton (Bradley et al. 2006) als die bij kinderen met SMD zonder ASS (Brotman et al. 2007).

Simonoff en collega's vonden in hun onderzoek naar ernstige stemmingsproblemen dat niet de aard (zelfs niet depressie), maar wel het aantal andere aandoeningen waar kinderen mee te kampen hebben het onderscheid kan maken tussen kinderen met en zonder ernstige stemmingsproblemen. De kans op ernstige stemmingsproblemen varieerde van 3 % bij de kinderen zonder een andere diagnose dan ASS, tot 32 % bij de kinderen met één andere diagnose en tot 44 % voor degenen met twee of meer andere diagnoses.

De prikkelbaarheid van sommige jongeren met autisme zou kunnen duiden op een transactioneel proces, waarbij de last die ze hun zorgverstrekkers bezorgen, leidt tot boze en bedreigende reacties, waarop zij op hun beurt weer met boosheid en soms ook agressiviteit reageren. Dit ontwikkelingspad zou overeenkomen met een soortgelijk traject dat in ▶H. 7 is voorgesteld voor ADHD. We hebben geen onderzoek gevonden dat deze mogelijkheid rechtstreeks heeft onderzocht. Desalniettemin moeten clinici rekening houden met de mogelijkheid dat kinderen met ASS heel wreed zijn behandeld en dit dus in kaart brengen.

Samenvattend kan worden gezegd dat in onderzoek nog niet is vastgesteld welke ontwikkelingspaden betrokken zijn bij het verband tussen ASS en woede-uitbarstingen, en nog minder wat betreft toestanden van dysforie. Er zitten nog veel gaten in de kennis die met onderzoek moeten worden opgevuld. Dat onderzoek zou moeten worden uitgevoerd met meer proefpersonen in de gecontroleerde studies, maar ook met onderzoeksmethoden die longitudinale informatie kunnen opleveren over ontwikkelingstrajecten en met toepassing van genetisch informatieve designs en neurofysiologische en cognitieve metingen.

Uit de informatie die we op dit moment beschikbaar hebben, zijn de belangrijkste lessen voor clinici:

- Dysforische toestanden die prikkelbaarheid omvatten, vormen geen integraal onderdeel van autisme, maar moeten afzonderlijk worden bekeken en behandeld.
- Prikkelbaarheid gaat op dezelfde manier samen met een slechte stemming bij kinderen met ASS als bij typisch ontwikkelende kinderen.
- Prikkelbaarheid kan en moet betrouwbaar worden beoordeeld, en de methoden die in ▶H. 3 zijn beschreven, zijn ook geschikt voor kinderen met ASS.

8.3 Behandeling van prikkelbaarheid bij personen met ASS

Stemmingswisselingen worden bij ASS makkelijk overschaduwd door de ASS-diagnose en krijgen daarom vaak niet de volle aandacht in een behandelplan. Het detecteren van het stemmingsprobleem van prikkelbaarheid kan worden ondersteund door het gebruik van screeningsvragenlijsten, zoals aangegeven in ▶H. 3. De Aberrant Behavior Checklist (ABC, Aman et al. 1985) bevat een subschaal voor prikkelbaarheid (ABC-I). Deze bestaat uit 16 items, waaronder zelfbeschadigend gedrag, fysieke agressie tegen anderen, krijsen, schreeuwen, driftbuien, veeleisend gedrag, stemmingswisselingen en huilen in reactie op kleine ergernissen. Dit is misschien geen specifieke maat voor 'prikkelbaarheid', maar bevat ook veel oppositioneel-opstandige problemen. De Overt-Aggression Scale-Modified (OAS-M, Yudofsky et al. 1986), de Child Autism Rating Scale (CARS, Schopler et al. 1986) en de Affective Reactivity Index (ARI; Stringaris et al. 2012a) (zie ▶H. 3 en de Appendix) zijn ook geschikt voor gebruik bij deze groep.

Er dient een gedetailleerd overzicht van de problemen te worden gemaakt aan de hand van de beoordelingen van de ouders, leerkrachten en zo mogelijk ook van de jongere zelf. De ouderbeoordeling is bijzonder nuttig voor het vaststellen van het verloop van problemen in de loop van de jaren, de situaties thuis die uitbarstingen veroorzaken en de gebruikelijke stemmingstoestand van het kind in dagelijkse situaties. De beoordeling van de school is heel waardevol voor het begrijpen van de situatiespecificiteit en de beperkingen die gepaard gaan met de prikkelbaarheid. De beoordeling van het kind of de adolescent is bijzonder informatief voor het begrijpen van zijn stemming en zijn inzicht in wat of wie verantwoordelijk is voor de boze gevoelens.

Een functionele analyse heeft tot doel te bepalen wat de prikkelbaarheid oplevert. Het overzicht van de problemen kan duidelijk genoeg zijn om de clinicus in staat te stellen om voor een individueel kind te bepalen welke functies een en ander heeft in termen van wanneer er woede optreedt, welke situaties deze uitlokken, hoe ze wordt uitgedrukt en wat haar gevolgen zijn. Boze uitbarstingen kunnen bijvoorbeeld worden gezien als een teken dat een behoefte niet is vervuld. Pijnlijke aandoeningen zoals kiespijn, oorpijn en obstipatie kunnen zowel het betreffende lijden veroorzaken als de frustratie om die niet te kunnen uitdrukken tegenover verzorgenden. Vaak is het echter nodig om een kind gedurende periodes van een uur of langer in verschillende natuurlijke contexten te observeren.

8.3.1 Psychologische behandelingen

Een dergelijke analyse leidt tot een behandelplan dat met alle betrokkenen dient te worden besproken. 'Positieve gedragsondersteuning' is een behandelmethode die tot doel heeft om op basis van de functionele analyse de nodige adaptieve vaardigheden (vaak gaat dit om communicatieve vaardigheden) aan te leren die in de plaats kunnen komen van de kwellende driftbuien en agressie (Carr et al. 2002). De gedetailleerde invulling hiervan zal natuurlijk van persoon tot persoon verschillen.

Een psychosociaal behandelprogramma dat volgens deze richtlijnen was opgesteld is in een gerandomiseerde gecontroleerde studie geëvalueerd door Aman en collega's (2009). Het gedragsprogramma (gecombineerd met medicatie) werd in dit onderzoek vergeleken met een behandeling met alleen medicatie bij 124 kinderen van 9 tot 13 jaar met een diagnose van 'pervasieve ontwikkelingsstoornis' en gedragsproblemen zoals driftbuien, agressie en zelfbeschadiging. Ouders en kinderen werden in individuele sessies getraind, waarbij de focus lag op de ontwikkeling van communicatie, het passend gebruik van beloningen, het stimuleren van gehoorzaamheid en het aanleren van adaptieve vaardigheden. De behandeling was niet specifiek gericht op prikkelbaarheid, maar de ABC-I was een van de uitkomstmaten. De gedragsproblemen namen inderdaad af en vooral de prikkelbaarheid was sterk verminderd (effectgrootte van 0,48) bij de kinderen die de gecombineerde behandeling kregen in vergelijking met de kinderen die enkel medicatie toegediend kregen.

Het creëren van een autismevriendelijke omgeving is ook een belangrijk onderdeel van het bijsturen van kinderen. Sommige adviezen zijn bedoeld om de kwellende en disruptieve effecten van woede-uitbarstingen te verminderen. De triggers van woede kunnen worden gereduceerd door te zorgen voor veel structuur en orde, zodat kinderen duidelijke verwachtingen kunnen hebben van wat ze, waar en wanneer zullen doen. Kalmte bij de mensen die voor hen zorgen voorkomt escalerende cycli van agressie en vraagt om zorgzame steun van de verzorgenden en leerkrachten.

8.3.2 Farmacotherapie

Het effect van farmacologische behandelingen is bekeken in een aantal gerandomiseerde gecontroleerde studies waarbij medicatie werd vergeleken met placebo. Verschillende goed gecontroleerde studies zijn uitgevoerd onder toezicht van de Research Units on Pediatric Psychopharmacology (RUPP) Autism Network. Prikkelbaarheid vormde de primaire

8.3 · Behandeling van prikkelbaarheid bij personen met ASS

uitkomst of een van de secundaire uitkomsten in deze studies. Systematische literatuuroverzichten worden gegeven door Canitano en collega's (2011) en Elbe en collega's (2012).

Risperidon is het meest geëvalueerde medicijn. Het is een antipsychotisch middel dat dopaminerge overdracht aan de synaps tussen zenuwcellen neutraliseert. Het wordt doorgaans in een vrij lage dosering gegeven: in het experiment van Aman en collega's (2009) was de dagelijkse dosis 0,25-1,75 mg voor kinderen die minder dan 20 kg wogen, 0,5-2,5 mg voor kinderen die tussen 20-45 kg wogen en 0,5-3,5 mg voor degenen die meer dan 45 kg wogen. Verschillende gerandomiseerde gecontroleerde studies hebben risperidon vergeleken met placebo bij mensen met ASS; deze worden samengevat in ▶ box 8.2 in het licht van de controverse die deze indicatie omringt. Langetermijneffecten zijn beschreven door Zuddas en collega's (2000) en Aman en collega's (2005). Troost en collega's (2005) voerden een dubbelblinde studie uit bij een groep van 24 kinderen. Alle kinderen reageerden op korte termijn positief op de medicatie. Na 24 weken schakelden ze over op placebo of bleven ze de risperidon innemen. Bij ongeveer de helft van de kinderen bleef de medicatie werkzaam.

Box 8.2 Onderzoek naar de behandeling met risperidon

- RUPPAN (2002) behandelde 101 kinderen van 5 tot 17 jaar. De ABC-I daalde met ongeveer 15 punten bij de actieve behandeling, maar met slechts 3,6 punten bij placebo.
- Shea en collega's (2004) behandelden 79 kinderen met een gemiddelde leeftijd van ongeveer 7,6 jaar. De ABC-I daalde met 12 punten bij de behandelde groep, maar slechts met 6,5 punten bij de placebogroep.
- Hellings en collega's (2006) behandelden 40 mensen van 8 tot 56 jaar. De ABC-I daalde met 8 punten in de behandelde groep en met 6,5 punten bij toediening van een placebo.
- Nagaraj en collega's (2006) behandelden 39 kinderen met een gemiddelde leeftijd van 4,8 jaar. De score op de CARS verminderde met 7,5 punten bij de actieve behandelingsgroep en met 1,0 punt bij de placebogroep.
- Luby en collega's (2006) behandelden 23 kinderen met een gemiddelde leeftijd van ongeveer 4 jaar. De CARS-score daalde met 4,6 punten bij de actieve behandelingsgroep en met 1,8 punten bij de placebogroep.
- Pandina en collega's (2007) behandelden 55 kinderen van gemiddeld 7 jaar. De ABC-I daalde bij de behandelde groep met 13,4 punten en bij de placebo-groep met 7,5 punten.

Owen en collega's (2009) bekeken de effecten van aripiprazol bij 98 kinderen en Marcus en collega's (2009) onderzochten dit geneesmiddel bij 218 kinderen. In beide gerandomiseerde studies vertoonde de ABC-I een grotere daling bij het actieve geneesmiddel dan bij een placebo. De grootte van het effect was vergelijkbaar met die van risperidon.

Hollander en collega's (2006) vergeleken het effect van olanzapine met placebo in een gerandomiseerde gecontroleerde studie bij een kleine groep van 11 kinderen. Er was een substantieel effect van de actieve medicatie op prikkelbaarheid, maar de medicatie bracht ook een sterke gewichtstoename teweeg.

Samenvattend heeft elke studie die op deskundige wijze de effecten van lage doses antipsychotica heeft onderzocht op schalen die brede aspecten van prikkelbaarheid meten, aangetoond dat die significant werkzaam zijn en dat deze effecten enige maanden kunnen aanhouden. Het is goed mogelijk dat de medicatie niet specifiek op de prikkelbaarheid inwerkt, door angst en agressie te verminderen. De medicatie veroorzaakt uiteraard geen significant verschil in de kernsymptomen van autisme.

De andere kant van de medaille betreft de bijwerkingen van deze medicijnen. Deze zijn niet specifiek voor autisme, maar gelden voor alle indicaties waarvoor ze worden toegediend en worden meer in detail besproken in ▸ H. 14. Obesitas is een vaak gerapporteerde bijwerking. Sedatie en endocriene en metabole abnormaliteiten worden ook regelmatig vastgesteld. De Hert en collega's (2011) hebben 24 studies van risperidon bij kinderen en adolescenten beoordeeld. Niet alle studies werden uitgevoerd bij kinderen met autisme, maar deze kinderen leken meer problemen met de medicatie te vertonen dan andere kinderen, mogelijk omdat ze globaal genomen op een jongere leeftijd werden behandeld. Meer dan 3.000 kinderen waren betrokken in de studies. Gewichtstoename, hyperprolactinemie en bijbehorende metabole stoornissen waren vaak gerapporteerde bijwerkingen.

De negatieve effecten van de medicijnen kunnen blijvend zijn. In een onderzoek dat 48 weken duurde bleek risperidon (gemiddelde dosis 1,5 mg) een aanhoudend effect te hebben op gewichtsverhoging en werkzaam te blijven tegen disruptief gedrag (Findling et al. 2004). 21 % van de 107 kinderen van 5 tot 12 jaar met een benedengemiddelde intelligentie die werden behandeld voor disruptieve gedragsstoornissen vertoonde gewichtstoename als ongewenst voorval. De gemiddelde gewichtstoename was 5,5 kg, wat ten minste twee keer hoger was dan verwacht. In andere opzichten werd het geneesmiddel redelijk goed verdragen over deze lange periode. Het risico op obesitas en metabole problemen is groter bij personen die al overgewicht hebben of een familiegeschiedenis van diabetes hebben. Nauwkeurige monitoring is essentieel (zie ▸ H. 14). Clinici moeten alert zijn op de mogelijkheid van subtiele cognitieve afstompingseffecten.

Aripiprazol staat erom bekend dat het minder risicovol is, maar in een studie over 8 weken van Marcus en collega's (2009) hadden de kinderen zelfs bij een lage dosis van 5 mg een gemiddelde gewichtstoename van 1,3 kg. In de studie van Owen en collega's (2009) was de gemiddelde gewichtstoename over een periode van 8 weken 2,0 kg bij toediening van aripiprazol (variabele dosis) en 0,8 kg bij toediening van een placebo. Metabole afwijkingen werden echter niet vastgesteld in deze relatief kortdurende experimenten.

Clinici moeten bij elk kind de voor- en nadelen van medicatie goed tegenover elkaar afwegen. Bij ernstige gevallen, waarbij de prikkelbaarheid de ontwikkeling belemmert, wegen de voordelen voor het gebruik van medicatie gedurende periodes tot 6 maanden duidelijk op tegen de nadelen. Daarom hebben regelgevende instanties het gebruik van risperidon voor ernstige prikkelbaarheid bij autisme toegestaan (Morgan et al. 2007).

Er is natuurlijk ook gezocht naar medicijnen die een kleiner risico inhouden. Kleinschalige gerandomiseerde pilootstudies hebben veelbelovende reducties gevonden van de prikkelbaarheid van kinderen met ASS bij toediening van divalproexnatrium (55 kinderen, gemiddelde leeftijd 9,5 jaar, Hollander et al. 2010) en N-acetylcysteïne (33 kinderen, 3 tot 12 jaar, Hardan et al. 2012). Er is echter nog onvoldoende bewijsmateriaal om hiervan te kunnen zeggen dat ze meer zijn dan alternatieve behandelingen. Ze dienen daarom te worden voorbehouden voor specifieke indicaties en wanneer andere behandelingen gefaald hebben of contra-geïndiceerd zijn, en wanneer hier toestemming voor verkregen is. Methylfenidaat lijkt niet bruikbaar te zijn, tenzij er ook sprake is van ADHD. In dat geval is het een veiliger alternatief en is het aangewezen om dit als eerste te proberen (Simonoff et al. 2012) (zie ▸ H. 7).

Prikkelbaarheid en disruptieve gedragsstoornissen

Samenvatting

De oppositioneel-opstandige gedragsstoornis wordt gekenmerkt door aanhoudend ongehoorzaam gedrag en een negatieve stemming die niet passen bij de ontwikkelingsfase en problemen veroorzaken; prikkelbaarheid maakt deel uit van de definitie. Er kunnen afzonderlijke ontwikkelingslijnen worden onderscheiden: een prikkelbare dimensie die voornamelijk depressieve aandoeningen en een gegeneraliseerde angststoornis voorspelt; een koppigheidsdimensie die gerelateerd is aan ADHD en niet-agressieve gedragsstoornis; en een kwetsende dimensie die geassocieerd is met agressieve gedragsproblemen en harteloze/ongevoelige eigenschappen. Het verloop van de afwijkende gedragsstoornissen wordt beschreven en hun relatie met andere aandoeningen wordt toegelicht. De verschillen tussen en het gebruik van de belangrijkste huidige diagnostische schema's worden belicht en de behandeling wordt besproken.

9.1 Prevalentie en comorbiditeit – 70

9.2 Het verband met de antisociale gedragsstoornis – 71

9.3 Het verband met ADHD – 71

9.4 Behandeling – 72

© Bohn Stafleu van Loghum is een imprint van Springer Media B.V., onderdeel van Springer Nature 2018
I. Buyck, A. Stringaris en E. Taylor, *Prikkelbaarheid bij kinderen en adolescenten*,
https://doi.org/10.1007/978-90-368-2081-3_9

De oppositioneel-opstandige gedragsstoornis ('oppositional-defiant disorder', ODD) wordt gekenmerkt door aanhoudend ongehoorzaam gedrag en een negatieve stemming die niet passen bij de ontwikkelingsfase en problemen veroorzaken. Prikkelbaarheid maakt deel uit van de definitie.

De DSM-5 beschrijft ODD als een veelvoorkomende aandoening, die zowel gedragsproblemen als een negatieve stemming omvat. Woede, wrok en makkelijk geïrriteerd raken maken allemaal deel uit van prikkelbaarheid: drie dergelijke symptomen komen in de diagnostische criteria voor, samen met vier symptomen van koppig, ongehoorzaam en uitdagend gedrag en één symptoom van wraakzucht. Er wordt voldaan aan de diagnostische criteria wanneer vier van de mogelijke acht symptomen aanwezig zijn.

De meeste kinderen met ODD zullen per definitie ook prikkelbaarheid laten zien. Desalniettemin kan en moet de prikkelbaarheid van de andere componenten van de stoornis worden onderscheiden. Recent hebben Stringaris en Goodman (Stringaris et al. 2009d) drie verschillende dimensies voorgesteld binnen oppositioneel gedrag: een prikkelbare dimensie die voornamelijk depressieve aandoeningen en een gegeneraliseerde angststoornis voorspelt, een koppige dimensie die gerelateerd is aan ADHD en een niet-agressieve antisociale gedragsstoornis ('conduct disorder', CD), en een kwetsende dimensie die wordt geassocieerd met agressieve gedragsproblemen en emotieloze/ongevoelige eigenschappen. De differentiële verbanden tussen de drie dimensies van ODD zijn aangetoond in transversale en longitudinale onderzoeken bij steekproeven uit de algemene bevolking (Stringaris et al. 2009d; Aebi et al. 2010; Rowe et al. 2010; Krieger et al. 2013).

In ▶H. 5 benadrukten we de ontwikkelingsverschillen tussen deze componenten van ODD. Factoranalyse heeft dit onderscheid ondersteund. Analyse van longitudinale datasets heeft het specifieke verband aangetoond tussen prikkelbaarheid en latere depressie (Stringaris et al. 2009d). Rowe en collega's (2010) en Burke en collega's (2010) hebben een vergelijkbaar verband gerapporteerd. Drabick en Gadow (Drabick et al. 2012) hebben twee verschillende groepen kinderen met ODD van elkaar kunnen onderscheiden: een groep met boze/prikkelbare eigenschappen en een groep met ongehoorzaam gedrag dat niet voldeed aan de criteria van boos/prikkelbaar gedrag. De prikkelbare groep werd gekenmerkt door vele andere emotionele problemen (angst en depressie). Speltz en collega's (1999) hebben daarentegen onderzoek uitgevoerd bij kinderen met zowel ODD als emotionele problemen. Deze kinderen vertoonden meer kenmerken van prikkelbaarheid (lichtgeraakt/makkelijk geïrriteerd, boos/wrokkig, en hatelijk/wraaklustig) dan kinderen met ODD zonder emotionele problemen. Dit sterke verband tussen prikkelbaarheid en depressie wordt in ▶H. 10 verder uitgediept.

9.1 Prevalentie en comorbiditeit

ODD komt vaak voor bij de algemene populatie. Een systematisch overzicht van epidemiologische studies vond een prevalentie tussen 3 en 6 % bij schoolkinderen (Boylan et al. 2007). Bij voorschoolse kinderen kan dit percentage oplopen tot 12 % (Lavigne et al. 2001). 28 tot 65 % van de diagnoses die bij instellingen voor geestelijke gezondheidszorg voor jeugdigen worden gesteld betreffen ODD. De hogere cijfers worden gevonden bij instellingen die specifiek gericht zijn op gedragsproblemen.

Prevalentieschattingen zijn in veel opzichten problematisch. De criteria die de stoornis definiëren kunnen elk op zich deel uitmaken van de karakteristieke ontwikkeling van kinderen (▶H. 4). Het onderscheidende kenmerk van ODD betreft de gradatie van de problemen.

De frequentie hangt dus af van een afkappunt, en of beperkingen in de definitie zijn opgenomen. Er is echter geen sluitend wetenschappelijk bewijs voor de plaats van het afkappunt en de bepaling van de beperkingen. De schijnbaar hoge prevalentie bij voorschoolse kinderen en de variatie hierin tussen studies weerspiegelen wellicht de onzekerheid over de aard van de beperkingen op deze leeftijd. De verdraagzaamheid en competentie van volwassenen kunnen een sterke rol spelen in het construeren van een 'aandoening'.

9.2 Het verband met de antisociale gedragsstoornis

Categoriale diagnostische bepalingen worstelen met de duidelijk afbakening van ODD (inclusief prikkelbaarheid) ten opzichte van andere disruptieve aandoeningen (zie ◘ fig. 14.1 en de bijbehorende tekst in ►H. 14 voor een poging om richtlijnen te geven rond het verwarrende allegaartje van overlappende categorieën).

De DSM-5 en ICD-10 bepalen de stoornis op een andere manier. In de DSM-5 staat ODD los van de antisociale gedragsstoornis (CD), maar kan ze er wel mee samengaan. Een diagnose van ODD wordt gesteld wanneer het antisociaal gedrag ernstig genoeg is om de fundamentele rechten van anderen te schenden. Stemmingsproblemen spelen echter geen rol in de diagnostische criteria.

De ICD-10 beschrijft ODD ook als een veelvoorkomende aandoening en gebruikt zeer vergelijkbare criteria als de DSM, maar behandelt comorbiditeit op een andere manier. ODD word in de ICD-10 als een mildere en vroegere vorm van CD beschouwd en wordt niet gediagnosticeerd als de antisociale gedragsproblemen het niveau van CD hebben bereikt.

Deze controverse over het verband tussen ODD en CD heeft aanleiding gegeven tot heel wat onderzoek. Er zijn vooral longitudinale studies over het ontwikkelingsverband tussen beide aandoeningen uitgevoerd. ODD is inderdaad typisch aanwezig voordat CD begint, en ODD is een belangrijke voorspeller voor de ontwikkeling van CD. Veel adolescenten met CD hebben een eerder verhaal van ODD (Lahey et al. 1992). Niettemin zijn beide stoornissen niet identiek. De bekende Great Smoky Mountains Study of Youth (Costello et al. 1996) is een longitudinale epidemiologische studie met meer dan 8.000 observaties bij 1.420 personen tussen de 9 en 21 jaar. De studie rapporteerde dat de aanwezigheid van ODD CD kon voorspellen, maar hierbij was geenszins sprake van een directe continuïteit (Rowe et al. 2010). De meeste personen met ODD ontwikkelden geen CD. CD die voor het eerst in de adolescentie ontstond, had geen direct verband met eerdere ODD. CD vertoonde, anders dan de prikkelbare component van ODD, geen specifieke verbanden met emotionele stoornissen.

9.3 Het verband met ADHD

ODD komt ook heel vaak voor bij personen met ADHD, vooral als impulsiviteit een belangrijk onderdeel van de ADHD is. Het wordt zo frequent waargenomen dat ADHD-onderzoekers ODD vaak niet als een comorbiditeit rapporteren, maar deze beschouwen als een kernsymptoom van ADHD.

De ICD en DSM hebben een andere visie op de 'comorbiditeit' met ADHD. In de ICD-10 wordt de aandoening 'hyperkinetische stoornis' genoemd. Deze is gebaseerd op dezelfde symptomen als ADHD, maar er moeten meer symptomen aanwezig zijn en ze moeten pervasiever zijn om de diagnose te stellen. Wanneer er naast deze symptomen disruptief gedrag

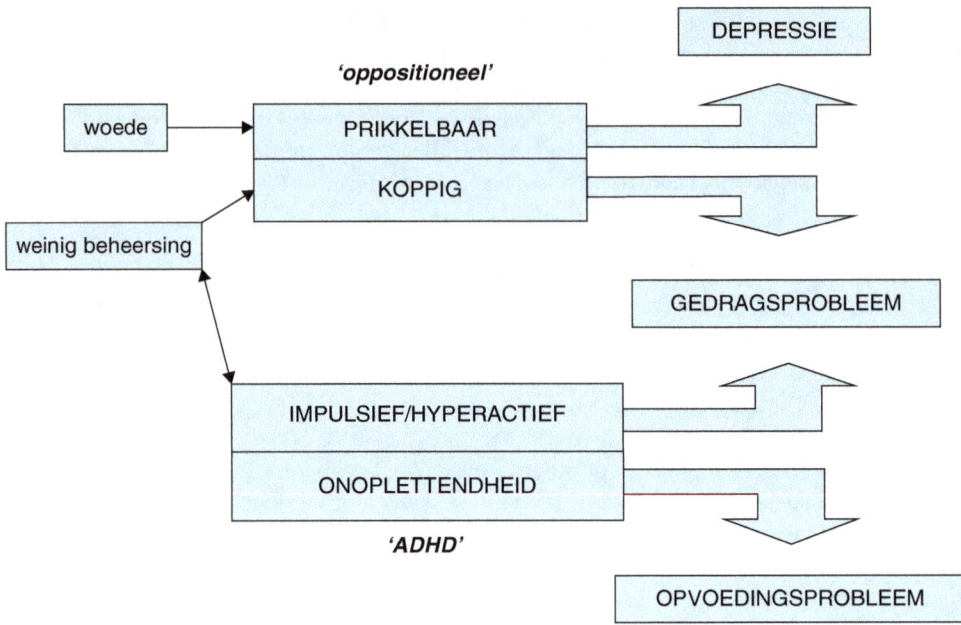

Figuur 9.1 Een vereenvoudigde manier om het ontwikkelingsproces van oppositionele en prikkelbare kinderen in kaart te brengen

aanwezig is, dan wordt de diagnose 'hyperkinetische gedragsstoornis' gesteld. Deze benaming weerspiegelt het bewijs dat de comorbide aandoening dezelfde ontwikkelingsneurologische en behandelingsimplicaties heeft als de hyperkinetische stoornis.

We vinden het klinisch bruikbaar om deze nauw verwante aandoeningen te conceptualiseren aan de hand van vier dimensionele componenten zoals weergegeven in ◘ fig. 9.1: prikkelbaarheid, ongehoorzaamheid, impulsiviteit (met hyperactiviteit) en onoplettendheid. Ze komen vaak samen voor, maar hebben verschillende ontwikkelingspaden. De impulsiviteit van ADHD omvat een gebrek aan gedragsbeheersing, dat invloed heeft op ongehoorzaam gedrag, en beide voorspellen antisociaal gedrag (inclusief CD) op latere leeftijd.

9.4 Behandeling

Voor de clinicus betekent dit dat een enkelvoudige diagnose van ODD, ADHD of CD meestal onvoldoende is om de praktijk te sturen. In plaats daarvan moet de ernst en impact van elke component op het functioneren van het kind worden bekeken. De sociale invloeden op de vraag of ODD ontstaat en of het als een probleem wordt gezien (►H. 4) impliceren dat die ook in aanmerking genomen moeten worden, naast de intra-individuele pathologie.

De prikkelbaarheid kan worden herkend volgens de uitgangspunten van ►H. 3 en worden behandeld volgens de richtlijnen van ►H. 14. Wanneer er een andere, behandelbare diagnose aanwezig is, zoals ADHD, depressie, bipolaire stoornis of uitdagend gedrag bij ASS/autisme, zal deze waarschijnlijk voorrang hebben in het behandelplan (zie vorige hoofdstukken). Door het bekijken van de vooruitgang kan dan worden nagegaan of er ODD-kenmerken zijn, zelfs wanneer de primaire diagnose in remissie of onder controle is. Als dat het geval is, moeten de

9.4 · Behandeling

in ▶ H. 14 beschreven generieke benaderingen – in het bijzonder ouderinterventies die effectief gebleken zijn voor het behandelen van ODD – worden toegepast. DMDD omvat echter een meer ernstige vorm van de symptomen van ODD, dus hierbij is het niet aangewezen om ODD als een aparte diagnose te stellen.

De antisociale problemen van CD maken vooral het nagaan van risico's voor anderen relevant. Is er bewijs van eerder gevaarlijk gedrag? Is er iemand in het bijzonder in gevaar? Zijn er bedreigingen en dreigementen tegen anderen geuit? Is er misbruik van alcohol, illegale middelen of zogenaamde recreatieve middelen die geweld kunnen versterken? Zijn er sociale omstandigheden, zoals lidmaatschap van een bende, die het risico op geweld vergroten? Geen van deze zijn specifiek voor prikkelbaarheid, maar zij kunnen zich voordoen bij mensen bij wie de prikkelbaarheid ertoe heeft bijgedragen dat zij in een risicogroep zitten. Als de intentie bestaat om zichzelf of anderen schade te berokkenen, zal de geheimhoudingsplicht geschonden moeten worden, dus er moet geen absolute garantie op geheimhouding worden gegeven.

Prikkelbaarheid en de bipolaire stoornis

Samenvatting

Prikkelbaarheid vormde de kern van de controverse rond de bipolaire stoornis bij kinderen. Clinici in de Verenigde Staten zijn veel eerder geneigd om de diagnose bipolaire stoornis te stellen, zelfs bij zeer jonge kinderen, en dit is de laatste vijftien jaar een groeiende trend. Dit hoofdstuk geeft een overzicht van het probleem en de gevolgen ervan, en stelt voor dat het onderscheiden van chronische en episodische prikkelbaarheid kan helpen bij het verminderen van het foutief diagnosticeren van chronische prikkelbaarheid als bipolaire stoornis. Verder wordt besproken hoe episodische prikkelbaarheid, een algemeen symptoom van de bipolaire stoornis, effectief kan worden behandeld bij jongeren. Het hoofdstuk eindigt met een beschrijving van het belangrijkste onderzoek dat is uitgevoerd naar het onderscheid tussen ernstige chronische prikkelbaarheid en de bipolaire stoornis.

10.1 Epidemiologische gegevens over de prevalentie van de bipolaire stoornis bij kinderen en adolescenten – 78

10.2 De stijging van de prevalentie van de bipolaire stoornis bij kinderen en adolescenten – 78

10.3 Prikkelbaarheid bij de episodische bipolaire stoornis – 82

10.4 Behandeling van manische stemmingen – 82
10.4.1 Antipsychotica – 83
10.4.2 Anti-epileptica – 83
10.4.3 Lithium – 83
10.4.4 Antipsychotica versus stemmingsstabilisatoren – 84
10.4.5 Klinische aanbevelingen – 84
10.4.6 Voorschrijven – 85

© Bohn Stafleu van Loghum is een imprint van Springer Media B.V., onderdeel van Springer Nature 2018
I. Buyck, A. Stringaris en E. Taylor, *Prikkelbaarheid bij kinderen en adolescenten*,
https://doi.org/10.1007/978-90-368-2081-3_10

10.5 Chronische, niet-episodische toestanden van prikkelbaarheid – 86

10.6 Korte affectieve episodes – 88

10.7 De relatie tussen prikkelbaarheid en de bipolaire stoornis in de literatuur: een samenvatting van de hoofdpunten en open vragen – 89

Prikkelbaarheid is geen probleem dat 'gerelateerd is' aan een bipolaire stoornis: het is een essentieel onderdeel van de definitie. Er is momenteel een hevig debat gaande over het concept 'bipolaire stoornis' bij kinderen. Prikkelbaarheid staat daarin centraal. Het is vaak aanwezig bij depressie (zie ▶ H. 11) en is een kenmerkende eigenschap van manie (samen met euforie en grandiositeit en in aanwezigheid van gerelateerde kenmerken, zoals een afgenomen behoefte aan slaap, overmatige spraakzaamheid en een abnormaal hoge afleidbaarheid en/of activiteiten die op zich wel aangenaam zijn, maar waarschijnlijk resulteren in negatieve gevolgen).

Enerzijds wordt prikkelbaarheid in sommige nationale richtlijnen beschouwd als een niet-specifiek probleem, dat vaak aanwezig is bij manie, maar op zichzelf onvoldoende is om de diagnose te stellen (NICE 2006). Anderzijds geven sommige gezaghebbende auteurs aan dat manie bij kinderen zich vaak als prikkelbaarheid voordoet en dat prikkelbaarheid een afdoende stemmingsverandering is (in combinatie met bijbehorende eigenschappen) voor een diagnose van manie (Wozniak et al. 1995).

Een episodisch verloop en chroniciteit zijn ook cruciale onderwerpen in het debat. Het traditionele psychiatrische denken definieert bipolariteit als verschillende episodes van stemmingsverstoring: soms depressief en soms manisch, zoals in de beschrijvingen van de DSM-5 (American Psychiatric Association 2013). Veel gezaghebbende auteurs zijn echter van mening dat de aandoening bij kinderen en adolescenten chronisch kan zijn, waarbij de manie en depressie vaak eerder aanhoudend dan episodisch voorkomen. Zij noemen deze de pediatrische bipolaire stoornis (Spencer et al. 2001). Deze zienswijze heeft grote praktische implicaties. In de afgelopen vijftien jaar is de diagnose van bipolaire stoornis bij kinderen en adolescenten in de Verenigde Staten dramatisch toegenomen, zowel bij residentiële (Blader et al. 2007) als ambulante instellingen (Moreno et al. 2007). De stijging van het aantal bipolaire diagnoses liep parallel aan een toename van het aantal voorschriften voor antipsychotische medicatie (Olfson et al. 2006). De toename van het aantal bipolaire diagnoses is hoogstwaarschijnlijk te verklaren uit de diagnostische praktijk (Leibenluft 2011).

Er bestaat daardoor verwarring in de literatuur, en het is niet altijd gemakkelijk te bepalen welk concept de auteurs gebruiken en dus hoe dit naar de klinische praktijk te vertalen is. In dit hoofdstuk zullen we voor de duidelijkheid een onderscheid maken. We beschrijven eerst de rol van prikkelbaarheid in de episodische bipolaire stoornis zoals beschreven in de DSM-5 en de behandeling daarvan. We zetten die dan tegenover de stemmingsverandering bij ernstige en chronische disregulatie. Dit wordt door sommigen de pediatrische bipolaire stoornis genoemd, maar we gebruiken deze term liever niet aangezien het nog niet is aangetoond dat chronische stemmingsdisregulatie een variant is van de bipolaire stoornis zoals die gewoonlijk wordt gedefinieerd. De argumenten over het definiëren van een bipolaire stoornis zijn complex en vereisen verder empirisch werk (Stringaris 2011). Het hoofdstuk sluit af met een overweging over een grijs gebied tussen deze formuleringen. Hier zij het voldoende te zeggen dat er weinig te zeggen valt voor de bewering dat chronische prikkelbaarheid een pathognostische eigenschap kan zijn van de bipolaire stoornis bij jeugdigen – het fenotype pediatrische bipolaire stoornis. Een follow-upstudie heeft namelijk aangetoond dat manische episodes extreem zeldzaam zijn bij kinderen met ernstige chronische prikkelbaarheid (Stringaris et al. 2010a).

Om te beginnen zullen we echter beschrijven hoe de schijnbare prevalentie van bipolaire stoornis bij kinderen en jongeren in de loop van de tijd is veranderd, omdat dit de complexiteit van de diagnosestelling illustreert.

10.1 Epidemiologische gegevens over de prevalentie van de bipolaire stoornis bij kinderen en adolescenten

Van de bipolaire stoornis werd van oudsher gedacht dat die zelden voorkwam bij kinderen (Goodwin et al. 2007) en epidemiologische gegevens zijn in overeenstemming met deze opvatting. De Great Smoky Mountains Study of Youth bestudeerde een willekeurige steekproef van 1.015 kinderen in de zuidoostelijke Verenigde Staten met een cohortonderzoek (Costello et al. 1996). De auteurs stelden op basis van een gestandaardiseerd interview, de Child and Adolescent Psychiatric Assessment (CAPA), een DSM-III-R-diagnose (Angold et al. 1995a, b). De prevalentie van manie en hypomanie was in 3 maanden respectievelijk 0 en 0,1 % (± 0,06 %) (Costello et al. 1996). Dit is heel laag in vergelijking met sommige voorbeelden van de belangrijkste angststoornissen: de prevalentie van de separatieangststoornis en de gegeneraliseerde angststoornis is respectievelijk 3,49 % (± 0,75) en 1,67 % (± 0,61).

Lewinsohn en collega's (1993) stelden DSM-III-R-diagnoses bij adolescenten van negen middelbare scholen uit stedelijke en plattelandsgemeenschappen in Oregon (Verenigde Staten). De jongeren werden op een gemiddelde leeftijd van 16,6 jaar en een jaar later geïnterviewd met het semigestructureerde interview K-SADS (Chambers et al. 1985) om een DSM-III-R-diagnose te stellen. Een bipolaire stoornis gedurende het hele leven werd gevonden bij 0,58 % (± 0,18) van de jongeren bij de eerste meting en bij 0,66 % (± 0,21) bij de tweede meting. Dit percentage ligt heel laag in vergelijking met bijvoorbeeld unipolaire depressie, waar de prevalentie gedurende het leven 20,35 % (± 0,97) bij de eerste meting en 25,27 % (± 1,12) bij de tweede meting bedroeg.

Een studie van Stringaris en collega's (2010b) gebruikte de British Child and Adolescent Mental Health Survey (B-CAMHS04) voor gegevens van een representatieve steekproef van 5.326 kinderen tussen 8 en 19 jaar. In dit onderzoek werd de Development and Wellbeing Assessment (DAWBA) afgenomen door leken. De vragen zijn nauw verwant aan de DSM-IV-criteria (American Psychiatric Association 2000) en richten zich op huidige problemen in plaats van die eerder in het leven (Goodman et al. 2000; Ford et al. 2003). Stringaris en collega's (2010b) vonden dat slechts zeven personen (0,1 %) voldeden aan waarschijnlijke of duidelijke DSM-IV-criteria voor een bipolaire stoornis type I of II.

Het zegt misschien ook iets belangrijks over de verwachtingen van continentale Europese kinder- en jeugdpsychiaters over de prevalentie van de bipolaire stoornis dat verschillende toonaangevende studies besloten hebben de bipolaire stoornis niet mee te nemen als diagnostische uitkomst (Esser et al. 1990; Fombonne 1994; Steinhausen et al. 1998; Wittchen et al. 1998).

10.2 De stijging van de prevalentie van de bipolaire stoornis bij kinderen en adolescenten

De status van de bipolaire stoornis als een zeldzame aandoening bij jeugdigen werd in twijfel getrokken door een dramatische toename van de diagnose in Amerikaanse psychiatrische klinieken en residentiële instellingen in de afgelopen tien jaar.

Blader en Carlson gebruikten gegevens uit de National Hospital Charge Survey (NHDS) om de percentages van bipolaire diagnoses te onderzoeken bij Amerikaanse jongeren en volwassenen die tussen 1996 en 2004 werden opgenomen (Blader et al. 2007). De documenten van de NHDS analyseerden anonieme informatie over het ontslag van patiënten. Enkele individuen kunnen meer dan één keer zijn vertegenwoordigd (bijvoorbeeld als ze twee keer uit een ziekenhuis waren ontslagen waarvan twee keer een steekproef werd genomen) en daarom

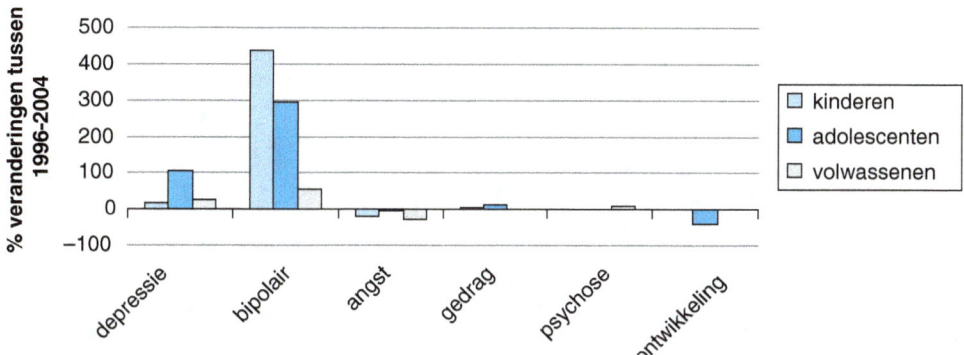

Figuur 10.1 Veranderingen in Amerikaanse aantallen voor groepen van psychiatrische aandoeningen gecodeerd als primaire diagnoses bij Amerikaanse residentiële instellingen voor acute zorg van 1996-2004. Overgenomen uit *Biological Psychiatry, 62*, Blader, J.C., en collega's, Increased rates of bipolar disorder diagnoses among U.S. child, adolescent and adult inpatients, 1996-2004, 107, Copyright (2007), met toestemming van Elsevier. Bron: Blader en Carlson (2007)

zijn de schattingen die in het artikel worden weergegeven geen weerspiegeling van personen, maar van ontslagen. De auteurs identificeerden ontslagen die verband hielden met psychiatrische stoornissen volgens de ICD-9-CM die volgens hen (NCHS 2006) congruent waren met de DSM-IV (American Psychiatric Association 2000). De auteurs constateerden een aanzienlijke toename van het aantal psychiatrisch gerelateerde ontslagen uit het ziekenhuis in het algemeen, vooral bij jongere kinderen. Bij basisschoolkinderen (leeftijd van 5-13 jaar) bedroeg de stijging tussen 1996 en 2004 53,2 %, bij adolescenten (14-18 jaar) 58,5 % en bij volwassenen (ouder dan 18 jaar) was deze slechts 3,3 %. Tegen deze achtergrond van toegenomen ontslagen, vonden de auteurs dat het aandeel daarvan met een bipolaire diagnose dramatisch was gestegen. De ontslagcijfers van kinderen met een bipolaire stoornis bedroegen 10 % van alle ontslagen in 1996 en 34,11 % in 2004. De cijfers voor adolescenten bedroegen respectievelijk 10,24 % en 25,86 %. Bij volwassenen steeg het percentage ontslagen met een bipolaire stoornis van 9,9 % in 1996 naar 14,9 % in 2004. De auteurs vonden ook dat verandering in de Amerikaanse cijfers van 1996 tot 2004 voor groepen van psychiatrische stoornissen als primaire diagnose bij interne patiënten die acute zorg nodig hadden dramatisch hoger was voor de diagnose van bipolaire stoornis bij jeugdigen – met name bij kinderen – dan voor die bij volwassenen of bij enige andere diagnostische groep. ▫Figuur 10.1 laat deze toename zien, met gegevens uit tabel 1 van Blader en collega's (2007, blz. 110) (verandering is uitgedrukt als het verschil tussen aantallen per 10 000 in 2004 minus aantallen in 1996, gedeeld door het cijfer van 1996).

Blader en Carlson (Blader et al. 2007; Moreno et al. 2007) bespreken verschillende mogelijke verklaringen voor zo'n dramatische toename van het aantal diagnoses van de bipolaire stoornis, vooral bij kinderen. Van de verschillende mogelijkheden lijken ze een voorkeur te hebben voor de volgende verklaring:

» ... de toename in het aantal met een bipolaire stoornis gediagnosticeerde ontslagen zou een geleidelijke 'rebranding' kunnen weerspiegelen van dezelfde klinische verschijnselen waarvoor opgenomen kinderen eerder verschillende diagnoses kregen. Het ongewijzigde aantal diagnoses van gedragsproblemen over de enquêtejaren heen vertegenwoordigt in het licht van de duidelijke stijging in het totale aantal kinderpsychiatrische ontslagen in

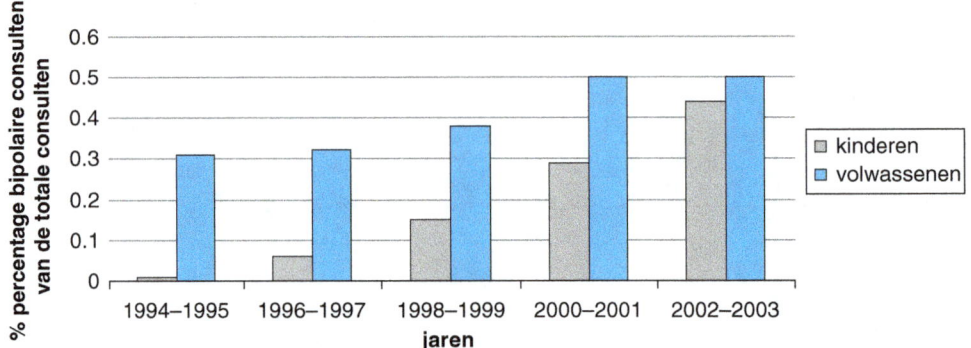

◘ **Figuur 10.2** Amerikaanse landelijke trends in aantal consultaties voor de bipolaire stoornis (data van Moreno et al. 2007).Veranderingen in diagnoses van ambulante patiënten in de VS. Data van Moreno en collega's (2007)

feite een daling. Clinici kunnen op de strengere maatregelen om financiële vergoeding voor patiëntenzorg te ontvangen hebben gereageerd door ernstige gedragsstoornissen 'op te schalen' naar een ernstige stemmingsstoornis, die wordt beschouwd als een kwaadaardiger ziekte (Blader et al. 2007, blz. 112).

De auteurs merken ook verschillen in geslachtsverhouding op in hun gegevens. Er zijn bij de kinderen meer jongens dan meisjes met een bipolaire stoornis, terwijl er bij de volwassenen meer vrouwen zijn dan mannen, wat vermoedelijk wijst op een andere stoornis (Blader et al. 2007, blz. 113).

Moreno en collega's (2007) hebben met behulp van de National Ambulatory Medical Care Survey (NAMCS) de landelijke Amerikaanse diagnosetrends van de bipolaire stoornis tussen de jaren 1999 en 2003 vergeleken tussen kinderen en volwassenen. De NAMCS wordt in de Verenigde Staten jaarlijks afgenomen door het National Center for Health Statistics. Het doet een waarschijnlijkheidssteekproef van een 'landelijk representatief aantal consultaties bij artsen die directe patiëntenzorg bieden en niet in overheidsdienst zijn' (Moreno et al. 2007, blz. 1033). Gedurende een bepaalde week vullen artsen of hun medewerkers een document van één pagina in om de demografische klinische en behandelingskarakteristieken van hun patiënten te verzamelen. De behandelend artsen stelden diagnoses volgens de ICD-9-CM (NCHS 2006). Zoals geïllustreerd in ◘ fig. 10.2, samengesteld op basis van het artikel van Moreno en collega's (2007, pag. 1034), was er een veel sterkere stijging van het aantal bipolaire diagnoses bij jongeren (leeftijd 0–19) dan bij volwassenen (20 jaar oud) als percentage van het totale aantal bezoeken. Het interactie-effect tussen leeftijdsgroep en jaar was significant, wat aantoont dat deze stijging betekenisvol is. Moreno en collega's (2007) vonden ook dat er bij de kinderen meer jongens dan meisjes gediagnosticeerd werden met een bipolaire stoornis (66,5 %), terwijl er bij de volwassenen meer vrouwen dan mannen de diagnose kregen (67,6 %). Daarnaast hadden kinderen 10 keer meer kans op een comorbide diagnose van ADHD dan volwassenen (32,2 % vergeleken met 3,0 %). Ten slotte meldden de auteurs ook dat jongeren (90,6 %) even vaak psychotrope medicatie kregen voorgeschreven als volwassenen (86,4 %) bij bipolaire diagnoses. De cijfers voor het voorschrijven van stemmingsstabilisatoren, antipsychotica en antidepressiva waren vergelijkbaar.

Moreno en collega's (2007) overwegen twee mogelijke verklaringen voor hun bevindingen. Ten eerste dat de sterke toename van de bipolaire diagnoses bij jongeren te wijten is aan een betere herkenning van de aandoening door behandelend artsen, misschien mede toe te

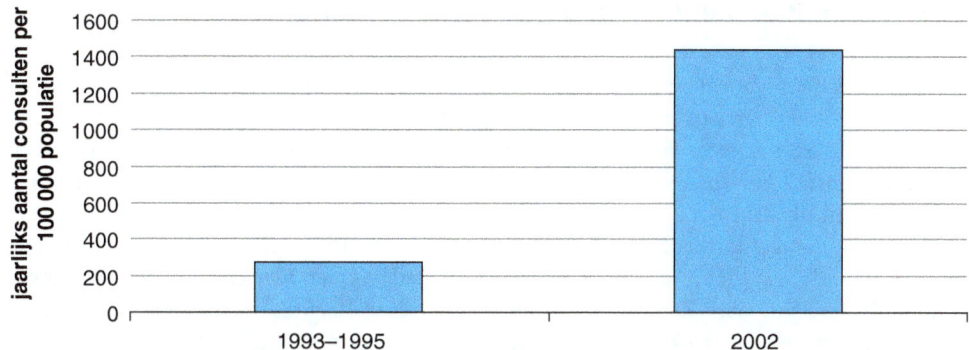

Figuur 10.3 Veranderingen in het aantal voorschriften van antipsychotica voor jongeren. Ambulante consultaties waarbij antipsychotische medicatie werd voorgeschreven aan jongeren. Data van Olfson en collega's (2006)

schrijven aan de aandacht die de aandoening heeft getrokken in de massamedia (Moreno et al. 2007, pag. 1036). Als alternatief beschouwden ze de mogelijkheid dat de stijgingen het gevolg zijn van overdiagnose van de bipolaire stoornis bij jongeren. De auteurs suggereerden hierbij dat de overlap tussen ADHD en bipolaire stoornis bij kinderen een belangrijke bron van 'diagnostische onzekerheid' kan zijn (Moreno et al. 2007, pag. 1036). Een van hun conclusies is dat hun analyses suggereren dat jongens met comorbide ADHD een verklaring kunnen vormen voor het grotere aantal jongens dan meisjes dat wordt gediagnosticeerd met een bipolaire stoornis. Zonder prospectief longitudinaal onderzoek is het niet mogelijk om te bepalen in hoeverre een bipolaire stoornis bij kinderen een ontwikkelingssubtype is van de volwassen aandoening die wordt gekenmerkt door dit geslachts- en comorbiditeitspatroon of in hoeverre zeer prikkelbare jongens met ADHD worden gediagnosticeerd met een bipolaire stoornis (Moreno et al. 2007, blz. 1037).

Deze toename in de diagnose van bipolaire stoornis ging gepaard met een stijging van het voorschrijven van antipsychotische medicatie bij kinderen en adolescenten, zoals de NAMCS-gegevens aantonen (Olfson et al. 2006).

Figuur 10.3 geeft de toename weer van het voorschrijven van antipsychotische medicijnen aan jongeren (leeftijdsgroep 0–21 jaar) tijdens poliklinische consultaties van artsen. Olfson en collega's (2006) vonden dat de lineaire trend voor deze gegevens statistisch significant was. Zij vonden ook dat er bij kinderen aan wie antipsychotische medicatie werd voorgeschreven, vaker een diagnose van een disruptieve gedragsstoornis (37,8 %) en een stemmingsstoornis (31,8 %) dan een diagnose van een pervasieve ontwikkelingsstoornis (17,3 %), mentale retardatie (17,3 %) of een psychotische aandoening (14,2 %) werd gesteld (Olfson et al. 2006, pag. 682).

Interessant genoeg werden bij ongeveer een derde van de bezoeken waar antipsychotica werden voorgeschreven ook antidepressiva of stemmingsstabiliserende middelen voorgeschreven (Olfson et al. 2006).

Deze stijging van de prevalentie in de Verenigde Staten in de loop der tijd illustreert de noodzaak om te komen tot duidelijkheid over de diagnose en het belang ervan bij beslissingen over de behandeling.

10.3 Prikkelbaarheid bij de episodische bipolaire stoornis

De DSM-5 criteria voor de bipolaire stoornis vereisen een 'duidelijk herkenbare periode met een abnormale en persisterende verhoogde, expansieve of prikkelbare stemming'. In tegenstelling tot de criteria voor depressieve episodes verschillen die voor manische episodes en de bipolaire stoornis niet tussen kinderen en volwassenen in de DSM-5 of ICD-10. De DSM-5 stelt dat prikkelbaarheid de overheersende stemming van een manische episode kan zijn, zelfs als deze niet gepaard gaat met andere stemmingswisselingen. (Dit is tegengesteld aan de praktijk in andere landen, waaronder Engeland en Wales. Daar adviseert het National Institute for Health and Care Excellence namelijk dat er geen diagnose van manie bij kinderen mag worden gesteld bij prikkelbaarheid zonder euforie of grandiositeit, NICE 2006.)

Tijdens de periode van de stemmingsstoornis moeten er drie (of vier indien de stemming alleen prikkelbaar is) symptomen van manie, zoals grandiositeit of gedachtevlucht, aanwezig zijn. De episode dient minstens één week te duren voor een bipolaire-I-stoornis, maar slechts vier opeenvolgende dagen voor een episode van hypomanie (en een diagnose van bipolaire-II-stoornis). De vereiste dat er vier symptomen van manie aanwezig moeten zijn in plaats van de gebruikelijke drie wanneer de stemming prikkelbaar is, kan worden gezien als een impliciete erkenning van het feit dat prikkelbaarheid minder pathognostisch is dan euforie en grandiositeit en dat deze lage specificiteit derhalve moet worden uitgebalanceerd door meer bijkomende eigenschappen.

10.4 Behandeling van manische stemmingen

Bij de prikkelbaarheid die eigen is aan de manische stemming is een zorgvuldige en rustige uitleg nodig voor zowel de familie als de patiënt: het zal vaak een eerste episode zijn, en dus des te angstaanjagender. Het ontwikkelen van een therapeutische relatie dient een prioriteit te zijn vanaf het eerste contact. Er zullen moeilijke beslissingen moeten worden genomen over de behandeling, en de aandoening zal waarschijnlijk terugkomen. De veiligheid van het kind en anderen moet aan de orde worden gesteld. De vaardigheid van het gezin om met de gevaren om te gaan moet worden beoordeeld. Spoedeisende residentiële opname is vaak aangewezen vanwege de inherente onvoorspelbaarheid van de mentale toestand van de persoon.

De gebruikelijke middelen voor acute behandeling van manie in de volwassenpsychiatrie – lithium, anti-epileptica en antipsychotica – worden doorgaans ook voorgeschreven bij kinderen. Het gebruik hiervan bij kinderen wordt aanbevolen in de richtlijnen uit bijvoorbeeld de Verenigde Staten, Engeland en Wales (McClellan et al. 2007). Er zijn echter slechts enkele dubbelblind gerandomiseerde gecontroleerde onderzoeken geweest naar behandeling met medicatie bij deze leeftijdsgroep. Er zijn verscheidene systematische literatuurstudies uitgevoerd (bijvoorbeeld Consoli et al. 2007; Correll et al. 2010; Liu et al. 2011). Een meta-analyse van Cipriani en collega's (2011) van onderzoek bij volwassenen is ook relevant. Prikkelbaarheid wordt in onderzoek meestal niet als behandelingsdoel geformuleerd. De gebruikelijke uitkomstmaat is de Young Mania Rating Scale, die zowel items over prikkelbaarheid als over andere eigenschappen van manie bevat. Niettemin is prikkelbaarheid heel vaak aanwezig tijdens manische episodes van kinderen en adolescenten. Voor een overzicht van de behandeling van manische toestanden verwijzen we naar het relevante hoofdstuk van de recentste Maudsley Prescribing Guidelines (Zahreddine en Stringaris 2014).

10.4.1 Antipsychotica

Antipsychotische medicijnen en hun werking worden beschreven in ▶H. 14. Een aantal studies hebben de werking van antipsychotica bij kinderen en adolescenten vergeleken met placebo of andere antipsychotica. Twee gerandomiseerde gecontroleerde studies toonden aan dat aripiprazol beter werkt dan placebo. Findling en collega's (2009) vonden dat aripiprazol werkzaam was bij 16/18 jongeren, en placebo bij slechts 13/25 jongeren. Tramontino en collega's (2009) vonden vergelijkbare resultaten: 44/98 personen reageerden positief op aripiprazol, terwijl dit er slechts 26/99 waren op placebo. Een gerandomiseerde gecontroleerde studie van risperidon vond een positieve respons bij 29/50 op het geneesmiddel en bij 15/58 op placebo (Haas et al. 2009). Tohen en collega's (2007) vonden in een onderzoek bij 161 adolescenten dat olanzapine effectiever was dan placebo: 44,8 % van de jongeren reageerde positief in de actieve behandelingsgroep, tegenover 18,5 % in de vergelijkingsgroep. Er werd echter een hoge prijs betaald voor dit effect: de inname van olanzapine ging gepaard met een sterke gewichtstoename en metabole veranderingen. Quetiapine is effectief bij de behandeling van manie bij jongeren met een bipolaire-I-stoornis (Pathak et al 2013).

Open-label-studies van antipsychotica op korte termijn zijn ook gerapporteerd. Olanzapine was geassocieerd met een goede uitkomst bij 50 % van de jongeren (Frazier et al. 2001). Risperidon bereikte een responscijfer van 82,4 % in combinatie met lithium en 80 % in combinatie met divalproaat (Pavuluri et al. 2004). Een andere studie meldde een positief effect bij ongeveer 70 % van de kinderen die werden behandeld met risperidon en olanzapine (Biederman et al. 2005). Ziprasidon was effectief bij 57 % (Biederman et al. 2007) en aripiprazol bij 67 % van de kinderen (Barzman et al. 2004). Zelfs clozapine (met bijzonder zorgwekkende nadelige effecten op de vorming van bloedcellen en het suiker- en vetmetabolisme) blijkt enige waarde te hebben (Masi et al. 2002).

In ▶H. 14 worden de nadelige effecten van antipsychotica en de keuze van geneesmiddelen besproken. De bijwerkingen zijn vooral op lange termijn aanzienlijk. Voor de acute en kortetermijnbehandeling van manie zijn antipsychotica echter werkzamer dan andere medicijnen.

10.4.2 Anti-epileptica

Correll en collega's (2010) beoordeelden vier onderzoeken met stemmingsstabilisatoren bij kinderen en adolescenten en vonden slechts bij één studie een significant effect tegenover placebo. Eerder hadden verschillende observationele studies bescheiden resultaten gerapporteerd. Divalproex bleek een effect te hebben bij 67 % (Deltito et al. 1998) en 61 % van de kinderen (Wagner et al. 2002). In een onderzoek naar de effecten van verschillende stemmingsstabilisatoren bij kinderen was er 38 % responsiviteit voor lithium, 53 % voor divalproaat en 38 % voor carbamazepine (Kowatch et al. 2003). Henry en collega's (2003) maakten een overzicht van de langetermijnuitkomsten bij jongeren: 8 van de 15 jongeren vertoonden een matige tot goede respons.

10.4.3 Lithium

Lithium is een effectief middel om manie te voorkomen en depressie tegen te gaan bij volwassenen. Het werkt op verschillende manieren in op membraanfuncties en neurotransmitters (Jope 1999). De werkzaamheid bij kinderen is onduidelijk. Er kunnen problemen ontstaan omdat het nodig is de bloedspiegels en de schildklier- en nierfunctie nauwkeurig in de gaten te houden, en er zijn veel bijwerkingen bij jonge kinderen (Hagino et al. 1995). Het therapeutische niveau in het bloed zou tussen 0,8 en 1,2 mmol/l moeten liggen. Er is echter weinig bewijs dat lithium effectief is bij de behandeling van acute manie bij jongeren (Liu et al. 2011).

In diverse open-label-studies voor acute behandeling met lithium zijn responsfrequenties van 63 % gerapporteerd (Kafantaris et al. 2003); 68 % en 80,6 % bij afwezigheid van ADHD, maar 57,7 % in aanwezigheid ervan (Strober et al. 1998); en 42 % voor een combinatie van lithium en divalproaat (Findling et al. 2003). Deze studies hebben verschillende beperkingen: er is vaak een gebrek aan controleprocedures en standaard uitkomstcriteria, de steekproef is soms klein en onduidelijk omschreven, en de onderzoeken hebben vaak een korte duur (tot 8 weken).

10.4.4 Antipsychotica versus stemmingsstabilisatoren

Antipsychotica zijn op korte termijn effectiever dan stemmingsstabilisatoren. Correll en collega's (2010) maakten een systematische vergelijking van de effectgroottes in vijf studies naar antipsychotica en vier studies naar lithium of anti-epileptica bij jongeren. Er was aanzienlijk meer effect van antipsychotica (0,68 SD). Er was ook een hoger risico op bijwerkingen. Studies die de medicatie rechtstreeks met elkaar vergeleken kwamen tot dezelfde conclusies.

Liu en collega's (2011) dienden 279 6- tot 15-jarige patiënten willekeurig lithium, divalproexnatrium of risperidon toe. Lithium en valproïnezuur waren minder effectief dan risperidon, maar hadden minder nadelige effecten op gewichtstoename en prolactine. Bij afwezigheid van een placebocontrole is het niet mogelijk om te bepalen of het kleinere effect van de stemmingsstabilisatoren betekenisvol is voor de klinische praktijk.

Pavuluri en collega's (2010) wezen 66 kinderen (gemiddelde leeftijd ongeveer 10 jaar) willekeurig toe aan risperidon of valproïnezuur. De respons op de Young Mania Rating Scale was 78,1 % voor risperidon, maar slechts 45,5 % voor divalproex. De metingen die de veiligheid van de medicijnen nagingen waren voor beide geneesmiddelen gelijk. Er vielen echter meer kinderen uit als ze aan valproïnezuur toegewezen waren. Dit was grotendeels te wijten aan een toename van prikkelbaarheid.

10.4.5 Klinische aanbevelingen

Samenvattend is er een groot aantal goede studies uitgevoerd bij volwassenen, maar is er minder degelijk onderzoek gedaan naar het effect bij kinderen dat het mogelijk maakt om te bepalen of de bevindingen bij volwassenen kunnen worden gegeneraliseerd naar kinderen. Deze kenniskloof moet worden gedicht. De momenteel beschikbare studies laten zien dat antipsychotica bij sommige kinderen en adolescenten effectief kunnen zijn, ten minste in zekere mate en op de korte termijn bij de acute behandeling van episodes. De praktijk suggereert dat zowel antipsychotica als stemmingsstabilisatoren in aanmerking komen voor de behandeling van de bipolaire stoornis bij jongeren (McClellan et al. 2007). Vergelijkingen tussen antipsychotica en stemmingsstabilisatoren wijzen op een voorkeur voor het gebruik van antipsychotica, maar de bijwerkingen vereisen een zorgvuldig behandelplan.

Het schijnbaar kleine effect van lithium en anti-epileptica is wat raadselachtig gezien het contrast met studies bij volwassenen. Het zou kunnen wijzen op een andere basis voor manie bij kinderen, of op problemen bij de diagnosevorming, of op een overmatig voorzichtige dosering.

10.4.6 Voorschrijven

Farmacologische behandeling zou gewoonlijk moeten beginnen met het voorschrijven van een antipsychoticum (bijvoorbeeld risperidon, aripiprazol of quetiapine) in een lage dosering. Bij ernstige gevallen, en vooral wanneer er sprake is van psychotische symptomatologie, is het nodig om een antipsychoticum toe te dienen om de symptomen eerst onder controle te krijgen. Dit kan oraal worden toegediend. Indien er specifieke risico's zijn op metabole bijwerkingen (zoals obesitas) of als er een familiegeschiedenis van diabetes is, geniet aripiprazol de voorkeur.

Als de respons op de medicatie niet goed is, maar het geneesmiddel wel redelijk goed verdragen werd, kan overwogen worden om een ander antipsychoticum voor te schrijven. Combinatietherapie kan wellicht gerechtvaardigd zijn. In een open-label-studie waarin een stemmingsstabilisator werd ingenomen, werd na 8 weken op basis van de resterende pathologie (meer dan de helft van de proefpersonen had ook ADHD) een tweede stemmingsstabilisator, een neurolepticum, een stimulant of een antidepressivum ingezet. Er werd dan bij ongeveer 80 % van de kinderen een goede respons op de medicatie waargenomen (Kowatch et al. 2003). In extreme gevallen, wanneer men zelfs ongevoelig is voor een combinatie van geneesmiddelen, kan het gebruik van clozapine gerechtvaardigd zijn.

Bij acute behoefte aan kalmering kan worden gekozen tussen een uitgesproken kalmerend neurolepticum zoals olanzapine (dat via een snelwerkende tablet in de mond kan worden toegediend) of de combinatie van risperidon met een kalmerende benzodiazepine zoals lorazepam. Het voordeel van deze laatste combinatie is dat er indien nodig hogere en parenterale doses lorazepam kunnen worden gegeven, terwijl olanzapine niet op deze manier mag worden gecombineerd. Tijdens de riskante kalmeringsprocedures die worden gehanteerd bij noodgevallen is intensieve monitoring van de cardiovasculaire en ademhalingstoestand vereist.

In de volwassenenpsychiatrie zijn anticonvulsiva en lithium de meest aangewezen middelen voor langdurige preventie van manie. Ze zijn echter weinig effectief tegen depressie, die vaak het meest kwellende en beperkende aspect van de ziekte is (Yatham et al. 2005). Helaas is er tot op heden geen goed gecontroleerd bewijs beschikbaar gekomen dat clinici kan helpen te bepalen of deze middelen ook effectief zijn bij kinderen. Open prospectieve studies en dossieronderzoek hebben gesuggereerd dat sommige kinderen baat kunnen hebben bij valproaat (Henry et al. 2003), lithium (Strober et al. 1995) ofwel lithium of carbamazepine (Dailey et al. 2005). Een gerandomiseerde studie vond geen verschil tussen divalproex sodium en lithium voor de uitkomst bij 60 jonge mensen tussen 5 en 17 jaar met bipolaire-I- of -II-stoornis over een periode van 18 maanden (Findling et al. 2005). Omdat er in deze studie geen vergelijking werd gemaakt met een onbehandelde groep is het moeilijk te bepalen of dit aangeeft dat beide effectief zijn of dat ze dat geen van beide zijn. In een gerandomiseerd onderzoek bij 40 adolescenten die acuut op lithium hadden gereageerd, vonden Kafantaris en collega's (2004) dat placebogecontroleerde stopzetting niet significant slechter was dan het doorgaan met lithium.

De keuze van een langdurig geneesmiddel zal waarschijnlijk worden geleid door de bijwerkingen van de medicatie en de gevoeligheid van de individuele persoon voor deze bijwerkingen. Met name is valproaat niet aangewezen bij meisjes en vrouwen, omdat het foetale afwijkingen en ovariale problemen kan veroorzaken (McIntyre et al. 2003). Quetiapine kan zeer wel worden overwogen, met name wanneer symptomen van depressie moeten worden bestreden en een antipsychoticum goed verdragen werd en effectief is gebleken in de acute behandelingsfase (Calabrese et al. 2005). Lurasidon kan een alternatief zijn (Loebel et al. 2014).

Een psychosociale behandeling mag niet worden nagelaten. Psycho-educatie voor het gezin en het kind dient verschillende doelen (Fristad 2006). Het kan hen helpen alert te zijn op vroege tekenen van manie en op die manier tijdig om behandeling te vragen. Stressbeheersingstechnieken kunnen de getroffen personen helpen om om te gaan met de vroege stadia en mogelijke terugval uit te stellen. Miklowitz en collega's (2003) rapporteren de resultaten van een tweejarige gerandomiseerde gecontroleerde studie waarin 21 sessies van psycho-educatie, communicatietraining en training in probleemoplossingsvaardigheden in gezinsverband werden vergeleken met drie sessies van gezinsbehandeling om terugval te voorkomen. Beide groepen kregen medicatie. De personen die de intensieve behandeling ontvingen, herstelden sneller van hun depressieve symptomen. Hun depressieve episodes duurden ook minder lang. De effecten op de manische episodes waren niet significant verschillend tussen de groepen. De resultaten zijn vooral opmerkelijk omdat depressie (en daarmee gepaard gaande prikkelbaarheid) vaak het meest invaliderende aspect van de aandoening is.

10.5 Chronische, niet-episodische toestanden van prikkelbaarheid

Op basis van het uitgangspunt dat manie kan verschillen tussen jongeren en volwassenen, hebben sommige onderzoekers geopperd dat chronische, niet-episodische prikkelbaarheid een kernkarakteristiek is van de bipolaire stoornis bij jongeren. In reactie op de controverse rond bipolariteit hebben Leibenluft en collega's (2003) chronische prikkelbaarheid als SMD geconceptualiseerd om toetsbare vergelijkingen met een bipolaire stoornis mogelijk te maken. SMD wordt gekenmerkt door een chronische en ernstige prikkelbaarheid met frequente driftbuien die niet horen bij de ontwikkelingsfase en een negatief gekleurde stemming tussen de uitbarstingen.

Follow-upstudies weerleggen de idee dat ernstige prikkelbaarheid een vroege manifestatie van manie is. Kinderen met SMD op tienjarige leeftijd leden toen ze achttien jaar waren aan een unipolaire depressie, maar niet aan een bipolaire stoornis (Leibenluft et al. 2006). Stringaris en collega's (2009a) repliceerden deze bevinding in een follow-upstudie na twintig jaar. Deze studies werden echter uitgevoerd bij een steekproef uit de algemene bevolking, waarin de prevalentie van een bipolaire stoornis laag is. Het feit dat er geen verband werd gevonden tussen een bipolaire stoornis en chronische prikkelbaarheid kan dus te wijten zijn aan een gebrek aan statistische power. Om hier wat aan te doen, vergeleken Stringaris en collega's (2010a) het ontwikkelingsverloop van een klinische groep kinderen met SMD en kinderen met een bipolaire stoornis over een mediane periode van 29 maanden. De auteurs constateerden dat slechts één van de 84 (1,2 %) patiënten met SMD in deze periode een manische episode had doorgemaakt. Daarentegen hadden in dezelfde periode 58 van de 93 (62,4 %) patiënten met een bipolaire stoornis een manische episode ervaren. Dergelijke bevindingen pleiten nogmaals tegen de idee dat chronische prikkelbaarheid een kenmerk is van de bipolaire stoornis. Het zou heel informatief zijn om kinderen met SMD verder te volgen in de periode waarin ze een maximaal risico lopen op een bipolaire stoornis. In overeenstemming met deze bevindingen bleken de familiegeschiedenissen bij SMD en bipolaire stoornis van elkaar te verschillen (Brotman et al. 2007). Bij jongeren met een nauw afgebakend fenotype van bipolaire stoornis hadden de ouders vaker een diagnose van bipolaire stoornis (14/42, 33,3 %) dan bij jongeren met SMD (1/37, 2,7 %). De formele diagnostische criteria staan vermeld in ▶ box 10.1. Deze ad-hocoperationalisering van chronische prikkelbaarheid – waarbij toegevoegde woede-uitbarstingen en bijkomende symptomen overlappen met ADHD – is bij verschillende studies gebruikt en vergeleken met de nauwe afbakening van de bipolaire stoornis.

10.5 · Chronische, niet-episodische toestanden van prikkelbaarheid

---

Box 10.1 Criteria voor ernstige stemmingsdisregulatie (SMD) in onderzoek

Inclusiecriteria
1. Huidige leeftijd 7–17 jaar, waarbij het syndroom aanvangt vóór de leeftijd van 12 jaar.
2. Abnormale stemming (m.n. woede of verdriet) gedurende ten minste de helft van de dag op de meeste dagen en zodanig ernstig dat personen in de omgeving (bijvoorbeeld ouders, leerkrachten, leeftijdsgenoten) het opmerken.
3. Hyperarousal, gedefinieerd door ten minste drie van de volgende symptomen: slapeloosheid, agitatie, afleidbaarheid, gejaagde gedachten of gedachtevlucht, spreekdrang en opdringerigheid.
4. In vergelijking met zijn of haar leeftijdsgenoten vertoont het kind een aanzienlijk verhoogde reactiviteit op negatieve emotionele stimuli die zich verbaal of gedragsmatig manifesteert. Het kind reageert bijvoorbeeld op frustratie met langdurige driftbuien (ongepast voor de leeftijd en/of voor wat eraan voorafging), verbale razernij en/of agressie tegenover mensen of eigendommen. Dergelijke gebeurtenissen komen gemiddeld ten minste drie keer per week voor.
5. De symptomen in 2, 3 en 4 zijn op dit moment aanwezig en zijn minimaal 12 maanden aanwezig, zonder symptoomvrije perioden van meer dan 2 maanden.
6. De symptomen veroorzaken een ernstige beperking in ten minste één setting (thuis, op school of met leeftijdsgenoten) en ten minste een milde beperking in een tweede setting.

Uitsluitingscriteria
1. Vertoont een van deze kernsymptomen van manie:
   - opgetogen of euforische stemming;
   - grandiositeit of verwaandheid;
   - episodisch verminderde slaapbehoefte.
2. De symptomen treden op in verschillende perioden die langer dan 1 dag duren.
3. Voldoet aan criteria voor schizofrenie, schizoaffectieve stoornis, pervasieve ontwikkelingsstoornis of posttraumatische stressstoornis.
4. Voldoet aan criteria voor middelenmisbruik in de afgelopen 3 maanden.
5. IQ < 70.
6. De symptomen zijn te wijten aan de directe fysiologische effecten van middelenmisbruik of aan een algemene medische of neurologische aandoening.

Brotman en collega's (2006) analyseerden gegevens uit de Great Smoky Mountains Study (Costello et al. 1996), waarin SMD werd gedefinieerd door het CAPA-interview. Zij vonden een prevalentie van SMD gedurende het leven van 3,3 % bij kinderen tussen 9 en 19 jaar. SMD kwam frequenter voor bij jongens dan bij meisjes (77,6 % jongens) (Brotman et al. 2006). Dit staat in contrast met de gebruikelijke bevinding dat bipolaire-I-stoornis even vaak voorkomt bij jongens als bij meisjes.

In een volgende studie (Stringaris et al. 2010a) werd de hypothese getoetst dat kinderen met SMD significant minder (hypo-)manische episodes zouden hebben dan kinderen met het smalle fenotype van de bipolaire stoornis. De auteurs vergeleken hiervoor 84 kinderen met SMD met 93 kinderen met de nauw gedefinieerde bipolaire stoornis. Deze patiënten werden bij aanvang van het onderzoek en elke 6 maanden beoordeeld met behulp van de relevante K-SADS-modules. Na een mediane follow-up van 28,7 maanden had slechts één van de 84 SMD-patiënten een (hypo-)manische of gemengde episode ervaren. Dergelijke episoden kwamen echter 50 keer meer voor bij kinderen met de nauw gedefinieerde bipolaire stoornis (58/93, 62,4 %). Daarentegen liepen de kinderen met SMD inderdaad risico op een depressieve stoornis. De auteurs concludeerden dat het onwaarschijnlijk is dat kinderen met SMD over een follow-upperiode van ongeveer 2 jaar (hypo-) manische of gemengde episodes zullen ontwikkelen.

Andere eigenschappen van SMD worden samen met de nauw verwante aandoening van DMDD verder besproken in ▶ H. 12. Bij elkaar genomen suggereren de studies dat, in tegenstelling tot eerdere beweringen, kinderen met chronische prikkelbaarheid niet lijden aan een bipolaire stoornis zoals gedefinieerd in de DSM-5. Het longitudinale verloop en de familiegeschiedenis van kinderen met SMD verschillen van die van kinderen met het smalle fenotype van de bipolaire stoornis. Bovendien geeft de analyse van de Great Smoky Mountains Study aan dat SMD vaak voorkomt bij de algemene bevolking van kinderen en adolescenten.

Bij het interpreteren van deze bevindingen moet echter een aantal zaken worden opgemerkt. Ten eerste zou SMD niet alleen met chronische prikkelbaarheid moeten worden vergeleken. Het is belangrijk om te bedenken dat SMD ook symptomen bevat die overlappen met ADHD. Deze overlap kan echter de uitkomsten van SMD beïnvloeden. Het is niet onmogelijk dat sommige verbanden met SMD worden gemedieerd door de hyperarousal-elementen die opgenomen zijn in de criteria van de aandoening.

Ten tweede moet opgemerkt worden dat SMD ad hoc is gecreëerd en geen empirisch afgeleid construct is. Als zodanig zijn de grenzen willekeurig getrokken en is het mogelijk dat ze geen natuurlijke categorie weerspiegelen. Dit geldt echter voor vele, of misschien zelfs de meeste, psychiatrische aandoeningen (Pickles et al. 2003), waartoe op basis van consensus onder deskundigen wordt besloten en die vervolgens onderworpen worden aan empirische toetsing.

Ten derde moeten de tot dusver gepresenteerde studies niet worden beschouwd als bewijs voor het ontbreken van een verband tussen de bipolaire stoornis en SMD. Een longitudinale follow-upstudie bij de algemene bevolking (Brotman et al. 2006) bevatte onvoldoende gevallen van de bipolaire stoornis om een inschatting te maken van de statistische verbanden met SMD. De klinische studie die de diagnoses van ouders onderzocht (Brotman et al. 2007) zou te klein kunnen zijn. Hierin werd ook niet via controles van broers en zussen bekeken of SMD deel uitmaakt van een breder fenotype van de bipolaire stoornis, zoals soortgelijk onderzoek een breder fenotype bij autisme geïdentificeerd heeft (Rutter 2000). De follow-up van de klinische groep (Stringaris 2010a) was mogelijk te kort en werd misschien uitgevoerd bij een leeftijdsgroep die iets jonger was dan de leeftijd waarop zij het maximale risico lopen op omzetting naar de bipolaire stoornis.

Het concept van SMD was van grote invloed op de beslissing van de DSM-5-groepen om de nieuwe diagnose DMDD op te stellen, die in ▶ H. 12 wordt behandeld.

10.6 Korte affectieve episodes

Tussen de lage prevalentie van de bipolaire stoornis type I en II enerzijds en de veelvoorkomende toestanden van niet-episodische prikkelbaarheid anderzijds ligt een groep waarin prikkelbaarheid, euforie en grandiositeit aanwezig zijn gedurende afzonderlijke episoden die minder dan 4 dagen aanhouden. Deze gevallen moeten worden gediagnosticeerd als 'bipolaire stoornis niet anderszins omschreven' (BP-NOS).

Een onderzoeksprogramma – Course and Outcome of Bipolar Illness in Youth (COBY) – onderzoekt het volledige scala van aandoeningen die worden gekenmerkt door stemmingswisselingen, waaronder die met BP-NOS. Het programma begon met de identificatie van 263 kinderen en adolescenten op een gemiddelde leeftijd van 13 jaar. Ongeveer 35 % van hen vertoonde BP-NOS. Twee jaar later was 25 % van hen geëvolueerd naar een bipolaire-I- of een bipolaire-II-stoornis. Deze kinderen hadden ook slechtere uitkomsten en snellere stemmingswisselingen. Bij de follow-up na 4 jaar was 38 % van hen geëvolueerd naar een bipolaire-I- of een bipolaire-II-stoornis (Birmaher et al. 2009). Ook op dat punt was BP-NOS geassocieerd met slechtere uitkomsten dan de meer klassieke vormen van de bipolaire stoornis.

Deze bevindingen wijzen er sterk op dat korte episodes in de kindertijd een aanzienlijk risico vormen voor de ontwikkeling van de ernstige psychische aandoening van bipolaire stoornis. Twee klinische vragen zijn op dit moment nog onbeantwoord: hoe kort moet een dergelijke episode zijn om ze op deze manier te kunnen beschouwen en zouden deze episodes preventief moeten worden behandeld? Clinici zullen hun oordeel op deze cruciale punten individueel moeten bekijken. In onze praktijk besteden we bij episodisch prikkelbare kinderen extra aandacht aan de mate waarin de prikkelbaarheid gepaard gaat met euforie, grandiositeit en het gelijktijdig voorkomen van de bijbehorende kenmerken van manie. We stellen nauwkeurige vragen en gebruiken dagboeken om de lengte van de episodes te beoordelen en na te gaan of ze niet volledig kunnen worden verklaard als een natuurlijke reactie op een grote verstoring in de omgeving van het kind. We zullen de diagnose zelden gebruiken voor episodes die minder dan 48 uur duren.

10.7   De relatie tussen prikkelbaarheid en de bipolaire stoornis in de literatuur: een samenvatting van de hoofdpunten en open vragen

Zoals uit het hier gegeven overzicht blijkt, is de controverse bij bipolaire stoornis bij kinderen en adolescenten gebaseerd op zeer praktische zorgen over mogelijke overdiagnostiek en overbehandeling bij deze leeftijdsgroep. De gegevens uit klinische studies zijn moeilijk in overeenstemming te brengen met die uit epidemiologische studies, en sommige ongebruikelijke definities van manische episodes en cirkelredeneringen maken het moeilijk om overtuigd te raken van de robuustheid van sommige bevindingen. Enkele conclusies die relevant zijn voor de doelstellingen van dit boek zijn echter:

- De duur van een episode van verstoorde stemming lijkt belangrijk te zijn. Hoewel het verschil tussen episodes van 2 of 3 dagen van een uitgelaten stemming en een hypomanische episode van 4 dagen wellicht niet groot is, zijn de verschillen tussen chronische, niet-episodische prikkelbaarheid en klassieke manie substantieel.
- Het blijft onduidelijk of de differentiële voorspellingen van constructen als SMD het gevolg zijn van chronische prikkelbaarheid of van de aanwezigheid van andere mogelijke verstorende factoren, met name de aanwezigheid van ADHD-symptomen.

Prikkelbaarheid bij depressieve stoornissen

Samenvatting

Recent onderzoek heeft aangetoond dat prikkelbaarheid sterk verbonden is met depressie. Dit is in overeenstemming met reeds lang bestaande opvattingen over een mogelijk gemeenschappelijke oorsprong van deze twee klinische presentaties. Bij het bespreken van deze verbanden is het belangrijk om een onderscheid te maken tussen episodische en chronische prikkelbaarheid. Episodische prikkelbaarheid verwijst naar woede en lichtgeraaktheid die niet in overeenstemming zijn met de gebruikelijke presentatie van een persoon, terwijl chronische prikkelbaarheid verwijst naar hoe een persoon zich meestal presenteert; deze wordt ook vaak beschouwd als een karaktertrek. Ongeveer een derde van de kinderen of volwassenen met een depressie heeft intense episodische prikkelbaarheid en deze personen hebben vaak ook meer gedragsproblemen. In dit hoofdstuk bespreken we de longitudinale continuïteit tussen prikkelbaarheid en depressie en hun gemeenschappelijke genetische oorsprong. Verder wordt de huidige kennis over de behandeling van prikkelbaarheid bij depressie samengevat en wordt besproken wat het uitgangspunt voor nieuwe behandelingen zou kunnen zijn.

11.1 Prikkelbaarheid en depressie bij volwassenen – 93

11.2 Episodische prikkelbaarheid en depressie bij kinderen – 94

11.3 Chronische prikkelbaarheid en depressie bij jongeren – 95

11.4 Behandeling van prikkelbaarheid bij depressie – 97

© Bohn Stafleu van Loghum is een imprint van Springer Media B.V., onderdeel van Springer Nature 2018
I. Buyck, A. Stringaris en E. Taylor, *Prikkelbaarheid bij kinderen en adolescenten*,
https://doi.org/10.1007/978-90-368-2081-3_11

Recent onderzoek heeft aangetoond dat prikkelbaarheid sterk verbonden is met depressie. Dit is in overeenstemming met reeds lang bestaande opvattingen over een mogelijk gemeenschappelijke oorsprong van deze twee klinische presentaties. Bij het bespreken van deze verbanden is het belangrijk om een onderscheid te maken tussen episodische en chronische prikkelbaarheid. Episodische prikkelbaarheid verwijst naar woede en lichtgeraaktheid die niet in overeenstemming zijn met de gebruikelijke presentatie van een persoon, terwijl chronische prikkelbaarheid verwijst naar hoe de persoon zich meestal presenteert; deze wordt ook vaak beschouwd als een karaktertrek. ▶ Box 11.1 en 11.2 illustreren hoe prikkelbaarheid kan optreden bij verschillende emotionele aandoeningen.

Box 11.1 Een meisje met obsessieve-compulsieve stoornis en prikkelbaarheid

Cindy is een elfjarig typisch ontwikkelend meisje, met wie het tot ongeveer een jaar geleden heel goed ging. Toen begon ze zich zorgen te maken dat ze door bacillen kon worden besmet en deze ziekte kon doorgeven aan haar gezinsleden. Ze wast haar handen soms wel 50 keer per dag en gebruikt elke dag een hele zak vloeibare zeep. Haar moeder beschrijft haar als 'het rustigste en zorgzaamste meisje dat je je voor kunt stellen'. De afgelopen 6 maanden is Cindy echter erg prikkelbaar geworden en schreeuwt ze tegen haar ouders. Alle conflicten tussen Cindy en haar ouders gaan over het wassen van haar handen. Haar ouders zijn heel bezorgd om de schade die Cindy aan haar huid veroorzaakt door deze overmatige wasbeurten en proberen haar tegen te houden. Cindy heeft het gevoel dat er iets verschrikkelijks zal gebeuren als ze ophoudt met het wassen van haar handen, en ze raakt erg van streek. Cindy's symptomen van de obsessieve-compulsieve stoornis verbeterden en haar prikkelbaarheid werd ook succesvol behandeld met zeven sessies cognitieve gedragstherapie waarin de technieken van exposure en responspreventie gehanteerd werden.

Box 11.2 Een meisje met depressie en prikkelbaarheid

Jane is een 16-jarig meisje dat al twee jaar een 'sombere stemming' heeft. Ze zegt dat ze zich 'altijd' somber voelt, hoewel ze duidelijk minstens twee episodes heeft gehad waarin ze bijzonder depressief was. In een van deze periodes werd ze bijna opgenomen omdat ze sterke suïcidale gedachten had. Ze denkt er vaak over na 'waarom alles zo mis gaat' en herinnert zich verschillende incidenten, sommige uit een ver verleden, waarbij mensen negatieve dingen over haar hebben gezegd. Ze blijft hangen bij dergelijke gebeurtenissen uit het verleden en raakt geïrriteerd over het feit dat ze zich somber voelt of boos wordt. Ze heeft haar relatie verbroken met een aantal vrienden die betrokken waren bij zulke incidenten of er getuige van waren dat ze 'gênant boos' werd. Ze denkt dat ze overgevoelig is, maar zegt dat 'de woede en het verdriet hand in hand gaan – wanneer het gebeurt, kan ik er gewoon niets tegen doen'. Jane's woede verbeterde tegelijkertijd met haar verdriet met een combinatie van fluoxetine en gedragsactivering. Aanvullende behandeling die gericht was op de aanpak van boze ruminatie was bijzonder effectief voor haar.

11.1 Prikkelbaarheid en depressie bij volwassenen

Studies bij volwassenen hebben zich voornamelijk gericht op wat we episodische prikkelbaarheid zouden noemen.

Er lijkt reeds lang belangstelling te zijn voor het verband tussen woede/prikkelbaarheid en depressie. De eerste vermelding is te vinden in Burton's werk *The anatomy of melancholy*. Hij zag woede als een belangrijk symptoom van melancholie:

> lichtgeraakt, kribbig, pietluttig, chagrijnig, en klaar om bij elke kleine gelegenheid te snauwen (Burton 1932, blz. 391)

Een bijzondere beweegreden voor veel werk over de relatie tussen depressie en prikkelbaarheid in de twintigste eeuw was waarschijnlijk Freuds *Rouw en melancholie* (Freud 1915). Daarin omschrijft Freud melancholie als het naar zichzelf herleiden van agressieve impulsen die oorspronkelijk gericht waren op anderen. In Freuds eigen woorden:

> Die unzweifelhaft genussreiche Selbstquälerei der Melancholie bedeutet ... die Befriedigung von sadistischen und Hasstendensen, die einem Objekt gelten und auf diesem Wege eine Wendung gegen die eigene Person erfahren haben. (Freud 1915, blz. 438)

> De ongetwijfeld genotvolle zelfkwelling van de melancholie betekent ... de bevrediging van sadistische en haatneigingen die gericht zijn op een object en die zich op deze manier tegen de eigen persoon hebben gekeerd.

Freuds werk zelf is gebaseerd op een eerdere theorie van Karl Abraham, waarin wordt gesteld dat het schuldgevoel dat typisch voorkomt bij manisch-depressieve patiënten voortvloeit uit de onderdrukking van gewelddadige en sadistische impulsen (Abraham 1911). Door empirische studies, die voornamelijk in de jaren zeventig zijn uitgevoerd, is echter twijfel gerezen over de geldigheid van deze opvatting over naar binnen gekeerde woede en vijandigheid. Er werd met name vastgesteld dat depressieve patiënten in staat waren om openlijke vijandigheid te tonen, en dus werd er twijfel gezaaid over de idee dat depressieve vijandigheid naar binnen was gericht (Paykel 1971). Bovendien bleek uit een vergelijking met een controlegroep dat de vijandigheid van depressieve patiënten inderdaad gericht was op personen die in freudiaanse termen liefdesobjecten zouden worden genoemd – de echtgenoot of kinderen van de patiënt in het bijzonder (Weissman et al. 1971). Deze bevinding was strijdig met de verwachtingen op grond van de psychoanalytische visie.

Recenter bestudeerden Fava en collega's (2010) prikkelbaarheid bij een grote ($n = 9.282$) steekproef uit de algemene bevolking, de National Comorbidity Survey Replication (NCS-R). Ze vergeleken hierin de kenmerken van depressieve patiënten die wel of niet prikkelbaar waren. Hun bevindingen suggereren dat prikkelbaarheid zonder verdrietige stemming of anhedonie weinig voorkwam bij aanwezigheid van symptomen van een klinische depressie ('major depressive disorder', MDD). Echter, vergeleken met degenen zonder prikkelbaarheid hadden personen met een prikkelbare MDD een vroegere (retrospectief vastgestelde) aanvang van de depressie en vertoonden zij vaker vermoeidheid en symptomen van zelfverwijten of schuldgevoelens. Verder kwam prikkelbare MDD vaker voor dan niet-prikkelbare MDD bij jongere patiënten (leeftijdsgroep 18–44) en personen die nooit getrouwd waren. Personen met prikkelbare MDD vertoonden over het algemeen ook een verhoogde comorbiditeit en meer angststoornissen (vooral gegeneraliseerde angststoornis) en stoornissen in de impulsbeheersing. Er waren tevens enige aanwijzingen dat die stoornis hardnekkiger was.

Recenter vergeleken Judd en collega's (2013) patiënten met een depressie die prikkelbaar waren met personen met een depressie zonder prikkelbaarheid met behulp van follow-upgegevens van 31 jaar van de National Institute of Mental Health Collaborative Depression Study ($n = 536$). Bijna 55 % van de patiënten vertoonde prikkelbaarheid bij intake. Deze patiënten hadden een ernstiger en langduriger depressie, hogere comorbiditeitscijfers (met name met middelenmisbruik en angst) en vaker een antisociale persoonlijkheidsstoornis. Hoewel patiënten met depressie vaker familieleden met een bipolaire-II-stoornis hadden, hing de ernst van hun aandoening niet af van manische symptomen of andere comorbiditeit.

11.2 Episodische prikkelbaarheid en depressie bij kinderen

Het onderzoek dat het dichtst bij de studies bij volwassenen aansluit, is een studie van Stringaris en collega's (2013) over episodische prikkelbaarheid bij kinderen met een depressie. De DSM-IV en DSM-5 beschouwen episodische prikkelbaarheid en een sombere stemming beide als een kerncriterium voor de diagnose van depressie bij jongeren. Dit is het enige verschil tussen de diagnose van depressie bij kinderen en volwassenen. De reden voor dit verschil is terug te voeren tot een vroeger inzicht dat depressie bij kinderen een andere gedaante kan aannemen en zich kan manifesteren als enuresis, encopresis of gedragsproblemen (Malmquist 1971). Hoewel het concept van een dergelijke 'gemaskeerde depressie' niet standgehouden heeft na onderzoek, hebben verschillende DSM-commissies besloten dat prikkelbaarheid – in plaats van een verdrietige stemming – een manifestatie van depressie bij kinderen kan zijn. Er is echter geen bewijs dat prikkelbaarheid een belangrijk criterium van depressie bij jongeren vormt. Stringaris en collega's (2013) gebruikten gegevens uit de prospectieve Great Smoky Mountains Study ($n = 1.420$). Ze verdeelden de waarnemingen bij 9-16-jarigen die voldeden aan de criteria van depressie in drie groepen: kinderen met een depressieve stemming die niet prikkelbaar waren, kinderen die prikkelbaar waren maar geen depressieve stemming hadden, en kinderen met zowel een depressieve als prikkelbare stemming. De auteurs vonden dat een depressieve stemming de meest voorkomende hoofdstemming was (58,7 %), gevolgd door een combinatie van depressieve en prikkelbare stemming (35,6 %), terwijl een prikkelbare stemming alleen zelden voorkwam (5,7 %) bij jongeren met een depressie. Dit suggereerde dat er heel weinig gevallen van depressie over het hoofd zouden worden gezien als een prikkelbare stemming niet meer als een hoofdsymptoom van depressie werd beschouwd. Jongens vertoonden meer kans op een gecombineerde depressieve en prikkelbare stemming dan meisjes. De leeftijd en het ontwikkelingsstadium van jongeren met een depressieve en prikkelbare stemming waren vergelijkbaar met die van degenen met een depressie. Dit pleit tegen de idee dat vroegtijdige depressie eerder gepaard zou gaan met prikkelbaarheid dan met een verdrietige stemming (hoewel het onderzoek geen gevallen heeft onderzocht die teruggingen naar de vroege kindertijd). Stringaris en collega's (2013) vonden echter ook dat personen met depressie en prikkelbaarheid aanzienlijk vaker een disruptieve stoornis hadden. Bijna 50 % van de jeugdigen met depressie en prikkelbaarheid hadden een comorbide ODD of antisociale gedragsstoornis. Dat is meer dan dubbel zoveel als in de groep met alleen depressie. De onderzoeksresultaten liggen dus in lijn met de bevindingen bij volwassenen: episodische prikkelbaarheid is een veelvoorkomend symptoom van depressie, komt zelden voor wanneer er geen depressieve stemming is en hangt samen met meer comorbiditeit en beperkingen.

Moet prikkelbaarheid worden gezien als een subtype van depressie? Tot nu toe heeft het onderscheiden van subtypes bij depressie gemengde resultaten opgeleverd. In de genoemde studies werd geen onderscheidend profiel van symptomen gevonden bij personen met een prikkelbare depressie. Dit pleit tegen de idee dat prikkelbaarheid een subtype van depressie is.

Klinische observatie en persoonlijke ervaring suggereren dat prikkelbaarheid een stemming is die verschilt van depressie, hoewel al lang bekend is dat ze beide samen voorkomen bij dezelfde personen. Deze nauwe maar onduidelijke relatie tussen de twee fenotypen komt ook tot uitdrukking in de psychologische literatuur over persoonlijkheid: de dimensie van negatieve affectiviteit verwijst naar een spectrum van aversieve emoties die zowel woede (als onderscheidend kenmerk van prikkelbaarheid) als verdriet (als kenmerk van depressie) omvat. Een andere verwante lijn in de psychologische literatuur maakt echter het onderscheid tussen prikkelbaarheid en verdriet aan de hand van een dimensie van toenadering-terugtrekking. Dit onderscheid resoneert met klinische observaties over de mogelijke gevolgen van een prikkelbare gemoedstoestand (bijvoorbeeld vechten met anderen) tegenover die van een depressieve stemming (bijvoorbeeld verminderde activiteit en motivatie). Het is mogelijk dat het onderscheid tussen specifieke gemoedstoestanden kan helpen om de behandeling te optimaliseren, hoewel er ook bewijs is dat de bestaande behandelingen bij zowel verdrietige als prikkelbare stemmingen werkzaam kunnen zijn (Krebs et al. 2013).

11.3 Chronische prikkelbaarheid en depressie bij jongeren

De belangstelling voor de relatie tussen chronische prikkelbaarheid en depressie vloeit voort uit een van de belangrijkste puzzels in de psychopathologie, namelijk de overgang van disruptieve gedragsproblemen naar stemmings- en angstproblemen. Vreemd genoeg vormen oppositioneel gedrag en gedragsproblemen in de kindertijd, eerder dan een vroege depressie, de meest robuuste voorspeller van depressie op jongvolwassen leeftijd (Copeland et al. 2009; Stringaris et al. 2014). In 2009 stelden Stringaris en collega's voor dat een prikkelbare stemming deze overgang van oppositioneel gedrag naar een latere depressie zou kunnen verklaren (Stringaris et al. 2009b, d). Hun gegevens en die van anderen suggereren dat oppositioneel gedrag bij jeugdigen ten minste twee dimensies omvat met differentiële voorspellingen: een prikkelbare dimensie, die sterker geassocieerd is met depressieve stoornissen dan met antisociaal gedrag en een koppige/brutale dimensie (twistziek, regels doorbreken en haatdragend), die sterker geassocieerd is met antisociaal gedrag dan met depressieve stoornissen (zie ▶ H. 9).

De onderliggende mechanismen van dit verband blijven onduidelijk. Een mogelijkheid is dat depressie secundair is ten opzichte van prikkelbaarheid. Prikkelbare kinderen gedragen zich misschien op manieren die het risico op een depressie doen stijgen. Ze kunnen bijvoorbeeld vervelende leeftijdsgenoten zijn, boos reageren op leerkrachten, of in aanraking met de politie komen. Dit is een zogenaamd 'failure path' naar depressie, waar min-of-meer-zelfgegenereerde omgevingen de hoofdrol spelen (Capaldi 1992). Hoewel dit model aannemelijk lijkt, zijn sommige onderzoeksbevindingen ermee in strijd. Zoals we eerder hebben gezien, zijn koppige en brutale gedragingen – die zeer aannemelijke kandidaten zijn voor het creëren van dergelijke omgevingen – geen significante voorspellers van depressie, als rekening is gehouden met de prikkelbaarheid. Een alternatieve, genetische verklaring voor het verband tussen depressie en prikkelbaarheid is voorgesteld door Stringaris en collega's (2012b). Op basis van de bevindingen van eerdere genetische studies over de overlap tussen angst en depressie, postuleren ze dat zogenaamde 'algemene genen' (Eley 1997) ten grondslag liggen aan het verband tussen depressie en prikkelbaarheid. Hiervan is aangetoond dat ze het verband tussen andere nauw aan elkaar verbonden fenotypen verklaren. De auteurs onderzochten deze hypothese in een studie bij tweelingen, die het mogelijk maakt om genetische en omgevingseffecten op de relatie tussen depressie en prikkelbaarheid te onderscheiden. Zij bevestigden eerdere bevindingen die aantoonden dat prikkelbaarheid een significant sterkere fenotypische relatie met depressie vertoonde dan met delinquentie, terwijl koppige/brutale gedragingen sterker verband hielden met delinquentie dan met depressie. Deze studie heeft dus aangetoond dat de overlap tussen depressie en prikkelbaarheid toe te schrijven is aan gedeelde genetische factoren. Maar ze heeft ook een aantal andere vragen opgeroepen. Ten eerste is het onduidelijk welke genen de overlap tussen prikkelbaarheid en depressie verklaren. Het zou relevant zijn om te weten voor welke cognitieve of andere neurale mechanismen deze genen coderen. Verder lijken omgevingseffecten een grotere rol te spelen dan genetische effecten bij het onderscheiden van prikkelbaarheid en depressie. Het is nog onduidelijk wat de kenmerken van dergelijke omgevingen zijn.

Het identificeren van de overlap en verschillen tussen prikkelbaarheid en depressie belooft een fascinerend onderzoeksgebied te zijn. Het is mogelijk dat componenten van het dreigingsnetwerk dat in ▶ H. 6 is beschreven een verklaring vormen voor de overlap tussen depressie en prikkelbaarheid. Dit evolutionair bewaard gebleven netwerk van gebieden dat de amygdala, hypothalamus en het periaqueductale grijs bevat zou kunnen fungeren als een generieke detector van dreiging die het organisme mobiliseert en cognitieve en fysieke alertheid bevordert. Omgevingsomstandigheden zouden dan grotendeels bepalen of hierop wordt gereageerd met angst en verdriet of prikkelbaarheid (zie ▶ H. 6). Angst of depressie zouden dan ontstaan als ontsnapping of hulpeloze terugtrekking de enige beschikbare opties zijn, terwijl prikkelbaarheid ontstaat als er positieve gevolgen worden verwacht van een vechtreactie. De kans op succes, mislukking of ontsnapping zou dan worden berekend door een proces in de orbitofrontale cortex dat een beoordeling maakt van beloningen.

Een belangrijke vraag is hoe dit alles zich vertaalt in interindividuele verschillen. Het is aannemelijk dat de *waardering* of het *beoordelen* van omgevingsomstandigheden persoonsafhankelijk is. Dit zou het gevolg kunnen zijn van situationele effecten, maar ook van systematischer en langduriger ervaringen. Zo zouden kinderen die herhaaldelijk hebben ervaren dat ze beloond worden door hun zin te krijgen na een driftbui of knokpartij, een vage situatie eerder beoordelen als een waarin vechten lonend is. Dit is in overeenstemming met onderzoeksbevindingen over de sociale-informatiebias in modellen voor agressief gedrag (Dodge et al. 1987). Het is ook mogelijk dat dergelijke biases als gevolg van eerdere ervaringen worden versterkt door secundaire cognitieve processen. Boze ruminatie zou een prikkelbare houding kunnen versterken, terwijl verdrietige ruminatie nog meer verdriet en terugtrekking kan veroorzaken.

Op het niveau van de neurotransmitters is het belangrijk om op te merken dat serotonine misschien deel uitmaakt van het algemene arousalproces dat aan zowel depressie als verdriet gerelateerd is. Het is alom bekend dat een tekort aan serotonine een depressie kan veroorzaken. Interessant genoeg wordt dit ook gelinkt aan prikkelbaarheid. Dit sluit aan bij behandelingsstudies die suggereren dat fluoxetine een goede behandeling kan zijn voor sommige vormen van prikkelbaarheid.

Er moet ook worden opgemerkt dat genetische effecten weliswaar bijna geheel verantwoordelijk zijn voor de overlap tussen depressie en prikkelbaarheid, maar dat prikkelbaarheid en depressie ook unieke genetische effecten hebben. Dergelijke effecten – die zich bijvoorbeeld kunnen manifesteren in aangeboren vormen van geneigdheid tot agressie – kunnen ook verantwoordelijk zijn voor de beoordeling en de reacties die volgen op activering van het dreigingsnetwerk.

11.4 Behandeling van prikkelbaarheid bij depressie

Er zijn geen specifieke onderzoeksgegevens over de behandeling van prikkelbaarheid bij depressieve kinderen. De klinische indruk is dat de prikkelbaarheid samen met de andere symptomen van depressie verbetert bij behandeling met serotonineheropnameremmers (SRI's) en cognitieve gedragstherapie (CGT) of interpersoonlijke therapie (IPT). Er is ook indirect wetenschappelijk bewijs dat SRI's en CGT nuttig kunnen zijn bij het behandelen van prikkelbaarheid. Een Cochrane-meta-analyse heeft gevonden dat SRI's effectief zijn bij de behandeling van premenstruele dysforie (Brown et al. 2009), een aandoening die vooral voorkomt bij volwassen vrouwen en wordt gekenmerkt door prikkelbaarheid en stemmingslabiliteit. Krebs en collega's (2013) vonden in hun onderzoek dat driftbuien bij kinderen met een obsessief-compulsieve stoornis ('obsessive-compulsive disorder', OCD) sterk gekoppeld waren aan de comorbiditeit van depressie en dat zowel de OCD-symptomen, de driftbuien als de depressie verbeterden met cognitieve gedragstherapie. Zoals gezegd is vanuit het oogpunt van de neurobiologische theorie de werkzaamheid van modulerende serotonine bij zowel depressie als prikkelbaarheid plausibel.

Prikkelbaarheid is niet alleen belangrijk als een behandelingsdoel bij depressie, maar ook als een mogelijke bijwerking van of belemmering voor de behandeling.

Prikkelbaarheid tijdens een SRI-behandeling wordt vaak gezien als onderdeel van een activatie die geassocieerd zou kunnen zijn met de af en toe waargenomen toename van suïcidaliteit tijdens de behandeling. Clinici zullen de SRI-behandeling vaak stoppen omdat ze zich zorgen maken dat de prikkelbaarheid een voorbode van een manie of een indicator van zelfdoding zou kunnen zijn. Het moet worden benadrukt dat betrouwbaar onderzoek bij volwassenen geen verband heeft gevonden tussen prikkelbaarheid en een hogere vatbaarheid voor een manie tijdens een behandeling (Perlis et al. 2009). Hoewel een clinicus dus steeds moet uitsluiten dat het ontstaan van prikkelbaarheid tijdens een behandeling wijst op een manie ten gevolge van de SRI-behandeling, zou het op zichzelf geen reden mogen vormen om de behandeling stop te zetten. Prikkelbaarheid zonder elatie is relatief zeldzaam (Hunt et al. 2009) en mag niet als een teken van manie worden beschouwd als er geen andere belangrijke manische symptomen zijn. Bij het beoordelen van prikkelbaarheid en acute suïcidaliteit is het belangrijk te bedenken dat het 'number needed to treat' depressie met SRI's 1:10 bedraagt, terwijl het aantal gevallen waarin suïcidale gedachten worden geïnduceerd ('number needed to harm') 1:10 bedraagt (Maughan et al. 2013). Bovendien gaat dit cijfer over suïcidale gedachten, wat natuurlijk iets anders is dan een suïcidepoging, laat staan een gepleegde suïcide. Opnieuw is voorzichtigheid en nauwkeurige suïcidemonitoring nodig wanneer men opmerkt dat prikkelbaarheid ontstaat tijdens de behandeling, maar het is op zichzelf geen goede reden om patiënten een potentieel heilzame behandeling te onthouden.

Onze eigen ervaring is dat prikkelbaarheid vaak ontstaat als bij ernstig depressieve patiënten die bij het begin van de behandeling anergisch en apathisch waren de behandeling begint aan te slaan. Het is inderdaad een teken van activatie die tot uiting komt als ergernis over de omgeving (en mogelijk over de therapeut), maar gaat ook samen met nuttiger gedragsactivatie die zo duidelijk deel uitmaakt van het herstel. We zien vaak dat patiënten dysforisch of angstig blijven (zeker zoals aangegeven in zelfrapportage) terwijl ze actief zijn en dat dit snel wordt gevolgd door volledig herstel. Het is duidelijk dat periodes van maximale dysforie en verhoogde activiteit bijzonder verontrustend zijn, maar dit zou een onvermijdelijk risico kunnen zijn tijdens het herstel. Het vraagt om proactief risicobeheer in plaats van vermijding. Het is ook belangrijk om op te merken dat we dit hebben waargenomen bij patiënten die uitsluitend werden behandeld met CGT, dus het is mogelijk dat dit geen direct effect van de medicatie is, maar eerder een kenmerk van het herstel. Als de prikkelbaarheid echter aanhoudt en de therapeutische baten na 3 tot 5 weken behandeling niet zichtbaar zijn, dan is overschakeling naar een andere SRI aangewezen (Brent et al. 2008). Als twee SRI's niet of slechts minimaal hebben gewerkt, dan moet de clinicus overwegen om medicatie voor te schrijven die bij volwassenen werkzaam is gebleken en aan te passen aan kinderen (bijvoorbeeld quetiapine, voor depressie) of andere alternatieve behandelingen aan te wenden.

Een andere frequent punt van zorg is dat prikkelbaarheid een belemmering kan vormen voor de psychologische behandeling van depressie, vooral omdat het de therapeutische alliantie kan verstoren of omdat frustratie de patiënt weerhoudt van het uitvoeren van het huiswerk of de gedragsprocedures van cognitieve gedragstherapie. Dit is niet systematisch onderzocht. Het onderzoek van Krebs en collega's (2013) suggereert echter dat prikkelbaarheid de behandeling niet belemmert. In ▶H.15 wordt ook bewijsmateriaal uit meta-analyses besproken dat gunstig is voor cognitieve gedragstherapie. Het is inderdaad mogelijk dat woede op zichzelf een behandeldoel wordt. Nieuwe cognitief-gedragstherapeutische benaderingen die gericht zijn op boze ruminatie lijken bijzonder veelbelovend te zijn (Leigh et al. 2012) en zouden in overeenstemming zijn met theorieën over het samen voorkomen van prikkelbaarheid en depressie.

Samenvattend is er nog veel onderzoek nodig om prikkelbaarheid in verband met depressie te begrijpen en te behandelen. Tot zolang dienen clinici depressie proactief te behandelen met medicatie en cognitieve gedragstherapie.

Prikkelbaarheid en de disruptieve stemmingsdisregulatiestoornis

Samenvatting

Chronische prikkelbaarheid en frequente driftbuien die aanvangen in de vroege kindertijd zijn (samen met dysforie) de kenmerken van de disruptieve stemmingsdisregulatiestoornis. Het is een van de nieuwe categorieën in de DSM-5 en is geclassificeerd als een stemmingsstoornis. De ontwikkeling van deze aandoening van ernstige stemmingsdisregulatie wordt beschreven, en de fundamenten voor het tot stand komen ervan samengevat. Het kernkenmerk is aanhoudende prikkelbaarheid die zowel chronisch als ernstig is. Een kind moet gedurende minstens 12 maanden de combinatie van ernstige driftbuien en een aanhoudende stemming van woede of prikkelbaarheid – zelfs tussen de uitbarstingen – vertonen. De behandeling richt zich op de comorbide aandoeningen, ouderinterventies en cognitieve gedragstherapie. Medicatie is mogelijk, maar adequaat onderzoek hiernaar ontbreekt nog.

12.1 Achtergrond – 100

12.2 Beschrijving van DMDD – 100

12.3 Onderzoeksresultaten – 101
12.3.1 Prevalentie – 101
12.3.2 Etiologie – 101

12.4 Behandeling en differentiaaldiagnose – 102

© Bohn Stafleu van Loghum is een imprint van Springer Media B.V., onderdeel van Springer Nature 2018
I. Buyck, A. Stringaris en E. Taylor, *Prikkelbaarheid bij kinderen en adolescenten*,
https://doi.org/10.1007/978-90-368-2081-3_12

Chronische prikkelbaarheid en frequente driftbuien die aanvangen in de vroege kindertijd zijn (samen met dysforie) de kenmerken van de disruptieve stemmingsdisregulatiestoornis ('disruptive mood dysregulation disorder', DMDD). Het is een van de nieuwe categorieën in de DSM-5 en is geclassificeerd als een stemmingsstoornis.

12.1 Achtergrond

De belangrijkste beweegreden van de American Psychiatric Association (APA) voor het creëren van een categorie die prikkelbaarheid omvat, is voortgevloeid uit het zogenaamde pediatrische bipolair debat dat in ▶H. 10 is samengevat. De DSM-IV-criteria voor manie, namelijk een 'duidelijk herkenbare periode met een abnormaal en voortdurend verhoogde, expansieve of prikkelbare stemming', werden in de praktijk sterk genegeerd. Daarnaast was er de bezorgdheid dat veel kinderen met chronische prikkelbaarheid verkeerd werden gediagnosticeerd met een bipolaire stoornis. De APA trachtte de drastische toename van bipolaire diagnoses en het bijbehorende gebruik van medicatie tegen manie bij jongeren aan te pakken door DMDD in te voeren.

Het andere motief van de APA voor het creëren van DMDD was het bieden van een diagnostisch thuis aan kinderen met ernstige prikkelbaarheid. De beperkingen van deze kinderen worden als ernstig beschouwd, maar hun prikkelbaarheid was niet codeerbaar in de DSM-IV. Hoewel prikkelbaarheid vaak voorkomt bij kinderen (Stringaris 2011), werd die ofwel genegeerd, ofwel ondergebracht bij de antisociale gedragsstoornis of de oppositionele stoornis. Het erkennen van prikkelbaarheid als een stemming en extreme prikkelbaarheid als een stemmingsstoornis is in overeenstemming met een lange traditie in de psychopathologie (Bleuler 1983), die prikkelbaarheid naast depressie en elatie als basisstemming plaatst. Het is ook in lijn met psychologisch onderzoek (Stringaris 2015), waar woede een van de basisemoties is.

12.2 Beschrijving van DMDD

De DSM-5-criteria voor de nieuwe aandoening van DMDD benadrukken dat haar kernkenmerk aanhoudende prikkelbaarheid is, die zowel chronisch als ernstig is. Een kind moet gedurende minstens 12 maanden een combinatie van ernstige driftbuien en een blijvende stemming van woede of prikkelbaarheid vertonen, zelfs tussen de driftbuien door. De uitbarstingen zelf moeten niet passen bij het ontwikkelingsniveau van het kind en moeten minstens drie keer per week plaatsvinden. De verbale woede of lichamelijke agressie moeten disproportioneel zijn gezien de situaties die hen veroorzaken. De aanhoudend boze stemming moet gedurende het grootste deel van de dag bijna elke dag aanwezig zijn, en waarneembaar zijn voor anderen. Het kind mag nooit gedurende een achtereenvolgende periode van drie of meer maanden geheel vrij van symptomen geweest zijn. De uitbarstingen en de woede moeten in meer dan één setting worden waargenomen (dat wil zeggen niet alleen thuis of op school of met leeftijdsgenoten). De symptomen zijn vóór de leeftijd van tien jaar begonnen, maar clinici moeten ervoor oppassen om de diagnose niet te stellen voordat het kind zes jaar oud is. Het is een aandoening bij jeugdigen en dus mag de diagnose niet voor het eerst na de leeftijd van achttien jaar worden gesteld. (Dit lijkt personen uit te sluiten die zich pas na de leeftijd van achttien jaar aanmelden, maar wel al een lange geschiedenis van dergelijke problemen vertonen.) Bovendien mag de diagnose niet worden gesteld als de symptomen zich alleen voordoen tijdens een episode van een ernstige depressieve stoornis of als er ooit een volle dag of meer was waarin duidelijke manische symptomen aanwezig waren of er een diagnose van bipolaire stoornis, manie of hypomanie is gesteld. DMDD kan echter wel samen voorkomen met een ernstige depressie, ADHD, een antisociale gedragsstoornis en middelenmisbruik.

De DSM-5 heeft zich gebaseerd op 'ernstige stemmingsdisregulatie' (SMD), die geen officiële diagnose is, maar door Leibenluft en collega's (2011) werd gecreëerd om empirisch te onderzoeken of chronisch prikkelbare kinderen misschien aan een bipolaire stoornis lijden. Zij werd daarom beschreven in ▶ H. 10. SMD en DMDD overlappen aanzienlijk, maar er zijn twee belangrijke verschillen. Een daarvan is dat er bij SMD sprake moet zijn van een aanhoudende negatieve stemming (▶ box 10.1, inclusiecriterium 2), die prikkelbaarheid of verdriet kan zijn, terwijl bij DMDD alleen prikkelbaarheid of woede in aanmerking komen. Het andere verschil is dat DMDD geen hyperarousal-criterium kent (criterium 3 voor SMD in ▶ box 10.1). Het is weggelaten om verwarring met ADHD te verminderen.

12.3 Onderzoeksresultaten

Er is weinig onderzoek gedaan naar DMDD zelf. Het meeste wat we weten over ernstige prikkelbaarheid als een categorie komt voort uit het onderzoek bij SMD (zie ▶ H. 10).

12.3.1 Prevalentie

We hebben de prevalentie van het symptoom van prikkelbaarheid en verwante constructen besproken. De enige studie tot nu toe die de prevalentie van een *diagnose* van DMDD heeft geschat, is van Copeland en collega's (2013). Met behulp van gegevens uit twee verschillende datasets vonden zij een prevalentie tussen 0,8 en 1,1 % bij kinderen tussen 9 en 17 jaar. Deze lage cijfers kunnen zelfs nog een overschatting zijn, omdat de auteurs van de studie een voorlopige omschrijving van de diagnose gebruikten. Deze week af van de definitieve en officiële omschrijving omdat ze 'verdriet of prikkelbaarheid' in plaats van alleen chronische prikkelbaarheid opnamen als persisterend stemmingscriterium voor DMDD. De auteurs tonen ook aan dat de prevalentie tot 3,3 % zou reiken als DMDD diagnosticeerbaar zou zijn bij voorschoolse kinderen. Een andere belangrijke bevinding van deze studie was dat kinderen met DMDD aanzienlijke psychosociale beperkingen ondervonden en in sterke mate een beroep moesten doen op hulpverlening. Daarnaast kwam DMDD bij 60 tot 90 % van de kinderen samen voor met een andere aandoening (voornamelijk depressie en ODD) en was er comorbiditeit met emotionele en gedragsstoornissen in meer dan 65 % van de gevallen.

12.3.2 Etiologie

Er zijn nog geen onderzoeksresultaten beschikbaar over DMDD als zodanig. Het is echter nuttig om de etiologie van DMDD te bespreken op basis van de beschikbare gegevens voor SMD en dimensionele constructen van prikkelbaarheid. Deze vragen werden nader besproken in ▶ H. 6 (neurowetenschap), ▶ H. 10 (bipolaire stoornis) en ▶ H. 11 (depressie). Hier beschouwen we een vraag die nosologen sinds de publicatie van de DSM-5 heeft beziggehouden, namelijk hoe onderscheidend DMDD is van andere psychiatrische aandoeningen. Zoals we hebben gezien, heeft tot 90 % van de kinderen met DMDD ook een andere psychiatrische stoornis.

Een deel van dit verband is toe te schrijven aan overlap van de bepalende criteria: DMDD heeft driftbuien als hoofdcriterium en woede is een van de kenmerken ervan, en deze beide symptomen worden ook vermeld als criteria voor ODD. Prikkelbaarheid is echter niet alleen een secundair verschijnsel van andere aandoeningen. Ernstige prikkelbaarheid is zeer voorspellend voor toekomstige beperkingen en psychopathologie, zelfs nadat gecontroleerd is voor andere aandoeningen (Stringaris et al. 2009d; en zie ▶H. 5). Het onderscheid met een bipolaire stoornis wat betreft symptomen en ontwikkelingsverloop van een bipolaire stoornis is onderstreept in ▶H. 10. In overeenstemming met deze bevindingen bleken de familiegeschiedenis van SMD en bipolaire stoornis te verschillen. Brotman en collega's (2007) vergeleken ouderdiagnoses in twee klinische groepen: kinderen met het smalle fenotype van de bipolaire stoornis en kinderen met SMD. De diagnoses van de kinderen werden vastgesteld met behulp van het K-SADS-interview en de diagnoses van de ouders werden bepaald met behulp van het Diagnostic Interview for Genetic Studies. De clinici die de ouders interviewden waren blind voor de diagnoses van de kinderen. Drieëndertig kinderen met een bipolaire stoornis en 42 ouders werden vergeleken met 30 kinderen met SMD en 37 ouders. De auteurs vonden dat ouders van kinderen met het smalle fenotype van de bipolaire stoornis significant vaker een bipolaire stoornis hadden dan ouders van kinderen met SMD. Meer bepaald hadden 14 van de 42 (33,3 %) ouders van kinderen met het smalle fenotype van de bipolaire stoornis een diagnose van bipolaire stoornis, terwijl slechts 1 van de 37 (2,7 %) ouders van kinderen met SMD aan een bipolaire stoornis bleek te lijden. Het verschil was statistisch significant met een oddsratio van 17,96 (betrouwbaarheidsinterval = 1,89–170,77). Ze vonden geen andere verschillen tussen de twee groepen. Brotman en collega's (2007) noemden wel enkele beperkingen van de studie, zoals de kleine steekproefgrootte en het gebrek aan een controlegroep zonder aandoening. De auteurs concluderen dat het smalle fenotype van de bipolaire stoornis van SMD kan verschillen op het vlak van familiale aggregatie.

Wat betreft de genetica en neurowetenschap van prikkelbaarheid verwijzen we naar respectievelijk ▶H. 4 en 6.

12.4 Behandeling en differentiaaldiagnose

Zie voor de behandeling ook ▶H. 3 over de beoordeling van prikkelbaarheid. Er is nog geen specifiek instrument om DMDD te meten. De differentiaaldiagnose wordt besproken in ▶H. 14.

Er is nog geen goedgekeurde behandeling voor DMDD en het wetenschappelijk bewijsmateriaal voor het behandelen van ernstige prikkelbaarheid is gering.

Net als bij de meeste medische aandoeningen is het belangrijk dat de clinicus adequate informatie geeft over de aandoening, de waarschijnlijke oorzaken en de behandeling. Dit kan het best worden gedaan in de vorm van psycho-educatie, waarbij de clinicus samenwerkt met de patiënt en de verzorgenden om te komen tot optimale communicatie en het delen van informatie. Hoewel psycho-educatie nog moet worden getoetst als een interventie bij DMDD, maakt ze wel deel uit van effectieve behandelingen voor andere aandoeningen (Miklowitz et al. 2008) en is ze ook effectief gebleken bij steekproeven van volwassenen bij andere stoornissen (Colom et al. 2003). De baten ervan zijn gedeeltelijk toe te schrijven aan een betere therapietrouw.

12.4 · Behandeling en differentiaaldiagnose

Het identificeren van aandoeningen die aan ernstige prikkelbaarheid ten grondslag kunnen liggen of eraan zouden kunnen bijdragen (zoals besproken) is een belangrijke eerste stap in de behandeling van kinderen met ernstige prikkelbaarheid. Een recente studie suggereert dat ernstige driftbuien van kinderen met een obsessief-compulsieve stoornis goed reageren op een standaardbehandeling met cognitieve gedragstherapie (Krebs et al. 2013). Evenzo lijkt het erop dat prikkelbaarheid en stemmingswisselingen bij sommige kinderen met ADHD zouden kunnen reageren op een behandeling met stimulantia (Blader et al. 2009).

Veel kinderen met DMDD zullen echter niet verbeteren door de behandeling van een comorbide aandoening. Een studie met voldoende statistische power heeft geconcludeerd dat lithium niet effectief is bij kinderen met SMD (Dickstein et al. 2009). De rol van selectieve SRI's in de behandeling van ernstige prikkelbaarheid bij jeugdigen is onduidelijk en is het wachten op de resultaten van een lopend onderzoek bij de NIH (dr. Ellen Leibenluft, NIMH, persoonlijke mededeling). Valproaat lijkt effectief bij jeugdigen met ADHD van wie de agressie niet afnam door behandeling met stimulantia (Blader et al. 2009), hoewel de werkzaamheid ervan bij prikkelbaarheid nog niet is aangetoond. Antipsychotische medicijnen, zoals risperidon en aripiprazol, zijn met succes gebruikt om de prikkelbaarheid van personen met ASS (McCracken et al. 2002) en leerproblemen te behandelen. Het is echter niet duidelijk in hoeverre het construct van prikkelbaarheid in deze studies overlapt met prikkelbaarheid bij typisch ontwikkelende kinderen. Een open-label-onderzoek naar lage doses (1,2 ± 0,5 mg) risperidon bij kinderen en adolescenten met SMD toonde een significante vermindering van de prikkelbaarheidsscores (Krieger et al. 2011). De baten van deze behandeling moeten echter worden afgewogen tegen de nadelen, zoals sedatie en metabole complicaties.

Ouderinterventies (bijvoorbeeld gebaseerd op Webster-Stratton-technieken) zijn effectief gebleken bij kinderen met ODD (Pilling et al. 2013). Hoewel dit nog verder moet worden onderzocht, lijkt het er ook op dat kinderen met ODD waarbij de prikkelbaarheid overheerst met name baat kunnen hebben bij ouderinterventies (Scott et al. 2012).

Volgens meta-analyses is er een matig effect van cognitieve gedragstherapie bij de behandeling van woede (Lochman et al. 2011). In onze ervaring kan een functionele analyse van het gedrag om de omstandigheden te bepalen waarin de driftbuien optreden erg nuttig zijn. Ook het in kaart brengen van de cognities (vooral ruminerende gedachten) waarmee de woede en aanhoudende prikkelbaarheid gepaard gaan, lijkt te helpen bij het verminderen van de woedesymptomen (Leigh et al. 2012). De effectiviteit van deze benaderingen is echter nog niet formeel getoetst bij kinderen met DMDD. Clinici die kinderen met DMDD behandelen, zullen behandelbare comorbiditeiten willen aanpakken. We verwijzen hiervoor naar de hoofdstukken over andere aandoeningen waarin prikkelbaarheid vaak voorkomt, zoals ADHD. Een overzicht van specifieke behandelingen voor prikkelbaarheid is terug te vinden in ▶ H. 14.

Prikkelbaarheid bij hersenaandoeningen en hersenletsel

Samenvatting

Spontane uitbarstingen van agressie komen vaak voor als een van de gedragsveranderingen die het gevolg zijn van hersenletsel. In de vroege stadia van het herstel, vaak in het ziekenhuis, gaan ze gepaard met desoriëntatie en verwarring. In de latere stadia van het herstel kunnen ze een ernstige storende invloed hebben op de revalidatie. In dit hoofdstuk wordt abnormale woede bij zowel neurologische letsels als aandoeningen belicht. Zowel niet-aangeboren hersenletsel als chronische hersensyndromen worden behandeld. Specifieke syndromen zijn onder meer het syndroom van Gilles de la Tourette, pseudobulbaire paralyse, het syndroom van Smith-Magenis en dementie. Bij epilepsie worden emotionele aanvallen, automatismen, interictale kwetsbaarheid en de effecten van anticonvulsiva besproken. Uitdagend gedrag bij kinderen met een verstandelijke beperking neemt een relatief andere vorm aan dan bij een typische gedragsstoornis, en de behandeling legt meer nadruk op individuele functionele analyse, bevordering van sociale competentie en farmacotherapie.

13.1 Niet-aangeboren hersenletsel – 106

13.2 Chronische hersenletsels – 107
13.2.1 Uitdagend gedrag – 107
13.2.2 Epilepsie – 108

13.3 Specifieke neurologische syndromen – 109
13.3.1 Gilles de la tourettesyndroom – 109
13.3.2 Pseudobulbaire verlamming – 110
13.3.3 Het syndroom van Smith-Magenis – 110
13.3.4 Dementie – 110

© Bohn Stafleu van Loghum is een imprint van Springer Media B.V., onderdeel van Springer Nature 2018
I. Buyck, A. Stringaris en E. Taylor, *Prikkelbaarheid bij kinderen en adolescenten*,
https://doi.org/10.1007/978-90-368-2081-3_13

13.1 Niet-aangeboren hersenletsel

Spontane uitbarstingen van agressie komen vaak voor als een van de gedragsveranderingen die het gevolg zijn van hersenletsel. In de vroege stadia van het herstel, vaak in het ziekenhuis, gaan ze gepaard met desoriëntatie en verwarring. In de latere stadia van het herstel kunnen ze een ernstige storende invloed hebben op de revalidatie. De literatuur over volwassenen maakt duidelijk dat agressieve uitbarstingen zich tot lang na het ontstaan van het hersenletsel kunnen voordoen. Tateno en collega's (2003) vonden dat een derde van hun patiënten gedurende de eerste 6 maanden na het letsel aanzienlijke agressieproblemen vertoonde. Dit was drie keer zoveel als bij personen met meerdere letsels maar zonder hersenschade. Baguley en collega's (2006) vonden dat een kwart van hun patiënten met hoofdletsel na vijf jaar nog steeds soortgelijke problemen had.

Uiteraard vloeit niet alle agressie voort uit woede. Er wordt vaak een onderscheid gemaakt tussen instrumentele en vijandige agressie. Deze laatste vorm van agressie is explosief, gaat gepaard met agitatie en veroorzaakt weinig provocatie of manipulatie (zie de kritiek van Bushman en Anderson 2001). Het is dit 'vijandige' type dat het meest kenmerkend is voor de effecten van hersenletsel (Silver et al. 2011) en het dichtst aansluit bij het thema van dit boek.

Er is weinig wetenschappelijk onderzoek gedaan naar soortgelijke problemen bij kinderen. Klinische ervaring suggereert dat ook bij hen niet-aangeboren hersenletsel gepaard gaat met verwarring op de korte termijn en langdurige persoonlijkheidsveranderingen (Max et al. 1997). Bij beide gevolgen hoort prikkelbaarheid en vijandige agressie. Belangrijk is dat de latere gevolgen op de geestelijke gezondheid niet alleen worden voorspeld door de ernst van het letsel, maar ook door sommige reacties van gezinsleden (Lax Pericall et al. 2014). Ouders kunnen heel verdrietig zijn over het verlies van hoe hun kind vroeger was. Ze kunnen zich schuldig voelen over de oorzaak van het hoofdletsel en kunnen het moeilijk vinden om de neiging te onderdrukken hun kind te overbeschermen of om strakke discipline te handhaven. Anderen kunnen hardnekkig druk op het kind uitoefenen om weer zo te functioneren als voorheen en hiermee onbedoeld frustratie en een laag zelfbeeld uitlokken. Vanzelfsprekend bieden de meesten het getroffen kind de best mogelijke ondersteuning.

De aard van het psychiatrische probleem is niet duidelijk gerelateerd aan de plaats van het hersenletsel. Een follow-upstudie bij kinderen met ernstige hoofdletsels vond weinig verband tussen de locatie van de hersenschade en de psychiatrische presentatie (Shaffer et al. 1975), behalve dat kinderen met een rechter frontale laesie mogelijk vaker depressie vertoonden. De ernst van de laesie speelde een grotere rol. Deze studie werd echter wel uitgevoerd in een tijdperk waarin nog geen gebruik werd gemaakt van kernspinresonantie (MRI), die misschien een duidelijker verband zou hebben gevonden. Desalniettemin is het effect van een letsel zelden beperkt tot een enkel deel van de hersenen. Contrecoupeffecten (als gevolg van de heen en weer gaande beweging bij een hersenschudding) en schuifeffecten die voortvloeien uit rotatiekrachten zullen vaak leiden tot diffuse hersenletsels.

Behandeling van de explosieve toestanden van woede en agitatie bij kinderen volgt de algemene regels van ▶H. 14, maar met enkele specifieke overwegingen. Psychologische behandeling zal zich meestal richten op gezinsondersteuning – die respectvol en op maat moet zijn – en advies aan opvoeders, waarbij het meestal ook gaat om het geven van informatie over de cognitieve effecten van verwondingen die wellicht ook aanwezig zijn.

Voor farmacologische behandeling bestaat enige evidentie uit studies bij volwassenen. Fleminger en collega's (2006) hebben een Cochrane Review gemaakt van medicatie bij agitatie en agressie bij niet-aangeboren hersenletsel. De meeste gerandomiseerde gecontroleerde studies die daarin worden besproken, vergelijken een bètablokker (zoals propranolol) met een placebo, en er waren heilzame effecten van het actieve geneesmiddel. Er was enig bewijs van werkzaamheid van carbamazepine, en lamotrigine wordt ook soms gebruikt. Deze anticonvulsiva lijken zelfs veel vaker gebruikt te worden dan de bètablokkers, die als voordelen een grotere wetenschappelijke evidentie en minder bijwerkingen hebben. Sedatie ten gevolge van anticonvulsiva, en nog meer van neuroleptica, is een bijzonder punt van zorg wanneer de cognitie al is verstoord door een aangetaste hersenfunctie. Er is geen onderzoek dat ons kan vertellen of dezelfde regels van toepassing zijn in de kindertijd en adolescentie, maar onze klinische ervaring is matig positief.

13.2 Chronische hersenletsels

13.2.1 Uitdagend gedrag

Prikkelbaarheid is een belangrijk onderdeel van 'uitdagend gedrag'. Uitdagend gedrag wordt als zodanig niet onderkend in de belangrijkste diagnostische systemen en heeft dus geen standaarddefinitie. Niettemin wordt deze term veel gebruikt als nuttig construct door professionals die personen met een verstandelijke beperking, ASS, epilepsie en andere hersensyndromen begeleiden. De belangrijkste kenmerken van uitdagend gedrag zijn driftbuien, ernstige ongehoorzaamheid, zelfbeschadigend gedrag, agressie tegenover anderen, en vernieling van eigendommen (vaak tijdens een woedeaanval). Dit patroon is nogal onderscheidend, en is niet identiek aan dat van een antisociale gedragsstoornis. Personen met uitdagend gedrag zijn meestal niet haatdragend (hoewel hun agressie door de personen waartegen ze gericht is mogelijk wel zo wordt geïnterpreteerd) en doorgaans is er geen sprake van antisociaal gedrag zoals stelen en liegen.

Personen met ASS vertonen vaak uitdagend gedrag, maar het komt ook voor bij veel kinderen met een verstandelijke beperking die geen autistische kenmerken hebben. In een onderzoek naar gedragsproblemen bij kinderen met een verstandelijke beperking, verschilde prikkelbaarheid van autistische symptomen en correleerde zij niet (zoals vele andere problemen) met een lager adaptief functioneren (Chadwick et al. 2000). McClintock en collega's (2003) voerden een meta-analyse uit van studies die de risicofactoren voor uitdagend gedrag bij mensen met een verstandelijke beperking beschrijven. Minder adaptief functioneren, verstoorde communicatie, autistische kenmerken en fysieke pijn waren risicofactoren voor uitdagend gedrag. Deze moeten in aanmerking worden genomen bij de beoordeling van zeer prikkelbare kinderen; en ze geven een aantal aanwijzingen over de betrokken ontwikkelingsprocessen.

Tandpijn, oorpijn, buikpijn en hoofdpijn zijn de meest voorkomende fysieke triggers waar onderzoek naar moet worden gedaan, vooral wanneer het uitdagende gedrag acuut opkomt of verslechtert. Het is goed mogelijk dat kinderen met verstoorde communicatieve vaardigheden hun leed niet op een gebruikelijke manier aangeven.

Communicatieproblemen kunnen ook een grote bron van frustratie zijn, en een driftbui kan de enige manier zijn om een behoefte aan te geven. Alternatieve communicatiesystemen, waaronder gebarentaal en pictogrammen, zijn dan belangrijke hulpmiddelen voor het onderwijs en gezinsleven. Het kan voor personen met chronisch hersenletsel moeilijk zijn om omgevingsveranderingen te begrijpen of ermee om te gaan. Zelfs kleine veranderingen kunnen voor hen mogelijk ontwrichtend zijn, en moeten daarom zorgvuldig worden uitgelegd en zo geleidelijk mogelijk worden doorgevoerd.

De psychosociale associaties van de antisociale gedragsstoornis zijn opvallend afwezig bij uitdagend gedrag. Het ontstaan van uitdagend gedrag lijkt geen verband te houden met armoede, een grote omvang van het gezin of de aanwezigheid van andere antisociale gezinsleden. Zelfs een botsende gezinsverhouding lijkt meestal eerder gevolg dan oorzaak van de disruptieve stemmingen.

De gebruikelijke methoden van oudertraining, zoals die worden toegepast bij gedragsproblemen, oppositionele problemen en ADHD, zijn meestal niet effectief voor uitdagend gedrag. Wanneer men er bij ouders op aandringt om deze toe te passen zal dit bij hen eerder het gevoel opwekken dat hun problemen niet worden begrepen. Een intensievere interventie is nodig, die gericht is op het analyseren van de individuele problemen van het kind. Toegepaste gedragsanalyse vereist een speciaal opgeleide professional om de principes van de sociale leertheorie toe te passen (Howlin et al. 2009). Gespecialiseerde onderwijsunits kunnen een effectieve manier zijn om geïndividualiseerde gedragsregimes te gebruiken.

Risperidon is bij verschillende studies bij kinderen met een benedengemiddelde intelligentie en disruptief gedrag gebruikt en is effectief gebleken voor het verminderen van de gedragsproblemen (Aman et al. 2002; Snyder et al. 2002). Farmacologische behandelingen voor uitdagend gedrag zijn nog niet onderzocht in het specifieke geval van prikkelbaarheid, maar veel onderzoeksparticipanten met een verstandelijke beperking uit voorgaande studies zouden waarschijnlijk aan deze beschrijving hebben voldaan. Risperidon en aripiprazol zijn waarschijnlijk het effectiefst voor periodes tot een aantal maanden. De beslissing om medicatie voor een langere termijn voor te schrijven is lastig omdat hierbij de voordelen moeten worden afgewogen tegen de risico's.

13.2.2 Epilepsie

Epilepsie is geassocieerd met ADHD, autisme, en de oppositionele, antisociale gedrags- en affectieve stoornissen. Voor al deze aandoeningen kan behandeling nodig zijn wanneer ze gepaard gaan met ernstige driftbuien. Daarnaast moet er een aantal overwegingen in acht worden genomen wat betreft de aanvallen of hun behandeling.

Emotionele aanvallen

De aura van een epileptische aanval kan een gevoel van angst of woede bevatten. Beide kunnen leiden tot een hevige uitbarsting. De aanval is vaak, maar niet uitsluitend, gesitueerd in de temporaalkwabben. De sleutel tot de diagnose is meestal de rapportage van subjectieve sensaties, die gepaard kunnen gaan met vervormingen van de perceptie, abnormale geuren of gevoelens van onwerkelijkheid. Elektro-encefalografie (EEG) kan uitsluitend abnormaliteiten laten zien tijdens een epileptische aanval. Het is echter ook mogelijk dat er geen abnormaliteiten worden gedetecteerd. Niet-specifieke EEG-'abnormaliteiten' komen veel voor bij mensen die geen epilepsie hebben. Een normaal EEG sluit niet uit dat de abnormale ervaring het gevolg is van een epileptische aanval, en een abnormaal EEG bevestigt dat niet.

Automatismen

Bij automatismen, tijdens of net na een epileptische aanval, kan het gaan om gewelddadige agressie. De sleutel tot de diagnose is meestal de waarneming van een dergelijke aanval door iemand die kennis heeft van epilepsie of een nauwkeurige beschrijving kan geven. Tijdens de aanval verliest de persoon meestal het contact met de omgeving, en vertoont hij ongeorganiseerde, ongerichte en soms repetitieve bewegingen. Dergelijke aanvallen worden vaak gevolgd door een periode van verwarring. Er is meestal geen touw vast te knopen aan wat de persoon tijdens een episode zegt, en hij heeft er geen of weinig herinnering aan. Het kan nuttig zijn voor een waarnemer om een karakteristiek woord (bijvoorbeeld een plaatsnaam) te zeggen en na te gaan of dit later kan worden herinnerd.

Aura's van woede en ictale agressie komen beide zelden voor. Agressie tijdens een psychomotorisch automatisme is meestal het gevolg van pogingen van anderen om iemand lichamelijk in bedwang te houden (Rodin 1973). Een epileptische oorsprong wordt veel vaker vermoed dan gevonden. Het stelselmatig maken van een EEG bij mensen die deze specifieke eigenschappen niet vertonen, zal waarschijnlijk alleen voor verwarring zorgen en geld kosten.

Interictale woedeaanvallen – degene die voorkomen bij een persoon met epilepsie, maar niet tijdens een epileptische aanval – kunnen verscheidene oorzaken hebben, die in wezen vergelijkbaar zijn met die waarvan mensen zonder epilepsie last hebben. In een onderzoek van 44 volwassen patiënten met epilepsie was interictaal geweld gerelateerd aan gelijktijdig aanwezige psychopathologie en verstandelijke beperking en niet aan kenmerken van de epilepsie zelf (Mendez et al. 1993). Geestelijke gezondheidsproblemen die geassocieerd zijn met een gebrekkige woedebeheersing, zoals ADHD, gaan vaak vooraf aan de epileptische aanvallen (Hesdorffer et al. 2004). Er kunnen langetermijninvloeden op het mentaal functioneren zijn van de epileptische aanvallen zelf, bijvoorbeeld in het verband tussen voortdurende epileptische EEG-ontladingen tijdens de slaap en gedragsproblemen in een wakkere toestand. Er is nog niet onderzocht of de frequentie van de epileptische aanvallen of het ontsteken ervan een effect heeft op de frequentie van woede-uitbarstingen. De waarschijnlijke reden voor het verband tussen epilepsie en ernstige geestelijke gezondheidsproblemen is dat beide het gevolg zijn van een onderliggende hersenstoornis of -beschadiging.

Effecten van anticonvulsiva

Effectieve controle over epileptische aanvallen door middel van anticonvulsiva vermindert soms ook geestelijke gezondheidsproblemen, waaronder degene die te maken hebben met een verminderde impulsbeheersing. Hiertegen moeten echter de bekende bijwerkingen van medicatie – met prikkelbaarheid, sedatie en agressie als de voornaamste – worden afgezet. Deze bijwerkingen komen bij bepaalde anticonvulsiva vaker voor dan bij andere. Domizio en collega's (1993) meldden dergelijke bijwerkingen bij 76 % van de personen die werden behandeld met fenobarbiton en bij 31 % van de personen die werden behandeld met andere geneesmiddelen. Als de bloedwaarden hoog zijn, het folaatgehalte laag is en er meerdere anticonvulsiva samen worden gegeven, kan er sprake zijn van intoxicatie door de medicatie.

Interacties tussen anticonvulsiva en psychotrope medicijnen kunnen ook de effectiviteit van deze laatste verminderen. De interacties zijn middelspecifiek, en het is zeer wenselijk dat slechts één persoon alle medicijnen voorschrijft die worden gegeven om de frequentie van epileptische aanvallen te verminderen en de geestelijke gezondheidstoestand te verbeteren. Een goede monitoring en tijdsregistratie kan een voorschrijver helpen te leren uit de effecten van vroegere veranderingen.

13.3 Specifieke neurologische syndromen

13.3.1 Gilles de la tourettesyndroom

Dit is een neurologische ontwikkelingsstoornis die wordt gekenmerkt door meerdere motorische en vocale tics. Korte en boze uitbarstingen komen vaak voor. De clinicus moet hierbij bepalen of het gaat om complexe en onwillekeurige acties, of ze het gevolg zijn van een geassocieerde neurologische ontwikkelingsstoornis (zoals ADHD of OCD), of dat ze dezelfde mengeling zijn van genetische en omgevingseffecten zijn die voorkomen bij personen met normaal ontwikkelende hersenen. Farmacologische behandelingen voor de tics zijn meestal gebaseerd op het blokkeren van de dopaminerge of alfa 2-adrenerge transmissie. Clonidine, risperidon, aripiprazol, haloperidol en pimozide worden alle vaak gebruikt en kunnen allemaal van invloed zijn op het verminderen van prikkelbaarheid, zoals beschreven in ▶H. 8 en 14. Prikkelbaarheid kan daarom een indicatie zijn voor een behandeling met geneesmiddelen, zelfs als de kinderen niet worden gehinderd door de motorische en vocale tics zelf.

Woedebeheersingstechnieken (zie ▶H. 14) zijn ook toepasbaar. Sukhodolsky en collega's (2009) voerden een gerandomiseerde studie uit waarbij 26 adolescenten ofwel 10 sessies cognitieve gedragstherapie (met een aantal optionele bijkomende sessies) kregen of een gebruikelijke behandeling. Disruptieve gedragsproblemen verminderden bij ongeveer 52 % van degenen die een woedebeheersingsbehandeling kregen, maar slechts bij 11 % van degenen die de gebruikelijke behandeling ontvingen. Deze verbetering had bij een follow-up na drie maanden standgehouden.

13.3.2 Pseudobulbaire verlamming

Pseudobulbaire paralyse is een aandoening met vele mogelijke oorzaken die de motorische kernen in de hersenstam en hun kritieke verbindingen aantast. Naast spraakproblemen, slikmoeilijkheden en problemen met tong- (en andere) bewegingen, zijn getroffen kinderen vaak emotioneel labiel. Ze reageren vaak met overmatig en buitensporig lachen en huilen en kunnen boze uitbarstingen hebben. Behandelingen omvatten selectieve SRI's en dextromethorfan (een NMDA-receptorantagonist die glutamatergische transmissie remt) in combinatie met kinidine (Brooks et al. 2004).

13.3.3 Het syndroom van Smith-Magenis

Dit syndroom wordt veroorzaakt door een abnormaliteit van chromosoom 17 en wordt gekenmerkt door een abnormaal slaappatroon en frequente driftbuien. Deze kunnen aan elkaar gerelateerd zijn. Driftbuien lijken vooral voor te komen bij de overgangen van slapen naar waken. Abnormale patronen van melatoninesecretie zorgen ervoor dat deze overgangen vele malen gedurende de dag plaatsvinden. De behandeling houdt vaak in dat er 's nachts melatoninesupplementen worden toegediend en dat de melatonineproductie overdag wordt onderdrukt (bijvoorbeeld met acebutolol).

13.3.4 Dementie

Prikkelbaarheid kan ook optreden als een kenmerk van de persoonlijkheidsveranderingen die voortvloeien uit een verscheidenheid aan progressieve neurologische aandoeningen. Sommige daarvan kunnen worden behandeld, zoals subcorticale dementie bij hiv, structurele laesies zoals frontale tumoren, systemische lupus erythematosus, de ziekte van Wilson en metachromatische leukodystrofie. Zelfs voor ziekten waarvoor de behandeling momenteel alleen symptomatisch is (zoals het Sanfilippo-syndroom), kan een vroege diagnose de levenskwaliteit van patiënten en hun gezin verbeteren.

Klinische behandeling van prikkelbaarheid en disruptieve stemming

Samenvatting

Boze gemoedstoestanden worden als abnormaal beschouwd ('prikkelbaarheid') als ze buitensporig intensief en/of frequent zijn, niet in verhouding staan tot enige provocatie, niet in lijn zijn met de ontwikkelingsleeftijd van het kind zijn en schade toebrengen aan het kind of andere mensen. In diagnostische termen kunnen ze een aandoening op zichzelf zijn, een criterium voor een bredere diagnose zijn of niet-specifiek samengaan met een lichamelijke of geestelijke stoornis. Het proces van diagnostische formulering wordt beschreven om een onderscheid te maken tussen de verschillende omstandigheden die leiden tot prikkelbaarheid en disruptieve stemming. De psychologische behandeling omvat de verandering van de omgeving, psycho-educatie, oudertraining, cognitief werk en de behandeling van onderliggende aandoeningen. De mogelijke rollen van anti-epileptica, antipsychotica en andere geneesmiddelen worden samen met veiligheidsoverwegingen en aangewezen monitoring beschreven.

14.1   Huidige diagnostische benaderingen – 112

14.2   Psychologische en sociale behandeling – 114

14.3   Farmacologische behandeling van prikkelbaarheid – 118
14.3.1 Anti-epileptica – 119
14.3.2 Antipsychotica – 120

© Bohn Stafleu van Loghum is een imprint van Springer Media B.V., onderdeel van Springer Nature 2018
I. Buyck, A. Stringaris en E. Taylor, *Prikkelbaarheid bij kinderen en adolescenten*,
https://doi.org/10.1007/978-90-368-2081-3_14

In ▶ H. 3 beschreven we hoe we nuttige informatie kunnen krijgen over de gemoedstoestand en gedragsproblemen die prikkelbare kinderen presenteren. Clinici zullen vervolgens een diagnostische formulering willen maken van zowel het type stemmingswisseling als van de aan- of afwezigheid van eventuele andere, samenhangende vormen van psychopathologie. Bij het maken van een behandelplan zullen ze rekening willen houden met de sterktes en zwaktes die bepalen in hoeverre de behandeling op het individuele kind (met psychologische behandeling of medicatie) en in hoeverre deze op de sociale context wordt gericht. Aan het einde van de eerste fase van het klinische contact wordt een behandelplan opgesteld dat in geschikte bewoordingen aan het kind en de verantwoordelijke volwassenen wordt meegedeeld. Er wordt ook bekeken hoe de respons op de interventie kan worden gemonitord.

14.1 Huidige diagnostische benaderingen

Boze gemoedstoestanden worden als abnormaal beschouwd als ze buitensporig intens en/of frequent zijn, niet in verhouding staan tot enige provocatie, niet in lijn zijn met de ontwikkelingsleeftijd van het kind en schade toebrengen aan het kind of andere personen. In diagnostische termen kunnen ze een aandoening op zichzelf zijn, een criterium voor een bredere diagnose zijn of niet-specifiek samengaan met een lichamelijke of geestelijke stoornis (◘ tab. 14.1). In de DSM-5 komen ze voor in de diagnose van verschillende stoornissen. Dit kan enige verwarring geven bij klinische gevallen waarbij prikkelbaarheid een centraal kenmerk is. Er zijn nog geen wetenschappelijk betrouwbare en gevalideerde criteria vastgelegd om deze van elkaar af te bakenen, maar dit zal zonder twijfel in de loop van de tijd gebeuren. In de tussentijd stellen we voor om ze van elkaar te onderscheiden op basis van de duur van de boze episodes, de stemming tussen de episodes en de aanwezigheid van co-existerende aandoeningen.

In de definities van de *bipolaire stoornis* is lange tijd prikkelbaarheid – evenals euforie en grandiositeit – opgenomen als een kernkenmerk van een manische episode. Aangezien de aandoening als episodisch wordt opgevat, moet de prikkelbaarheid op hetzelfde moment zijn verschenen (of verergerd) als de andere emotionele en gedragskenmerken van manie. Er is echter nog geen duidelijke klinische consensus over hoelang de episode minimaal moet duren vooraleer ze als problematisch wordt beschouwd. Deze vraag wordt in detail behandeld in ▶ H. 10. Binnen het huidige bestek bevelen we aan dat de prikkelbaarheid zich duidelijk moet onderscheiden van het normale functioneren, zou moeten optreden in episodes waarvan sommige ten minste 48 uur of langer duren, en gepaard moet gaan met andere manische symptomen.

DMDD is beschreven in ▶ H. 12 en moet worden overwogen als de boze uitbarstingen geen manische kenmerken zoals euforie en grandiositeit hebben, of zelfs voor onze soepele criteria te kort duren, en gepaard gaan met een aanhoudende stemmingsverandering die haatdragend, nors, slechtgehumeurd of anderszins boos is. Het nieuwe concept vormt een categorie om *ernstige* en chronische prikkelbaarheid te beschrijven zonder de bipolaire kenmerken van grandiositeit, euforie en langdurige stemmingswisselingen.

Depressieve stoornis is beschreven in ▶ H. 11 en wordt gekarakteriseerd door een droevige, ellendige of hopeloze stemming. Er moet terughoudend worden omgegaan met de diagnose als de stemmingsverandering enkel woede inhoudt.

De definitie van *ODD* omvat zowel de affectieve kenmerken van buitensporige woede en wraakzuchtigheid als de gedragseigenschappen van uitdaging en ongehoorzaamheid. Deze componenten worden in de diagnostische criteria bijeengevoegd. Het is dus mogelijk

Tabel 14.1	Diagnostische status van aandoeningen van prikkelbaarheid
prikkelbaarheid als diagnose	periodieke explosieve stoornis
	pathologische woede
	ernstige emotionele disregulatie (chronische prikkelbaarheid)
	disruptieve stemmingsdisregulatiestoornis (chronische prikkelbaarheid)
prikkelbaarheid als één of meerdere criteria voor een aandoening	oppositioneel-opstandige stoornis (chronische prikkelbaarheid)
	manie en hypomanie (episodische prikkelbaarheid)
	depressie (episodische prikkelbaarheid)
	posttraumatische stressstoornis
prikkelbaarheid als niet-diagnostische component van een psychiatrische stoornis	autismespectrumstoornis
	aandachtstekortstoornis met hyperactiviteit
prikkelbaarheid als gevolg van organische aandoeningen	epilepsie
	hersenletsel en -ziekte
	toestanden van verwarring
	pijn
	sedatie

om de diagnose te stellen zonder dat er sprake is van prikkelbaarheid of oppositionaliteit. De bipolaire stoornis en DMDD sluiten een diagnose van ODD uit; in feite omvatten ze ernstiger varianten van de ODD-problemen.

Co-existerende neurologische ontwikkelingsstoornissen moeten altijd worden beoordeeld. ADHD, ASS, het syndroom van Gilles de la Tourette en leerstoornissen kunnen comorbide zijn bij bipolaire, depressieve en disruptieve stemmingsstoornissen. Ze kunnen echter ook de oorzaak zijn van ernstige prikkelbaarheid, zodat ze de primaire diagnose kunnen worden bij afwezigheid van deze stemmingsstoornissen.

Evenzo moet de bijdrage van lichamelijke ziektes (vooral aandoeningen die pijn veroorzaken), middelenmisbruik en mishandeling aan prikkelbaarheid worden overwogen. Als deze aandoeningen de prikkelbaarheid voldoende kunnen verklaren, is er uiteraard geen verdere diagnostische formulering nodig.

Periodieke explosieve stoornis staat onder aan de hiërarchie van diagnoses. Het wezenlijke van deze stoornis is dat er geen sprake is van abnormale gemoedstoestanden tussen woedeuitbarstingen. Aangezien het enige bewijs voor de aandoening de uitbarstingen zijn, kan de diagnose zelden worden gebruikt om deze uitbarstingen te verklaren of als oorzaak ervan te worden beschouwd. De term wordt in de praktijk gebruikt door volwassenenpsychiaters, en niet door kinder- en jeugdspecialisten. De huidige DSM-5 heeft van de periodieke explosieve stoornis echter wel een mogelijke kinderdiagnose gemaakt door de leeftijdsbeperkingen te schrappen. De diagnose mag niet worden gesteld als er andere aandoeningen aanwezig zijn.

'*Pathologische woede*' heeft vergelijkbare connotaties als de periodieke explosieve stoornis. De term wordt meestal gebruikt om uitgelokte maar extreme boosheid aan te duiden (bijvoorbeeld 'verkeersagressie') en om de extreme aard van de mentale toestand te benadrukken. De fenomenologie van woede omvat een veranderde tijdsbeleving (gebeurtenissen

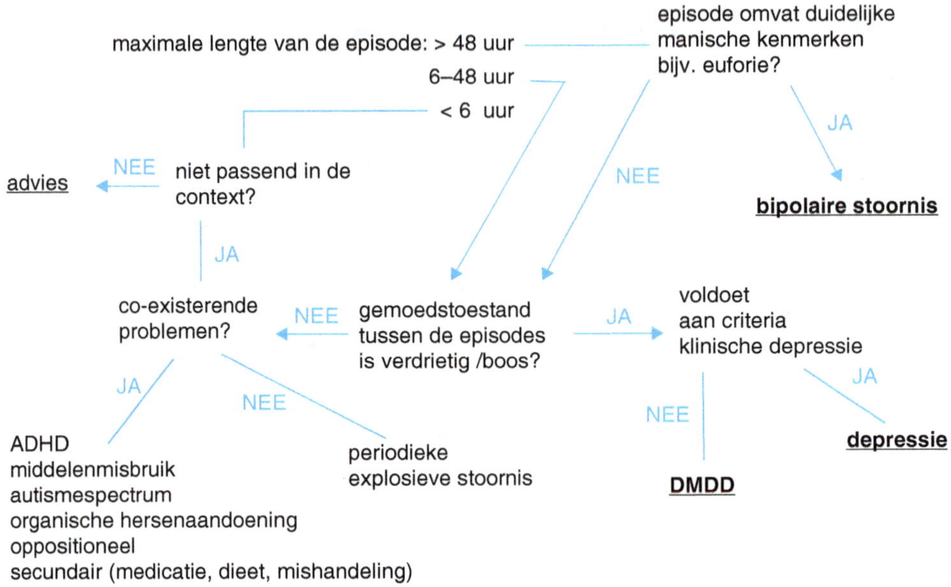

Figuur 14.1

```
                                                              episode omvat duidelijke
          maximale lengte van de episode:  > 48 uur  ———————  manische kenmerken
                                            6–48 uur          bijv. euforie?
                                            < 6  uur
                                                                              JA
                    NEE   niet passend in de
  advies   ←————————      context?                  NEE                  bipolaire stoornis

                           JA
                                                             voldoet
           co-existerende    NEE   gemoedstoestand    JA     aan criteria
           problemen?    ←————————  tussen de episodes        klinische depressie
                                    is verdrietig /boos?
                                                                         JA
             JA        NEE
                                                    NEE
  ADHD                                                                   depressie
  middelenmisbruik                periodieke
  autismespectrum                 explosieve stoornis        DMDD
  organische hersenaandoening
  oppositioneel
  secundair (medicatie, dieet, mishandeling)
```

Figuur 14.1 Diagnose bij aandoeningen die episodische prikkelbaarheid omvatten. *ADHD* aandachtstekortstoornis met hyperactiviteit, *DMDD* disruptieve stemmingsdisregulatiestoornis

in 'slow motion'), abnormale sensaties (vermindering van pijn en perceptie van verbeterd of gedempt gehoor) en soms vergeetachtigheid van wat er tijdens de episode is gebeurd. De gelijkenis hiervan met enkele ictale fenomenen heeft ertoe geleid dat de term enkele implicaties van neurologische oorsprong heeft en daardoor meer door neurologen dan door psychiaters wordt gebruikt. Er is echter, behalve haar ernst, geen bewijs dat haar onderscheidt van huis-tuin-en-keukenwoede.

Clinici beschikken zodoende over verschillende mogelijke diagnoses voor kinderen met een abnormale woede die niet in verhouding staat tot de context waarin ze zich voordoet. In fig. 14.1 wordt een stroomdiagram weergegeven voor aandoeningen die worden gekenmerkt door buitensporige woede. Het voorstel is om te beginnen met het vaststellen van de lengte van de woede-episodes, om vervolgens de gemoedstoestand tussen uitbarstingen te bekijken, en dan de aanwezigheid van andere psychologische of lichamelijke medische aandoeningen in kaart te brengen. Voor de betreffende diagnoses worden de specifieke aspecten van de behandeling beschreven in de relevante hoofdstukken. Er zijn echter ook een aantal algemene richtlijnen die kunnen worden gevolgd, onafhankelijk van het feit of er een onderliggende psychiatrische diagnose is.

14.2 Psychologische en sociale behandeling

Bij psychologische aspecten van de behandeling kan het gaan om het wegnemen of verminderen van uitlokkende factoren en om het veranderen van de reactie van het kind op deze factoren. Er kan ook een interventie plaatsvinden op het niveau van de langdurige abnormale gemoedstoestanden die zelfs tussen boze uitbarstingen kunnen optreden.

De aard van de uitlokkende factoren dient gedurende de hele assessment in gedachten te worden gehouden. Er kunnen al vanaf het begin aanwijzingen te vinden zijn in de houding

Tabel 14.2	Indicatoren van warmte en kritiek tijdens een oudergesprek
indicatoren van warmte	stemmodulatie is belangrijk. Wees alert op: – het tonen van enthousiasme bij het praten over het kind; – de neiging van de ouder om de positieve punten van het kind te benadrukken; – een sympathieke, belangstellende begaanheid met de problemen van het kind; – belangstelling voor de persoon van het kind, en tonen van zijn/haar gezelschap te genieten.
indicatoren van kritiek	kritiek kan onafhankelijk van warmte worden beoordeeld. Kijk naar: – de ouder klaagt veel over problemen en noemt nooit de goede eigenschappen van het kind; – bij het aangeven van goede eigenschappen voegt de ouder vaak kritiek toe; – de ouder bekritiseert de persoonlijkheid van het kind in plaats van het gedrag; – de ouder maakt duidelijk afwijzende opmerkingen: 'Ik kan haar niet vergeven dat ze dat gedaan heeft', 'ik heb een hekel aan hem als hij in die stemming is'.

NB Er is geen sprake van kritiek als simpelweg problemen herhaaldelijk worden beschreven, vooral als er ongevraagd positieve opmerkingen worden gemaakt bij het praten over het moeilijke gedrag (bijvoorbeeld 'Hij is lastig, maar kan ook attent zijn').
Gegevens uit E. Heptinstall (1991): *Manual for the PACS interview*. London: Institute of Psychiatry.

van het kind en het gezin tegenover de verwijzing en tegenover de problemen zelf. Er moet niet alleen aandacht worden besteed aan wat de ouders over het kind zeggen, maar ook aan de manier waarop ze dit zeggen. Een vijandige en kritische houding ten opzichte van het kind zal waarschijnlijk een factor zijn die niet alleen boze gevoelens, maar ook openlijke agressie in de hand werkt. Hiervoor kunnen misschien aanwijzingen worden gevonden in de observatie van de manier waarop de gezinsleden interacteren en in de manier waarop de ouders over het kind praten in zijn/haar afwezigheid. Een betrouwbaar onderzoeksinstrument is het meten van uitgedrukte emoties van ouders. Hiervoor is echter gespecialiseerde training vereist. In het diagnostische interview kan onder meer worden gelet op de balans tussen positieve en negatieve opmerkingen en de emotionele toon waarop die opmerkingen worden gemaakt. Vragen zoals 'Wat voor gevoel had u over dit probleem?' kunnen veel kritiek op het kind uitlokken. Vragen zoals 'Wat waardeert u het meest in uw kind?' kunnen een gebrek aan warmte in de relatie aan het licht brengen. De clinicus moet wel attent zijn op irrelevante factoren, zoals bijvoorbeeld of de ouders aardig zijn of in het algemeen sociale warmte uitstralen. Uitdrukkelijke kritiek/vijandigheid of gebrek aan warmte kunnen een indicatie zijn van een negatieve emotionele atmosfeer thuis. Tabel 14.2 illustreert hoe warmte en kritiek moeten worden beoordeeld.

Er zijn ook aanwijzingen te ontlenen aan de beschrijving van wat er daadwerkelijk is gebeurd tijdens recente voorvallen van razernij over de antecedenten en gevolgen van de driftbuien waarover de ouders klagen. Vragen zoals 'En wat dacht u toen hij dat had gedaan?', 'Wat gebeurde er toen?', 'Wat hebt u gedaan?', of 'Hoe reageerde hij/zij op wat u deed?' kunnen informatie opleveren over de gevoeligheid en planmatigheid van de reacties van ouders. Dergelijke vragen kunnen ook bewuste of onbewuste gedragingen die driftbuien in de hand werken aan het licht brengen. Kwetsbare kinderen worden soms onvoldoende gestraft uit vrees om hen te beschadigen en agressieve kinderen worden soms onvoldoende gestraft omdat ouders bang zijn om tot nog meer geweld aan te zetten. Het is belangrijk dat de clinicus tijdens de eerste fase van de assessment een begrijpende en niet-veroordelende houding aanneemt. In dit stadium moeten gezinnen het gevoel hebben dat hun zorgen serieus worden genomen en dat er met de positie van iedereen rekening wordt gehouden.

De volgende stap kan bestaan uit basisadvies om met de prikkelbaarheid om te gaan (zie ▶ box 14.1). Dit advies is effectiever als het wordt gegeven in het kader van een formele 'oudertraining'. Dergelijke trainingsprogramma's zijn overal beschikbaar bij moderne gezondheids-, educatieve en sociale instanties. De familie heeft dus misschien al vóór de klinische verwijzing een dergelijke training gevolgd. Wanneer zo'n training niet beschikbaar is, kan het nuttig zijn om de kenmerken van woede-uitbarstingen aan te geven en te bespreken. Een kind dat een uitbarsting heeft is niet aanspreekbaar op dat moment. Het heeft dan weinig zin met hem/haar in discussie te gaan of complexe gedragsprogramma's toe te passen. Maar na een extreme driftbui volgt vaak een fase van spijt, berouw en schuld en op dat moment – en wanneer de volwassenen ook gekalmeerd zijn – kan er misschien een constructief gesprek worden gehouden. Het gesprek kan eruit bestaan dat men de boze gevoelens probeert te begrijpen, alternatieve manieren voorstelt om ermee om te gaan en eventuele consequenties voor het gedrag toepast die eerder zijn overeengekomen. Bij deze consequenties mag het niet gaan om langdurig verlies van privileges of beschuldigingen van morele tekortkomingen.

'Time-out'-procedures worden vaak aanbevolen bij het onder controle krijgen van woede-uitbarstingen. Hierbij wordt het kind tijdelijk uit een situatie gehaald die voor hem/haar belonend is en het gedrag dus mogelijk in stand houdt, bijvoorbeeld door naar een rustige plek zonder leuke activiteiten te gaan. Dit kan echter contraproductief zijn. 'Ga naar je kamer' kan inderdaad kalmerend zijn, maar het kan ook een beloning zijn door het kind uit een ellendige situatie te verwijderen. De verwachting is meestal dat agressief gedrag tijdelijk zal toenemen als wordt begonnen met time-outprocedures voordat het daalt. Het gedrag kan in eerste instantie zelfs zo escaleren dat het ondraaglijk wordt voor het gezin en er extreme reacties kunnen volgen. Gedragstherapeuten adviseren daarom vaak om gedrag te belonen dat onverenigbaar is met deze situatie in plaats van te proberen gedrag uit te doven door het wegnemen van een beloning. Eenvoudige en goed bedoelde adviezen kunnen, als ze niet werken, een desillusie vormen voor een gezin dat zich verzet tegen formele psychologische hulp.

Oudertrainingen zijn steeds beter van opzet en zijn steeds meer beschikbaar. De programma's hebben verschillende doeleinden en zijn bedoeld voor verschillende soorten probleemsituaties. Ze proberen in het algemeen een gezellige gezinssfeer, gezamenlijk spel tussen ouder en kind, open communicatie, en een duidelijke en consistente opvoedingsstijl gebaseerd op de toepassing van haalbare regels te bevorderen. Verschillende kinderen reageren vermoedelijk het best op verschillende technieken. Agressieve kinderen hebben waarschijnlijk een aanpak nodig op basis van stevig gezag en toezicht, in tegenstelling tot de zachtere aanpak die geschikt kan zijn voor angstiger kinderen (Kochanska 1997). Prikkelbare kinderen lijken ook beter te reageren op een sterk regulerende atmosfeer (Bates en collega's 1998). Ouderinterventies (bijvoorbeeld gebaseerd op Webster-Stratton-technieken) zijn effectief gebleken bij kinderen met ODD (Pilling et al. 2013). Het lijkt er ook op dat kinderen met ODD die overwegend prikkelbaar zijn bijzonder veel baat hebben bij ouderinterventies (Scott et al. 2012). Dit moet echter nog verder worden onderzocht.

Box 14.1 Omgaan met een kinderlijke driftbui

1. *Vroege herkenning.* Jonge kinderen hebben het nodig dat ouders zich bewust zijn van het feit dat er spanning opgebouwd wordt. In de latere jeugd en adolescentie moeten ze dit voor zichzelf leren herkennen. Er is misschien slechts een paar seconden tijd om kalmte te bevorderen voordat er een volledige woede-uitbarsting optreedt.
2. *Afleiding.* Een alternatieve activiteit moet leuk en aantrekkelijk zijn. Het kan een te grote stap zijn om onmiddellijk naar een rustige en kalme activiteit over te gaan. Een energieke activiteit buiten, gevolgd door geleidelijke kalmering, is misschien realistischer.
3. *Alternatieven aanbieden, consequenties toepassen.* Er dienen vooraf afspraken gemaakt te worden. Deze kunnen bijvoorbeeld inhouden dat een kind een rode kaart toont om aan te geven dat het met rust gelaten wil worden, of op een boksbal gaat slaan, of iets leuks gaat doen. Er moet ook vooraf zijn onderhandeld over onvoorziene gebeurtenissen. Als de afspraak is nagekomen, wordt het kind geprezen en beloond voor het volgen van de regel. Als de afspraken zijn genegeerd en er een woede-uitbarsting is ontstaan, dan moeten negatieve consequenties (bij voorkeur kortstondige, bijvoorbeeld een kort intrekken van computerspeltijd) onmiddellijk en emotioneel neutraal worden aangekondigd.
4. *Zorgen voor veiligheid.* Bij een ernstige aanhoudende woede kan het nodig zijn dat de ouders (leren om) het kind fysiek in bedwang (te) houden om letsels te voorkomen. Als dit nodig is, dient de emotionele reactie van de ouders hierbij zo weinig mogelijk zichtbaar te zijn voor het kind. Dit kan bijvoorbeeld door het kind van achteren vast te houden.
5. *De afgesproken consequenties toepassen na de driftbui* – eerder om de kans op toekomstige driftbuien te verkleinen dan de huidige driftbui te beëindigen. Een techniek die vaak wordt gebruikt is 'response cost'. Hierbij dienen kinderen eerder verworven punten (of stickers, sterren, …) in een token-economy-systeem weer in te leveren. 'Overcorrectie' kan worden toegepast als vergoeding of schadeloosstelling voor personen die pijn hebben gehad of hebben geleden door de uitbarsting. Deze negatieve gevolgen mogen niet buitensporig of bestraffend zijn.
6. *Latere bespreking.* Zoals gezegd kan wanneer de rust is weergekeerd een gesprek worden gevoerd om de communicatieve functie van de driftbui of de situatie die er aanleiding toe gaf te begrijpen. Voelde het kind zich vernederd of onrechtvaardig behandeld? Kinderen kunnen hierdoor een betere manier ontwikkelen om het gevoel kenbaar te maken, meer inzicht krijgen in de situatie of een manier vinden om driftbuien in de toekomst te voorkomen.

Gerandomiseerde gecontroleerde studies hebben over het algemeen gefocust op ruim gedefinieerde gedragsproblemen in plaats van zich specifiek te richten op prikkelbaarheid. Pilling en collega's (2013) hebben een systematisch literatuuroverzicht en meta-analyse uitgevoerd van 54 studies naar de effecten van oudertraining bij kinderen met gedragsproblemen en een normale intelligentie. Ze concludeerden dat er inderdaad een matige effectgrootte (ongeveer 0,5) was op antisociale uitkomsten – althans zoals beoordeeld door ouders (die natuurlijk graag een positief resultaat zien van het werk waarin ze nauw betrokken zijn geweest). Het effect nam echter na één jaar aanzienlijk (ongeveer de helft) af. Bovendien schatten leerkrachten de effecten van de ouderprogramma's lager in. Verder is het moeilijk geweest om aan te tonen dat dergelijke programma's even goede uitkomsten hebben in de 'echte wereld', wanneer ze routinematig worden uitgevoerd door algemene professionals, als in formeel wetenschappelijk onderzoek.

Behandelingen die gebaseerd zijn op de sociale leertheorie blijken werkzamer te zijn dan counseling en humanistische benaderingen (Bank et al. 1991). Directieve behandelingen lijken beter te werken dan niet-directieve (Charach et al. 2013).

Samengevat adviseren we op basis van de evidentie dat ouders van prikkelbare kinderen na de beoordelingsfase moeten worden verwezen naar ouderprogramma's (zoals Incredible Years of Triple P) die zijn gebaseerd op de principes van sociaal leren en op de ontwikkeling van een warme sfeer, goede communicatie en consistente discipline. We merken ook op dat de evidentie niet sterk genoeg is om te kunnen aanbevelen dat dit voldoende is. De problematiek van veel kinderen zal dermate ernstig zijn dat het aangewezen is om onmiddellijk te starten met een behandeling die heel specifiek gericht is op de stoornis(sen) waar ze mee te kampen hebben.

Benaderingen die niet gericht zijn op gezinnen maar op de kinderen zelf gebruiken voornamelijk cognitieve gedragstechnieken voor woedebeheersing en de verandering van agressieve of gewelddadige attitudes. Technieken voor woedebeheersing zijn gedetailleerd beschreven in verschillende handleidingen (bijvoorbeeld Feindler et al. 1986; Deffenbacher et al. 2000). Ze omvatten doorgaans educatie over het herkennen van de uitlokkers van de woede en de vroege signalen van woedeontwikkeling. Als ze eenmaal geïdentificeerd zijn, worden in een volgende stap manieren gezocht om de arousal onder controle te houden, zoals diepe ademhaling, spierontspanning en positieve verbeelding. Bespreking en oefeningen dragen bij aan de cognitieve herstructurering van vijandige attributies ('Zou er nog een andere verklaring kunnen zijn voor die gebeurtenis?'). Er worden manieren gezocht om met de individuele problemen om te gaan ('Welke andere dingen zouden er gedaan kunnen worden als mensen gestraft zijn?', 'Kun je dat de volgende keer ook doen?'). In rollenspelen van situaties die in het verleden een driftbui hebben veroorzaakt, kan in het hier en nu geoefend worden met het oplossen van conflicten. Deze manieren kunnen vervolgens naar de echte wereld worden overgedragen, daar worden ingeoefend en de resultaten daarvan kunnen worden opgeschreven.

Er is in de wetenschappelijke literatuur bewijs te vinden voor de werkzaamheid van individuele programma's, zoals het SCARE-programma (Herrmann et al. 2003). Een meta-analyse van Sukhodolsky en collega's (2004) is gebaseerd op 21 gepubliceerde en 19 ongepubliceerde rapporten. De gemiddelde effectgrootte (0,67) was groot genoeg om de individuele programma's te gebruiken in de klinische praktijk. Vaardigheidstraining, probleemoplossing en affectief onderwijs hadden allemaal minstens een matig effect, maar probleemoplossende behandelingen waren effectiever dan de andere in het verminderen van subjectieve ervaringen van woede.

14.3 Farmacologische behandeling van prikkelbaarheid

Psychologische interventies hebben hun verdiensten en moeten beschikbaar zijn, maar ze zijn niet universeel of onveranderlijk effectief. Samen met het gebrek aan getrainde therapeuten, heeft dit bijgedragen aan het wijdverbreide gebruik van medicijnen bij kinderen en jongeren.

Medicatie kan erg effectief zijn wanneer deze specifiek gericht is op een onderliggende aandoening. Dit werd in de hoofdstukken over de specifieke psychologische problemen

14.3 · Farmacologische behandeling van prikkelbaarheid

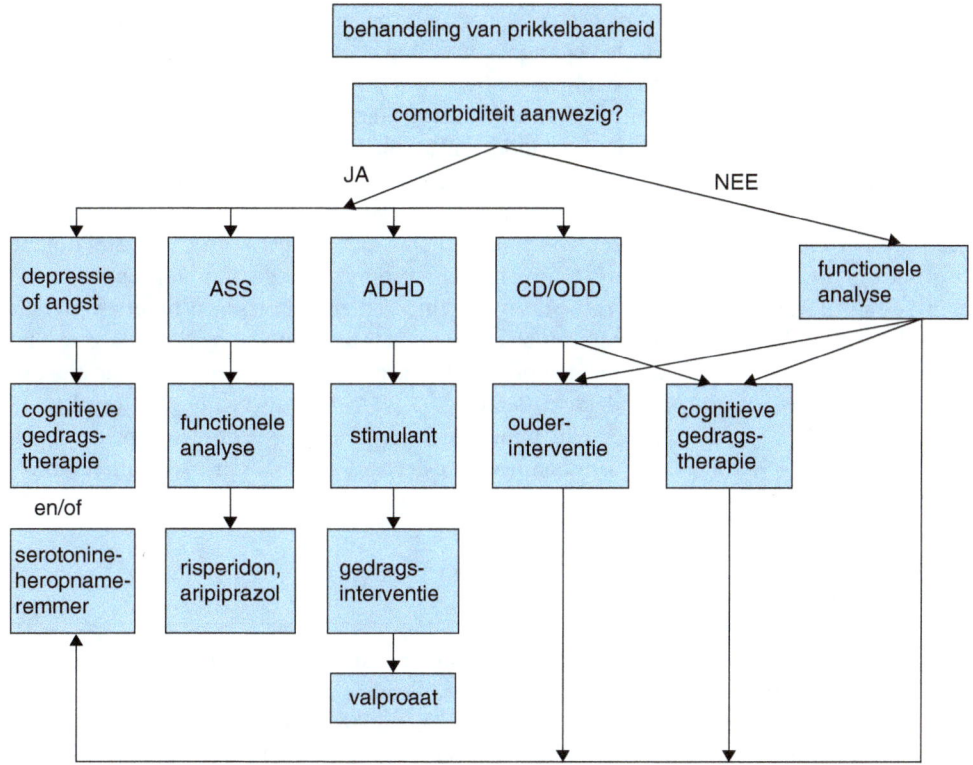

◧ **Figuur 14.2** Behandelingsalgoritme voor prikkelbaarheid. *ASS* autismespectrumstoornis; *ADHD* aandachtstekortstoornis met hyperactiviteit; *CD/ODD* antisociale gedragsstoornis/oppositioneel-opstandige gedragsstoornis

besproken. In het kader van dit hoofdstuk is het echter nodig om te kijken naar het generieke gebruik van medicijnen, waarbij er geen andere indicatie is dan de aanwezigheid van prikkelbaarheid en disruptieve stemming. Hiervoor is er echter weinig wetenschappelijke evidentie. We vatten de huidige stand van zaken samen in het stroomdiagram van ◧ fig. 14.2.

14.3.1 Anti-epileptica

Anti-epileptica worden ook gebruikt als stemmingsstabilisatoren. Divalproex, andere valproaatpreparaten, carbamazepine en lamotrigine zijn de medicijnen die voor dit doel het meest bestudeerd zijn bij volwassenen. Schattingen van serumconcentraties zijn algemeen beschikbaar en de dosering dient dienovereenkomstig te worden getitreerd: het therapeutische bereik voor valproaat is ongeveer 80–120 mg/ml. Als de dosering niet wordt bepaald via bloedonderzoek, dan bedraagt de dosis voor valproaat 10–20 mg/kg/dag in verdeelde doses en voor carbamazepine 5 mg/kg/dag in verdeelde doses.

Donovan en collega's (2000) deden een klein onderzoek bij 20 kinderen tussen 10 en 18 jaar met een oppositioneel-opstandige gedragsstoornis of antisociale gedragsstoornis in combinatie met 'explosieve' driftbuien en een labiele stemming. De ene groep kinderen kreeg een actieve behandeling met divalproex en de andere groep kreeg een placebo. De kinderen in de actieve behandelingsgroep reageerden beter op de behandeling dan de kinderen die een placebo toegediend kregen. Voor het overige is er weinig evidentie voor prikkelbare kinderen die geen bipolaire stoornis of ASS hebben.

De bijwerkingen van anti-epileptica zijn op de lange termijn misschien minder hinderlijk dan die van de tweede-generatieantipsychotica, maar zijn nog steeds aanzienlijk. Sedatie en hoofdpijn komen vaak voor, en soms wordt ook gewichtstoename gezien. Valproaat zou bij vrouwen enkel mogen worden gegeven voor hardnekkige epilepsie en niet voor psychiatrische complicaties, omdat de gevaren voor beschadiging van de foetus en de eierstokfunctie te groot zijn. Zelfbeschadiging is ook een veel beschreven mogelijk gevaar. Volgens een meta-analyse van 11 verschillende anti-epileptica voor kinderen en volwassenen bij een verscheidenheid aan aandoeningen (epilepsie, bipolaire stoornis, migraine, …) bedroeg de geschatte totale oddsratio voor suïcidale gedachten of suïcidaal gedrag bij patiënten die medicatie kregen tegenover met placebo behandelde patiënten 1,80 (95 % betrouwbaarheidsinterval 1,24–2,66) (FDA 2008). (Anti-epileptica zijn minder effectief dan laag gedoseerde neuroleptica bij de behandeling van manische aandoeningen die gepaard gaan met prikkelbaarheid, zoals beschreven in ▶ H. 10.)

14.3.2 Antipsychotica

Antipsychotica nemen een duidelijke plaats in bij de behandeling van de bipolaire stoornis. Lage doses antipsychotica worden ook veel gebruikt voor aandoeningen waarbij agitatie, angst en agressie onder controle moeten worden gehouden. Alle antipsychotica blokkeren dopaminereceptoren, en de meeste werken ook op serotonine- (5HT-) receptoren. De antipsychotica verschillen in de dopaminereceptoren en andere receptoren die ze blokkeren (zie ◻ tab. 14.3). Er is bewijs voor de werkzaamheid bij ernstige prikkelbaarheid bij ASS (zie ▶ H. 8) en/of verstandelijke beperking (zie ▶ H. 13), waar verscheidene goede studies – met name van risperidon – systematisch zijn gereviewd en hebben geleid tot goedkeuring door toezichthouders. Dit bewijs heeft hun gebruik gestaafd in de behandeling van prikkelbaarheid, ongeacht de oorzaak en onderliggende psychiatrische diagnose ervan.

De hoge doses antipsychotica die worden gebruikt voor de behandeling van psychiatrische aandoeningen hebben ook een zorgwekkend profiel van bijwerkingen. De eerste-generatieantipsychotica (chloorpromazine is de standaard) hadden beruchte effecten op het extrapiramidale motorische systeem, die misschien nog wel frequenter, stigmatiserender en invaliderender waren voor jonge patiënten. De tweede-generatieantipsychotica (waarvan risperidon het meest wordt gebruikt) hebben minder impact op de motorische controle dan de eerste-generatiegeneesmiddelen, maar hebben wel meer nadelige metabole effecten: obesitas, toename van het gehalte van triglyceriden, lipoproteïnen met een niet-hoge dichtheid, cholesterol en glucose (die zelfs kan resulteren in diabetes type II) in het bloed, en endocriene veranderingen zoals hyperprolactinemie (wat kan leiden tot ongepaste lactatie bij beide geslachten en polycysteuze eierstokken en menstruele onregelmatigheden bij meisjes en vrouwen). Constipatie kan een ernstig probleem worden bij kinderen met een ontwikkelingsachterstand.

In lage doses (tot 2 mg risperidon) en voor korte periodes (tot 3 maanden continu gebruik) kunnen de voordelen van deze medicatie soms groter zijn dan de nadelen voor ernstig getroffen kinderen die schade ondervinden in hun leven door de problemen en die niet geholpen zijn met psychologische interventies. Het opmaken van de balans tussen risico en voordeel is complexer bij situaties waarin geen passende psychologische hulp is verleend. Het

14.3 · Farmacologische behandeling van prikkelbaarheid

Tabel 14.3 Overwegingen specifiek voor tweede-generatieantipsychotica

middel	receptactiviteit naast generieke	gebruik voor beheersing van prikkelbaarheid	veiligheidsoverwegingen
risperidon, paliperidon en anderen	algemeen; zie tekst	prikkelbaarheid bij autisme	risperidon heeft een lager risico op epileptische aanvallen dan veel antipsychotica
quetiapine	H1-blokker alfa-1-adrenoreceptorblokkade lage D2-binding	actieve werking bij depressie	sedatie hypothyreoïdisme weinig extrapiramidale symptomen weinig epilepsie weinig hyperprolactinemie
amisulpride (lage dosis)	remt dopamine-autoreceptoren	niet goedgekeurd voor enig doel in de VS (mogelijk nuttig voor negatieve symptomen)	agitatie
amisulpride (hoge dosis) (> 400 mg)	remt postsynaptische receptoren blokkeert 5HT-7 klein effect op 5HT-1A, -2A, C-blokkade	mogelijk nuttig bij depressie	Q-T-interval verlengd
aripiprazol	gedeeltelijke dopamineagonist	helpt bij klinische depressie prikkelbaarheid bij ASS	minder metabole en endocriene risico's dan de meeste antipsychotica, iets meer extrapiramidale symptomen
olanzapine	multiplereceptorantagonist inclusief muscarine M3	geringe evidentie voor waarde	hoge werkzaamheid veel obesitas en metabole en endocriene problemen

5HT serotonine, *ASS* autismespectrumstoornis.

voordeel wordt dan gereduceerd door de mogelijkheid dat ze hadden kunnen verbeteren zonder blootstelling aan de risico's van de medicatie. Bovendien moeten ethische aspecten zorgvuldig worden overwogen wanneer het probleem eerder een impact heeft op andere personen dan op het kind zelf. Andere gezinsleden hebben er dan misschien het grootste voordeel van, terwijl de belangrijkste risico's door het kind of de jongere worden gedragen.

De gevaren zijn evenredig aan de bloedgehaltes. Deze worden zowel door de dosis als door de stofwisseling in de lever bepaald. Verschillende tweede-generatieantipsychotica worden afgebroken door verschillende cytochrome iso-enzymen. Interacties met andere geneesmiddelen en voedingsstoffen die deze enzymen remmen (bijvoorbeeld sommige antidepressiva) of hun werking versterken (bijvoorbeeld sommige anticonvulsiva) zullen daarom van geneesmiddel tot geneesmiddel variëren. Voorschrijvers dienen over het algemeen een klein aantal geneesmiddelen te gebruiken die ze goed kennen en advies in te winnen wanneer er andere medicatie nodig is.

Gebruik op lange termijn, voorbij de grens van drie maanden, is soms gerechtvaardigd als de mogelijke risico's in de gaten worden gehouden, als er duidelijke aanwijzingen zijn voor weinig nadelige gevolgen en als dit een grote meerwaarde heeft (bijvoorbeeld de mogelijkheid hebben om thuis te blijven wonen wanneer die anders in gevaar is). Het is verleidelijk om de doseringen in de loop van de tijd op te drijven: zoals bij elke fluctuerende stoornis, kan de dosis worden verhoogd bij een verslechtering en kan deze worden behouden tijdens stabiele periodes. Wij raden maandelijkse controles aan, inclusief beoordelingsschalen, waarbij de dosis wordt verlaagd tijdens periodes van relatieve kalmte. Fysieke monitoring, inclusief het uittekenen van het gewicht op groeikaarten, kan driemaandelijks worden uitgevoerd als de dosis laag is en niet werd verhoogd.

Toekomstige richtingen en een model voor prikkelbaarheid

Samenvatting

Dit hoofdstuk komt terug op enkele hoofdthema's van het boek om te bepalen wat de meestbelovende onderzoeksgebieden zijn om prikkelbaarheid en de onderliggende mechanismen ervan te begrijpen. Toekomstig onderzoek zou zich in het bijzonder kunnen richten op hoe prikkelbaarheid kan worden onderscheiden van andere emoties, hoe we de heterogeniteit en hersenmechanismen ervan kunnen begrijpen en hoe we de duur ervan kunnen vertalen naar klinisch relevante tijdschalen. Het bewijsmateriaal tot nu toe suggereert dat prikkelbaarheid een dimensie is die bij verschillende stoornissen voorkomt. Zij is gecorreleerd met andere dimensies van psychopathologie (bijvoorbeeld angst), maar is er ook van te onderscheiden. Bovendien lijkt zij haar eigen ontwikkelingsverloop te volgen met een aanzienlijke stabiliteit door de tijd heen. Daarnaast voorspelt prikkelbaarheid onafhankelijk van de aanwezigheid van andere aandoeningen toekomstige psychopathologie en beperkingen. Het blijft onduidelijk of de prikkelbaarheid die men bijvoorbeeld bij ADHD aantreft, dezelfde etiologie heeft als die van een kind met depressie.

15.1 Prikkelbaarheid, het dreigingsnetwerk en andere emoties – 124

15.2 Prikkelbaarheid: duur en gemoedstoestand – 125

15.3 Prikkelbaarheid: één of meer? – 125

© Bohn Stafleu van Loghum is een imprint van Springer Media B.V., onderdeel van Springer Nature 2018
I. Buyck, A. Stringaris en E. Taylor, *Prikkelbaarheid bij kinderen en adolescenten*,
https://doi.org/10.1007/978-90-368-2081-3_15

Prikkelbaarheid werd in het verleden soms beschouwd als een heterogeen gedragsprobleem, dat bij de meeste psychische stoornissen van kinderen voorkwam, maar geen bijzondere betekenis voor de behandeling had. Bij het bekijken van de verschillende stoornissen hebben we echter gemerkt dat prikkelbaarheid consistente kenmerken vertoont bij verschillende aandoeningen. Of zij nu bij ADHD, ODD, DMDD of diffuse hersenstoornissen voorkomt, prikkelbaarheid manifesteert zich steeds als een stemmingsstoornis. De behandeling ervan zorgt voor soortgelijke problemen bij de diverse verschijningsvormen. Clinici kunnen het met recht als een coherente dimensie van een verstoorde emotionele ontwikkeling beschouwen, en dit dienovereenkomstig in hun therapieplan opnemen. Onderzoekers kunnen het integreren in de 'domeinen' van een stoornis die nauwer aansluiten bij de processen volgens welke psychopathologie zich ontwikkelt dan diagnostische categorieën.

Deze manier van denken vraagt om nieuw onderzoek. In feite kunnen meerdere onderzoekers nog jarenlang hun loopbaan nuttig besteden aan het vullen van de lacunes in onze kennis. Vanuit klinisch en praktijkgericht oogpunt is het hard nodig om meer te weten te komen over de factoren die ten grondslag liggen aan de hardnekkigheid en remissie van aanhoudende toestanden van woede. Er zijn therapeutische studies nodig bij kinderen met ernstige en chronische prikkelbaarheid. Conceptueel moeten we ook vooruitgang boeken. Hier zullen wij aandacht besteden aan wat wij zien als de belangrijkste richtingen voor toekomstig onderzoek naar prikkelbaarheid.

15.1 Prikkelbaarheid, het dreigingsnetwerk en andere emoties

In ▶H. 6 hebben we besproken hoe de activatie van een hersennetwerk van dreiging, dat de amygdala, hypothalamus en het periaqueductale grijs omvat, ook de grondslag kan vormen van prikkelbaarheid. Dit hersennetwerk is een evolutionair bewaard gebleven substraat voor het reageren op bedreigende stimuli. Het idee is dat omgevingsomstandigheden, met name de mogelijkheid tot ontsnapping, het daaruit voortvloeiende gedrag en gevoel bepaalt. Als er geen ontsnapping mogelijk is, kan in plaats van een angstige ontsnapping reactieve agressie worden verwacht.

Dit is een zeer aantrekkelijke theorie, die nog niet expliciet bij dieren of bij mensen is getoetst. Zij moet relatief eenvoudig te toetsen zijn. Onze hypothese is dat binnen één en hetzelfde individu de omgevingsomstandigheden het gedrag en de gevoelens bepalen die de respons karakteriseren. De vraag is dan welke hersengebieden de omgevingsomstandigheden evalueren. In navolging van Rolls en anderen zouden we verwachten dat de orbitofrontale cortex een sleutelrol speelt, althans voor de waardebeoordeling, en dat de anterieure cingulaire cortex betrokken is bij conflictmonitoring. Het is echter belangrijk om te bepalen of het onderscheiden tussen verschillende potentiële uitkomsten ook een afzonderlijke topografie rerepresenteert in de hersenen en hoe dit op gedrag en gevoelens reflecteert. Het uitvoeren van dergelijke experimenten zal nuttig zijn op het gebied van de prikkelbaarheid, maar het zou ook een aantal oude raadsels kunnen oplossen over de fysiologische substraten van fenomenologisch van elkaar onderscheiden emoties.

Nadat dit onderzocht is, is de volgende vraag hoe interpersoonlijke verschillen te verklaren zijn: sommige personen zijn veel meer geneigd tot prikkelbaarheid dan tot angstige terugtrekking. Onze hypothese is dat dit in ieder geval gedeeltelijk wordt bepaald door eerdere ervaring (inclusief sociaal leren). Ook dit is toetsbaar bij zowel dieren als mensen en experimentele opstellingen met het primen van proefpersonen zouden belangrijke aanwijzingen kunnen opleveren. Ook hier zal een sleutelvraag zijn om onderscheid te maken tussen hersengebieden – vermoedelijk autobiografische informatie die wordt opgehaald uit de hippocampale formatie. We verwachten dat taal – in de vorm van uitweidingen en verhalen bij gebeurtenissen – een krachtige invloed op emotieregulatie heeft. Uiteraard kan het uitvoeren van dergelijke experimenten doelstellingen voor psychologische behandeling en eventueel innovatieve interventies zoals neurofeedback opleveren.

15.2 Prikkelbaarheid: duur en gemoedstoestand

De vorige paragraaf richtte zich op prikkelbaarheid als reactie op een gebeurtenis. De alledaagse ervaring wijst echter uit dat prikkelbaarheid vrijwel uit het niets of in ieder geval zonder een schijnbare aanleiding kan ontstaan. Veel patiënten vertellen dat ze 's morgens wakker worden en zich prikkelbaar voelen zonder dat ze goed weten waarom. Bovendien beschrijven patiënten dat een dergelijke toestand van prikkelbaarheid lang kan aanhouden (minuten, uren of dagen). Het is erg moeilijk (en ethisch onverantwoord) om deze langdurige stemmingen in een laboratorium op te wekken. Totdat we deze verschijnselen nauwkeuriger hebben bestudeerd, weten we echter niet hoe nauw gefaseerde prikkelbaarheid (de reactie op een dreiging) aansluit bij hardnekkige of tonische prikkelbaarheid. Er zijn veel minder kinderen met langdurige prikkelbaarheid (bijvoorbeeld kinderen die 'vaak' scoren op items als 'mijn prikkelbaarheid duurt de hele dag') dan kinderen die driftbuien hebben, en ze lijken hier meer beperkingen van te ondervinden. Het blijft onduidelijk of ze een afzonderlijke pathofysiologische groep vormen. Vanuit neurowetenschappelijk oogpunt is er een grote lacune in ons begrip over wat langduriger gemoedstoestanden veroorzaakt. Het is onduidelijk welke hersenmechanismen ten grondslag liggen aan de chroniciteit van een stemming. Prikkelbaarheid lijkt een veel makkelijker doelwit om dit belangrijke probleem te onderzoeken – zeker als dat in eerste instantie gebeurt met behulp van frustratie bij dieren – voordat het wordt gegeneraliseerd naar het bestuderen van andere stemmingen zoals depressie of manie. Het onderzoeken van de rol van neurotransmitters – en het begrijpen van de functionele veranderingen die ze veroorzaken – zal de sleutel zijn. In dit opzicht kunnen varianten van de experimenten die gebruikmaken van functionele beeldvorming en waarin neurotransmittergehaltes worden gemanipuleerd bij dieren en mensen een goede stap voorwaarts zijn. Inzichten uit dergelijke experimenten kunnen de vruchtbaarste grond vormen voor de ontwikkeling van medicatie voor stemmingsstoornissen.

15.3 Prikkelbaarheid: één of meer?

Tot nu toe suggereert onderzoek dat prikkelbaarheid een dimensie is die bij verschillende aandoeningen voorkomt. Het is gecorreleerd met andere dimensies van psychopathologie (bijvoorbeeld angst), maar is er ook van te onderscheiden. Bovendien lijkt het een eigen ontwikkelingsverloop te volgen dat aanzienlijk stabiel is in de loop van de tijd. Verder kan prikkelbaarheid, zoals besproken, onafhankelijk van andere aandoeningen toekomstige psychopathologie en beperkingen voorspellen. Het blijft onduidelijk of de prikkelbaarheid die bijvoorbeeld bij ADHD voorkomt, dezelfde etiologie heeft als degene die bij een kind met een depressie waargenomen wordt. Om een analogie te gebruiken: het is aannemelijk dat de etiologische processen die betrokken zijn bij vrees bij een fobische stoornis en bij een depressie hetzelfde of zeer vergelijkbaar zijn (hoewel de inhoud van de vrees, hetgeen waar men bang voor is, anders kan zijn). Een tegenvoorbeeld is echter aandacht en concentratie: kinderen met ADHD kunnen zich niet concentreren, maar waarschijnlijk om andere redenen dan degene die het personen met een gegeneraliseerde angststoornis moeilijk maken om zich te concentreren. Hoe zou dit zijn voor prikkelbaarheid? Zoals gezegd, lijkt het er op dit moment op dat prikkelbaarheid een dimensie is die bij verschillende stoornissen voorkomt. Maar dit zou kunnen zijn omdat onze meting van prikkelbaarheid te grof is. Bovendien lijkt het feit dat prikkelbaarheid verbetert door een verscheidenheid aan behandelingen, vaak specifiek voor onderliggende aandoeningen, ten minste een aantal algemene etiologische mechanismen te suggereren. We raden de volgende richtingen voor onderzoek aan om deze sleutelvraag aan te pakken: ten eerste, kwalitatieve rapportages van ouders en kinderen bij diverse aandoeningen; ten tweede, contextuele meting; ten derde, het gebruik van een genetisch informatieve onderzoeksopzet; en ten slotte experimentele en beeldvormingsonderzoeken onder verschillende omstandigheden.

Bijlagen

Een schaal om prikkelbaarheid te meten – 128

ARI-P – 129

ARI-S – 130

Literatuur – 131

Register – 142

© Bohn Stafleu van Loghum is een imprint van Springer Media B.V., onderdeel van Springer Nature 2018
I. Buyck, A. Stringaris en E. Taylor, *Prikkelbaarheid bij kinderen en adolescenten*,
https://doi.org/10.1007/978-90-368-2081-3

Een schaal om prikkelbaarheid te meten

Gelieve deze link te gebruiken voor meer informatie over de vragenlijsten en de vertaling ervan in andere talen:
- www.nimh.nih.gov.

ARI-P

Naam van de deelnemer:
Leeftijd:

Duid voor elke zin aan of hij 'niet waar', 'een beetje waar' of 'helemaal waar' is door het meest gepaste antwoord aan te kruisen. Het gaat erom hoe goed de zin de gedragingen of gevoelens van uw zoon/dochter de laatste zes maanden beschrijft. Probeer alle vragen te beantwoorden.

	niet waar	een beetje waar	helemaal waar
ergert zich snel aan anderen	☐	☐	☐
verliest vaak zijn/haar kalmte	☐	☐	☐
blijft lange tijd boos	☐	☐	☐
is het grootste deel van de tijd boos	☐	☐	☐
wordt vaak boos	☐	☐	☐
verliest gemakkelijk zijn/haar kalmte	☐	☐	☐
over het algemeen is het zo dat zijn/haar prikkelbaarheid problemen veroorzaakt	☐	☐	☐

Heel erg bedankt voor uw deelname!

© 2012 Stringaris A (King's College London), Goodman R (King's College London), Ferdinando S (King's College London), Razdan V (National Institutes of Health), Muhrer E (National Institutes of Health), Leibenluft E (National Institutes of Health), Brotman MA (National Institutes of Health).

» De vragenlijst mag zonder toestemming gereproduceerd worden door clinici voor gebruik bij hun eigen patiënten. Voor elk ander gebruik, waaronder elektronisch gebruik, is voorafgaande schriftelijke toestemming van de auteurs vereist.

ARI-S

Naam van de deelnemer:
Leeftijd:

Duid voor elke zin aan of hij 'niet waar', 'een beetje waar' of 'helemaal waar' is door het meest gepaste antwoord aan te kruisen. Het gaat erom hoe goed de zin jouw gedragingen of gevoelens van de voorbije zes maanden in vergelijking met anderen van jouw leeftijd beschrijft. Probeer alle vragen te beantwoorden.

	niet waar	een beetje waar	helemaal waar
ik erger me snel aan anderen	☐	☐	☐
ik verlies vaak mijn kalmte	☐	☐	☐
ik blijf lange tijd boos	☐	☐	☐
ik ben het grootste deel van de tijd boos	☐	☐	☐
ik word vaak boos	☐	☐	☐
ik verlies gemakkelijk mijn kalmte	☐	☐	☐
over het algemeen is het zo dat mijn prikkelbaarheid me in de problemen brengt	☐	☐	☐

Heel erg bedankt voor je deelname!

© 2012 Stringaris A (King's College London), Goodman R (King's College London), Ferdinando S (King's College London), Razdan V (National Institutes of Health), Muhrer E (National Institutes of Health), Leibenluft E (National Institutes of Health), Brotman MA (National Institutes of Health).

» De vragenlijst mag zonder toestemming gereproduceerd worden door clinici voor gebruik bij hun eigen patiënten. Voor elk ander gebruik, waaronder elektronisch gebruik, is voorafgaande schriftelijke toestemming van de auteurs vereist.

Literatuur

Abraham, K. (1911). *Notes on the psycho-analytical investigation and treatment of manic-depressive insanity and allied conditions.* London: Leonard and Virginia Woolf at the Hogarth Press and Institute of Psychoanalysis.

Achenbach, T. M. (1991). *Manual for the child behaviour checklist 4–18 and 1991 profile.* Burlington: University of Vermont, Department of Psychiatry.

Adamson, L. B., et al. (2003). The still face: A history of a shared experimental paradigm. *Infancy, 4,* 451–473.

Adleman, N. E., et al. (2011). Neural correlates of reversal learning in severe mood dysregulation and pediatric bipolar disorder. *Journal of the American Academy of Child & Adolescent Psychiatry, 50*(1173–1185), e2.

Aebi, M., et al. (2010). Predictability of oppositional defiant disorder and symptom dimensions in children and adolescents with ADHD combined type. *Psychological Medicine, 40,* 2089–2100.

Aebi, M., et al. (2012). The use of the development and well-being assessment (DAWBA) in clinical practice: A randomized trial. *European Child and Adolescent Psychiatry, 21,* 559–567.

Aman, M. G., et al. (1985). The aberrant behavior checklist: A behavior rating scale for the assessment of treatment effects. *American Journal of Mental Deficiency, 89,* 485–491.

Aman, M. G., et al. (2002). Double-blind, placebo-controlled study of risperidone for the treatment of disruptive behaviors in children with subaverage intelligence. *American Journal of Psychiatry, 159,* 1337–1346.

Aman, M. G., et al. (2004). Risperidone effects in the presence/absence of psychostimulant medicine in children with ADHD, other disruptive behavior disorders, and subaverage IQ. *Journal of Child and Adolescent Psychopharmacology, 14,* 243–254.

Aman, M. G., et al. (2005). Acute and long-term safety and tolerability of risperidone in children with autism. *Journal of Child and Adolescent Psychopharmacology, 15,* 869–884.

Aman, M. G., et al. (2009). Medication and parent training in children with pervasive developmental disorders and serious behavior problems: Results from a randomized clinical trial. *Journal of the American Academy of Child and Adolescent Psychiatry, 48,* 1143–1154.

Ambrosini, P. J., et al. (2013). Attention deficit hyperactivity disorder characteristics: II. Clinical correlates of irritable mood. *Journal of Affective Disorders, 145,* 70–76.

Angold, A., et al. (1995a). A test–retest reliability study of child-reported psychiatric symptoms and diagnoses using the Child and Adolescent Psychiatric Assessment (CAPA-C). *Psychological Medicine, 25,* 755–762.

Angold, A., et al. (1995b). The Child and Adolescent Psychiatric Assessment (CAPA). *Psychological Medicine, 25,* 739–753.

Angold, A., et al. (1999). Comorbidity. *Journal of Child Psychology and Psychiatry, 40,* 57–87.

American Psychiatric Association (2000). *Diagnostic and statistical manual of mental disorders: DSM-IV-TR.* Washington, DC: American Psychiatric Press.

American Psychiatric Association (2013). *Diagnostic and statistical manual of mental disorders: DSM-5.* Washington, DC: American Psychiatric Association.

Averill, J. R. (1982). *Anger and aggression: An essay on emotion.* New York: Springer.

Baguley, I. J., et al. (2006). Aggressive behavior following traumatic brain injury: How common is common? *Journal of Head Trauma Rehabilitation, 21,* 45–56.

Bandura, A. (1973). *Aggression: A social learning analysis.* Upper Saddle River, NJ: Prentice Hall.

Bank, L., et al. (1991). A comparative evaluation of parent-training interventions for families of chronic delinquents. *Journal of Abnormal Child Psychology, 19,* 15–33.

Barkley, R. A., et al. (2010). The unique contribution of emotional impulsiveness to impairment in major life activities in hyperactive children as adults. *Journal of the American Academy of Child & Adolescent Psychiatry, 49,* 503–513.

Barnhart, R. K. (Ed.). (1988). *Irritate. Chambers dictionary of etymology.* Edinburgh: Chambers.

Barrett, L. F. (2011). Was Darwin wrong about emotional expressions? *Current Directions in Psychological Science, 20,* 400–406.

Barzman, D. H., et al. (2004). The effectiveness and tolerability of aripiprazole for pediatric bipolar disorders: A retrospective chart review. *Journal of Child and Adolescent Psychopharmacology, 14,* 593–600.

Bates, J. E., et al. (1998). Interaction of temperamental resistance to control and restrictive parenting in the development of externalizing behavior. *Developmental Psychology, 34,* 982–995.

Bear, G. G., et al. (2009). Shame, guilt, blaming, and anger: Differences between children in Japan and the US. *Motivation and Emotion, 33,* 229–238.

Beesdo, K., et al. (2009). Common and distinct amygdala-function perturbations in depressed vs anxious adolescents. *Archives of General Psychiatry, 66,* 275–285.

Behrmann, M., et al. (2004). Parietal cortex and attention. *Current Opinion in Neurobiology, 14,* 212–217.

Biederman, J. (2006). The evolving face of pediatric mania. *Biological Psychiatry, 60,* 901.

Biederman, J., et al. (2005). Open-label, 8-week trial of olanzapine and risperidone for the treatment of bipolar disorder in preschool-age children. *Biological Psychiatry, 58,* 589–594.

Biederman, J., et al. (2007). A prospective open-label treatment trial of ziprasidone monotherapy in children and adolescents with bipolar disorder. *Bipolar Disorder, 9,* 888–894.

Birmaher, B., et al. (2009). Four-year longitudinal course of children and adolescents with bipolar spectrum disorders: the Course and Outcome of Bipolar Youth (COBY) study. *American Journal of Psychiatry, 166,* 795–804.

Blader, J. C., et al. (2007). Increased rates of bipolar disorder diagnoses among U.S. child, adolescent, and adult inpatients, 1996–2004. *Biological Psychiatry, 62,* 107.

Blader, J. C., et al. (2009). Adjunctive divalproex versus placebo for children with ADHD and aggression refractory to stimulant monotherapy. *American Journal of Psychiatry, 166,* 1392–1401.

Blair, R. J. (2012). Considering anger from a cognitive neuroscience perspective. *Wiley Interdisciplinary Reviews: Cognitive Science, 3,* 65–74.

Blair, R. J. (2013). The neurobiology of psychopathic traits in youths. *Nature Reviews Neuroscience, 14,* 786–799.

Bleuler, E. (1983). *Lehrbuch der Psychiatrie.* Berlin: Springer Verlag.

Boer, S. F. de, et al. (2005). 5-HT1A and 5-HT1B receptor agonists and aggression: A pharmacological challenge of the serotonin deficiency hypothesis. *European Journal of Pharmacology, 526,* 125–139.

Borke, H., et al. (1972). Perception of emotional responses to social interactions by Chinese and American children. *Journal of Cross-Cultural Psychology, 3,* 309–314.

Boylan, K., et al. (2007). Comorbidity of internalizing disorders in children with oppositional defiant disorder. *European Child and Adolescent Psychiatry, 16,* 484–494.

Bradley, E., et al. (2006). Episodic psychiatric disorders in teenagers with learning disabilities with and without autism. *The British Journal of Psychiatry, 189,* 361–366.

Brent, D., et al. (2008). Switching to another SSRI or to venlafaxine with or without cognitive behavioral therapy for adolescents with SSRI-resistant depression: The TORDIA randomized controlled trial. *Journal of the American Medical Association, 299,* 901–913.

Brooks, B. R., et al. (2004). Treatment of pseudobulbar affect in ALS with dextromethorphan/quinidine: A randomized trial. *Neurology, 63,* 1364–1370.

Brotman, M. A., et al. (2006). Prevalence, clinical correlates, and longitudinal course of severe mood dysregulation in children. *Biological Psychiatry, 60,* 991–997.

Brotman, M. A., et al. (2007). Parental diagnoses in youth with narrow phenotype bipolar disorder or severe mood dysregulation. *American Journal of Psychiatry, 164,* 1238–1241.

Brotman, M. A., et al. (2010). Amygdala activation during emotion processing of neutral faces in children with severe mood dysregulation versus ADHD or bipolar disorder. *American Journal of Psychiatry, 167,* 61–69.

Brown, J., et al. (2009). Selective serotonin reuptake inhibitors for premenstrual syndrome. *Cochrane Database of Systematic Reviews,* (2), CD001396.

Budhani, S., et al. (2007). Neural correlates of response reversal: Considering acquisition. *Neuroimage, 34,* 1754–1765.

Burke, J. D. (2012). An affective dimension within oppositional defiant disorder symptoms among boys: Personality and psychopathology outcomes into early adulthood. *Journal of Child Psychology and Psychiatry, 53,* 1176–1183.

Burke, J. D., et al. (2010). Dimensions of oppositional defiant disorder as predictors of depression and conduct disorder in preadolescent girls. *Journal of the American Academy of Child & Adolescent Psychiatry, 49,* 484–492.

Burton, R. (1932). Symptoms or signs in the mind. In H. Jackson (Ed.), *The anatomy of melancholy.* Totowa, NJ: J. M. Dent & Sons Ltd.

Bushman, B. J., & Anderson, C. A. (2001). Is it time to pull the plug on hostile versus instrumental aggression dichotomy? *Psychological Review, 108,* 273–279.

Buss, K. A., & Goldsmith, H. H. (1998). Fear and anger regulation in infancy: Effects on the temporal dynamics of affective expression. *Child Development, 69,* 359–374.

Calabrese, J. R., et al. (2005). A randomized, double-blind, placebo-controlled trial of quetiapine in the treatment of bipolar I or II depression. *American Journal of Psychiatry, 162,* 1351–1360.

Calkins, S. D., et al. (2002). Frustration in infancy: implications for emotion regulation, physiological processes, and temperament. *Infancy, 3,* 175–197.

Canitano, R., et al. (2011). Psychopharmacology in autism: An update. *Progress in Neuro-Psychopharmacology & Biological Psychiatry, 35,* 18–28.

Capaldi, D. M. (1992). Co-occurrence of conduct problems and depressive symptoms in early adolescent boys: II. A 2-year follow-up at Grade 8. *Development and Psychopathology, 4,* 125–144.

Carr, E. G., et al. (2002). Positive behavior support: Evolution of an applied science. *Journal of Positive Behavior Interventions, 4,* 4–16.

Caspi, A., et al. (1996). Behavioral observations at age 3 years predict adult psychiatric disorders. Longitudinal evidence from a birth cohort. *Archives of General Psychiatry, 53,* 1033–1039.

Caspi, A., et al. (2002). Role of genotype in the cycle of violence in maltreated children. *Science, 297,* 851–854.

Caspi, A., et al. (2004). Maternal expressed emotion predicts children's antisocial behavior problems: Using monozygotic-twin differences to identify environmental effects on behavioral development. *Developmental Psychology, 40,* 149–161.
Chadwick, O., et al. (2000). Factors affecting the risk of behaviour problems in children with severe intellectual disability. *Journal of Intellectual Disability Research, 44,* 108–123.
Chambers, W. J., et al. (1985). The assessment of affective disorders in children and adolescents by semistructured interview. Test–retest reliability of the schedule for affective disorders and schizophrenia for school-age children, present episode version. *Archives of General Psychiatry, 42,* 696–702.
Charach, A., et al. (2013). Interventions for preschool children at high risk for ADHD: A comparative effectiveness review. *Pediatrics, 131,* e1584–e1604.
Cipriani, A., et al. (2011). Comparative efficacy and acceptability of antimanic drugs in acute mania: A multiple-treatments meta-analysis. *Lancet, 378,* 1306–1315.
Cloninger, C. R., et al. (1993). A psychobiological model of temperament and character. *Archives of General Psychiatry, 50,* 975–990.
Coccaro, E. F., et al. (1997). Heritability of aggression and irritability: A twin study of the Buss-Durkee aggression scales in adult male subjects. *Biological Psychiatry, 41,* 273–284.
Cole, P. M., et al. (2003). Mutual emotion regulation and the stability of conduct problems between preschool and early school age. *Development and psychopathology, 15,* 1–18.
Cole, P. M., et al. (2006). Cultural variations in the socialization of young children's anger and shame. *Child Development, 77,* 1237–1251.
Colom, F., et al. (2003). A randomized trial on the efficacy of group psychoeducation in the prophylaxis of recurrences in bipolar patients whose disease is in remission. *Archives of General Psychiatry, 60,* 402–407.
Connor, D. F., et al. (2002). Psychopharmacology and aggression. I: A meta-analysis of stimulant effects on overt/covert aggression-related behaviors in ADHD. *Journal of the American Academy of Child & Adolescent Psychiatry, 41,* 253–261.
Consoli, A., et al. (2007). Treatments in child and adolescent bipolar disorders. *European Child and Adolescent Psychiatry, 16,* 187–198.
Copeland, W., et al. (2009). Configurations of common childhood psychosocial risk factors. *Journal of Child Psychology and Psychiatry, 50,* 451–459.
Copeland, W. E., et al. (2013). Prevalence, comorbidity, and correlates of DSM-5 proposed disruptive mood dysregulation disorder. *American Journal of Psychiatry, 170,* 173–179.
Correll, C. U., et al. (2010). Antipsychotic and mood stabilizer efficacy and tolerability in pediatric and adult patients with bipolar I mania: A comparative analysis of acute, randomized, placebo-controlled trials. *Bipolar Disorder, 12,* 116–141.
Cortese, S., et al. (2013). Practitioner review: Current best practice in the management of adverse events during treatment with ADHD medications in children and adolescents. *Journal of Child Psychology and Psychiatry, 54,* 227–246.
Costello, E. J., et al. (1996). The Great Smoky Mountains Study of Youth. Goals, design, methods, and the prevalence of DSM-III-R disorders. *Archives of General Psychiatry, 53,* 1129–1136.
Couppis, M. H., & Kennedy, C. H. (2008). The rewarding effect of aggression is reduced by nucleus accumbens dopamine receptor antagonism in mice. *Psychopharmacology, 197,* 449–456.
Cummings, E. M., et al. (1981). Young children's responses to expressions of anger and affection by others in the family. *Child Development, 52,* 1274–1282.
Dailey, L. F., et al. (2005). Recidivism in medication-noncompliant serious juvenile offenders with bipolar disorder. *Journal of Clinical Psychiatry, 66,* 477–484.
Davis, M., et al. (2010). Phasic vs sustained fear in rats and humans: Role of the extended amygdala in fear vs anxiety. *Neuropsychopharmacology, 35,* 105–135.
Dayu, L., et al. (2011). Functional identification of an aggression locus in the mouse hypothalamus. *Nature, 470,* 221–226.
Deater-Deckard, K., et al. (2007). Anger/frustration, task persistence, and conduct problems in childhood: A behavioral genetic analysis. *Journal of Child Psychology and Psychiatry, 48,* 80–87.
Deffenbacher, J., et al. (2000). *Overcoming situational and general anger: Therapist protocol.* Oakland, CA: New Harbinger Publications Inc.
Delbello, M. P., et al. (2002). A double-blind, randomized, placebo-controlled study of quetiapine as adjunctive treatment for adolescent mania. *Journal of the American Academy of Child & Adolescent Psychiatry, 41,* 1216–1223.
Delbello, M. P., et al. (2006). A double-blind randomized pilot study comparing quetiapine and divalproex for adolescent mania. *Journal of the American Academy of Child & Adolescent Psychiatry, 45,* 305–313.
Deltito, J. A., et al. (1998). Naturalistic experience with the use of divalproex sodium on an in-patient unit for adolescent psychiatric patients. *Acta Psychiatrica Scandinavica, 97,* 236–240.
Deveney, C. M., et al. (2013). Neural mechanisms of frustration in chronically irritable children. *American Journal of Psychiatry, 170,* 1186–1194.

Dickstein, D. P., et al. (2007). Cognitive flexibility in phenotypes of pediatric bipolar disorder. *Journal of the American Academy of Child & Adolescent Psychiatry, 46,* 341–355.

Dickstein, D. P., et al. (2009). Randomized double-blind placebo-controlled trial of lithium in youths with severe mood dysregulation. *Journal of Child and Adolescent Psychopharmacology, 19,* 61–73.

Diener, M. L., et al. (1999). Behavioral strategies for emotion regulation in toddlers: Associations with maternal involvement and emotional expressions. *Infant Behavior & Development, 22,* 569–583.

Dodds, C. M., et al. (2011). Dissociating inhibition, attention, and response control in the frontoparietal network using functional magnetic resonance imaging. *Cerebral Cortex, 21,* 1155–1165.

Dodge, K. A., et al. (1987). Hostile attributional biases among aggressive boys are exacerbated under conditions of threats to the self. *Child Development, 58,* 213–224.

Domizio, S., et al. (1993). Anti-epileptic therapy and behaviour disturbances in children. *Child's Nervous System, 9,* 272–274.

Donovan, S. J., et al. (2000). Divalproex treatment for youth with explosive temper and mood lability: A double-blind, placebo-controlled crossover design. *American Journal of Psychiatry, 157,* 818–820.

Drabick, D. A., et al. (2012). Deconstructing oppositional defiant disorder: Clinicbased evidence for an anger/irritability phenotype. *Journal of the American Academy of Child & Adolescent Psychiatry, 51,* 384–393.

Duke, A. A., et al. (2013). Revisiting the serotonin–aggression relation in humans: A meta-analysis. *Psychological Bulletin, 139,* 1148–1172.

Eisenberg, N. (2000). Emotion, regulation, and moral development. *Annual Review of Psychology, 51,* 665–697.

Eisenberg, N., et al. (1994). The relations of emotionality and regulation to children's anger-related reactions. *Child Development, 65,* 109–128.

Ekman, P., et al. (2011). What is meant by calling emotions basic? *Emotion Review, 3,* 364–370.

Elbe, D., et al. (2012). Review of the pharmacotherapy of irritability of autism. *Journal of the Canadian Academy of Child and Adolescent Psychiatry, 21,* 130–146.

Eley, T. C. (1997). General genes: A new theme in developmental psychopathology. *Current Directions in Psychological Science, 6,* 90–95.

Esser, G., et al. (1990). Epidemiology and course of psychiatric disorders in school-age children—Results of a longitudinal study. *Journal of Child Psychology and Psychiatry, 31,* 243–263.

Fabes, R. A., & Eisenberg, N. (1992). Young children's coping with interpersonal anger. *Child Development, 63,* 116–128.

Fava, M., et al. (2010). The importance of irritability as a symptom of major depressive disorder: Results from the National Comorbidity Survey Replication. *Molecular Psychiatry, 15,* 856–867.

FDA (2008). *Antiepileptic drugs and suicidality.* URL: ▶ http://www.fda.gov/downloads/Drugs/DrugSafety/PostmarketDrugSafetyInformationforPatientsandProviders/UCM192556.pdf.

Feindler, E. L., et al. (1986). *Adolescent anger control: Cognitive-behavioral techniques.* New York: Pergamon Press.

Feldman, R., et al. (1999). Mother–infant affect synchrony as an antecedent of the emergence of self-control. *Developmental Psychology, 35,* 223–231.

Fernandez de la Cruz, L., et al. (2015). Treatment of children with attention-deficit/hyperactivity disorder (ADHD) and irritability: Results from the multimodal treatment study of children with ADHD (MTA). *Journal of the American Academy of Child & Adolescent Psychiatry, 54*(1), 62–70. e3.

Ferrin, M., et al. (2011). Child and caregiver issues in the treatment of attention deficit–hyperactivity disorder: Education, adherence and treatment choice. *Future Neurology, 6,* 399–413.

Findling, R. L., et al. (2003). Combination lithium and divalproex sodium in pediatric bipolarity. *Journal of the American Academy of Child & Adolescent Psychiatry, 42,* 895–901.

Findling, R. L., et al. (2004). Long-term, open-label study of risperidone in children with severe disruptive behaviors and below-average IQ. *American Journal of Psychiatry, 161,* 677–684.

Findling, R. L., et al. (2005). Double-blind 18-month trial of lithium versus divalproex maintenance treatment in pediatric bipolar disorder. *Journal of the American Academy of Child & Adolescent Psychiatry, 44,* 409–417.

Findling, R. L., et al. (2009). Acute treatment of pediatric bipolar I disorder, manic or mixed episode, with aripiprazole: A randomized, double-blind, placebo-controlled study. *Journal of Clinical Psychiatry, 70,* 1441–1451.

Fleminger, S., et al. (2006). Pharmacological management for agitation and aggression in people with acquired brain injury. *Cochrane Database of Systematic Reviews,* (4), CD003299.

Fombonne, E. (1994). The Chartres Study: I. Prevalence of psychiatric disorders among French school-age children. *The British Journal of Psychiatry, 164,* 69–79.

Ford, T., et al. (2003). The British Child and Adolescent Mental Health Survey 1999: The prevalence of DSM-IV disorders. *Journal of the American Academy of Child & Adolescent Psychiatry, 42,* 1203–1211.

Frankenhaeuser, M. (1971). Behavior and circulating catecholamines. *Brain Research, 31,* 241–262.

Frazier, J. A., et al. (2001). A prospective open-label treatment trial of olanzapine monotherapy in children and adolescents with bipolar disorder. *Journal of Child and Adolescent Psychopharmacology, 11,* 239–250.

Freud, S. (1915). *Trauer und Melancholie*. Frankfurt: Fischer Taschenbuch Verlag.
Fristad, M. A. (2006). Psychoeducational treatment for school-aged children with bipolar disorder. *Development and Psychopathology, 18,* 1289–1306.
Gagne, J. R., & Hill Goldsmith, H. (2011). A longitudinal analysis of anger and inhibitory control in twins from 12 to 36 months of age. *Developmental Science, 14,* 112–124.
Geller, B., et al. (1998). Prepubertal and early adolescent bipolarity differentiate from ADHD by manic symptoms, grandiose delusions, ultra-rapid or ultradian cycling. *Journal of Affective Disorders, 51,* 81.
Geller, B., et al. (2002). DSM-IV mania symptoms in a prepubertal and early adolescent bipolar disorder phenotype compared to attention-deficit hyperactive and normal controls. *Journal of Child and Adolescent Psychopharmacology, 12,* 11–25.
Goodman, R. (1997). The Strengths and Difficulties Questionnaire: A research note. *Journal of Child Psychology and Psychiatry, 38,* 581–586.
Goodman, R., et al. (2000). The Development and Well-Being Assessment: description and initial validation of an integrated assessment of child and adolescent psychopathology. *Journal of Child Psychology and Psychiatry, 41,* 645–655.
Goodwin, F. K., et al. (2007). Epidemiology. In *Manic-depressive illness* (pag. 155–186). Oxford: Oxford University Press.
Goozen, S. H. van, et al. (1998). Salivary cortisol and cardiovascular activity during stress in oppositional-defiant disorder boys and normal controls. *Biological Psychiatry, 43,* 531–539.
Haas, M., et al. (2009). Risperidone for the treatment of acute mania in children and adolescents with bipolar disorder: A randomized, double-blind, placebo-controlled study. *Bipolar Disorder, 11,* 687–700.
Hagino, O. R., et al. (1995). Untoward effects of lithium treatment in children aged four through six years. *Journal of the American Academy of Child & Adolescent Psychiatry, 34,* 1584–1590.
Haller, J. (2013). The neurobiology of abnormal manifestations of aggression—A review of hypothalamic mechanisms in cats, rodents, and humans. *Brain Research Bulletin, 93,* 97–109.
Hardan, A. Y., et al. (2012). A randomized controlled pilot trial of oral N-Acetylcysteine in children with autism. *Biological Psychiatry, 71,* 956–961.
Harris, W. V. (2002). *Restraining rage: The ideology of anger control in classical antiquity.* Cambridge, MA: Harvard University Press.
Hay, D. F., et al. (2011). Known risk factors for violence predict 12-month-old infants' aggressiveness with peers. *Psychological Science, 22,* 1205–1211.
Hellings, J. A., et al. (2006). A crossover study of risperidone in children, adolescents and adults with mental retardation. *Journal of Autism and Developmental Disorders, 36,* 401–411.
Henry, C. A., et al. (2003). Long-term outcome with divalproex in children and adolescents with bipolar disorder. *Journal of Child and Adolescent Psychopharmacology, 13,* 523–529.
Herrmann, D. S., et al. (2003). Anger and aggression management in young adolescents: An experimental validation of the SCARE program. *Education and Treatment of Children, 26,* 273–302.
Hert, M. de, et al. (2011). Metabolic and endocrine adverse effects of second-generation antipsychotics in children and adolescents: A systematic review of randomized, placebo controlled trials and guidelines for clinical practice. *European Psychiatry, 26,* 144–158.
Hesdorffer, D. C., et al. (2004). ADHD as a risk factor for incident unprovoked seizures and epilepsy in children. *Archives of General Psychiatry, 61,* 731–736.
Ho, T. P., et al. (1996). Help-seeking behaviours among child psychiatric clinic attenders in Hong Kong. *Social Psychiatry and Psychiatric Epidemiology, 31,* 292–298.
Hollander, E., et al. (2006). A double-blind placebo-controlled pilot study of olanzapine in childhood/adolescent pervasive developmental disorder. *Journal of Child and Adolescent Psychopharmacology, 16,* 541–548.
Hollander, E., et al. (2010). Divalproex sodium vs placebo for the treatment of irritability in children and adolescents with autism spectrum disorders. *Neuropsychopharmacology, 35,* 990–998.
Howlin, P., et al. (2009). Systematic review of early intensive behavioral interventions for children with autism. *American Journal on Intellectual and Developmental Disabilities, 114,* 23–41.
Hunt, J., et al. (2009). Irritability without elation in a large bipolar youth sample: Frequency and clinical description. *Journal of the American Academy of Child & Adolescent Psychiatry, 48,* 730–739.
Izard, C. E., et al. (1995). The ontogeny and significance of infants' facial expressions in the first 9 months of life. *Developmental Psychology, 31,* 997–1013.
Jack, R. E., et al. (2012). Facial expressions of emotion are not culturally universal. *Proceedings of the National Academy of Sciences of the United States of America, 109,* 7241–7244.
Jones, A. P., et al. (2009). Amygdala hypoactivity to fearful faces in boys with conduct problems and callous-unemotional traits. *American Journal of Psychiatry, 166,* 95–102.
Jope, R. S. (1999). Anti-bipolar therapy: Mechanism of action of lithium. *Molecular Psychiatry, 4,* 117–128.
Judd, L. L., et al. (2013). Overt irritability/anger in unipolar major depressive episodes: past and current characteristics and implications for long-term course. *JAMA Psychiatry, 70,* 1171–1180.

Kafantaris, V., et al. (2003). Lithium treatment of acute mania in adolescents: A large open trial. *Journal of the American Academy of Child & Adolescent Psychiatry, 42,* 1038–1045.

Kafantaris, V., et al. (2004). Lithium treatment of acute mania in adolescents: A placebo-controlled discontinuation study. *Journal of the American Academy of Child & Adolescent Psychiatry, 43,* 984–993.

Kagan, J. (2004). *What is emotion?* New Haven, CT: Yale University Press.

Keltikangas-Jarvinen, L., et al. (2009). Dopamine and serotonin systems modify environmental effects on human behavior: A review. *Scandinavian Journal of Psychology, 50,* 574–582.

Ketter, T. A., et al. (2003). Physiological and pharmacological induction of affect. In J. R. Davidson, K. R. Scherer, & H. H. Goldsmith (Eds.), *Handbook of affective sciences* (pag. 930–962). Oxford: Oxford University Press.

Kim-Cohen, J., et al. (2006). MAOA, maltreatment, and gene-environment interaction predicting children's mental health: New evidence and a meta-analysis. *Molecular Psychiatry, 11,* 903–913.

Kochanska, G. (1997). Multiple pathways to conscience for children with different temperaments: From toddlerhood to age 5. *Developmental Psychology, 33,* 228–240.

Kowatch, R. A., et al. (2003). Combination pharmacotherapy in children and adolescents with bipolar disorder. *Biological Psychiatry, 53,* 978–984.

Krebs, G., et al. (2013). Temper outbursts in paediatric obsessive–compulsive disorder and their association with depressed mood and treatment outcome. *Journal of Child Psychology and Psychiatry, 54,* 313–322.

Krieger, F. V., et al. (2011). An open-label trial of risperidone in children and adolescents with severe mood dysregulation. *Journal of Child and Adolescent Psychopharmacology, 21,* 237–243.

Krieger, F. V., et al. (2013). Dimensions of oppositionality in a Brazilian community sample: testing the DSM-5 proposal and etiological links. *Journal of the American Academy of Child & Adolescent Psychiatry, 52,* 389–400.

Labarbera, J. D., et al. (1976). Four- and six-month-old infants' visual responses to joy, anger, and neutral expressions. *Child Development, 47,* 535–538.

Lahey, B. B., et al. (1992). Oppositional defiant and conduct disorders: Issues to be resolved for DSM-IV. *Journal of the American Academy of Child & Adolescent Psychiatry, 31,* 539–546.

Lavigne, J. V., et al. (2001). Oppositional defiant disorder with onset in preschool years: longitudinal stability and pathways to other disorders. *Journal of the American Academy of Child & Adolescent Psychiatry, 40,* 1393–1400.

Lax Pericall, M. T., et al. (2014). Family function and its relationship to injury severity and psychiatric outcome in children with acquired brain injury: A systematized review. *Developmental Medicine & Child Neurology, 56,* 19–30.

Lecavalier, L. (2006). Behavioral and emotional problems in young people with pervasive developmental disorders: Relative prevalence, effects of subject characteristics, and empirical classification. *Journal of Autism and Developmental Disorders, 36,* 1101–1114.

Ledoux, J. E. (2000). Emotion circuits in the brain. *Annual Review of Neuroscience, 23,* 155–184.

Leibenluft, E. (2011). Severe mood dysregulation, irritability, and the diagnostic boundaries of bipolar disorder in youths. *American Journal of Psychiatry, 168,* 129–142.

Leibenluft, E., et al. (2003). Defining clinical phenotypes of juvenile mania. *American Journal of Psychiatry, 160,* 430–437.

Leibenluft, E., et al. (2006). Chronic versus episodic irritability in youth: A community-based, longitudinal study of clinical and diagnostic associations. *Journal of Child and Adolescent Psychopharmacology, 16,* 456–466.

Leibenluft, E., et al. (2007). Neural circuitry engaged during unsuccessful motor inhibition in pediatric bipolar disorder. *American Journal of Psychiatry, 164,* 52–60.

Leigh, E., et al. (2012). Mood regulation in youth: Research findings and clinical approaches to irritability and short-lived episodes of mania-like symptoms. *Current Opinion in Psychiatry, 25,* 271–276.

Lench, H. C., et al. (2011). Discrete emotions predict changes in cognition, judgment, experience, behavior, and physiology: A meta-analysis of experimental emotion elicitations. *Psychological Bulletin, 137,* 834–855.

Lewinsohn, P. M., et al. (1993). Adolescent psychopathology: I. Prevalence and incidence of depression and other DSM-III-R disorders in high school students. *Journal of Abnormal Psychology, 102,* 133–144.

Lewis, C. T., & Short, C. (1879). Irritabilis. In C. T. Lewis & C. Short (Eds.), *A Latin dictionary. Founded upon Andrew's Edition of Freund's Latin Dictionary.* Oxford: Clarendon Press.

Lewis, M., et al. (2005). Infant emotional and cortisol responses to goal blockage. *Child Development, 76,* 518–530.

Lindquist, K. A., et al. (2012). The brain basis of emotion: A meta-analytic review. *Behavioral and Brain Science, 35,* 121–143.

Lindquist, K. A., et al. (2013). The hundred-year emotion war: Are emotions natural kinds or psychological constructions? Comment on Lench, Flores, and Bench (2011). *Psychological Bulletin, 139,* 255–263.

Liu, H. Y., et al. (2011). Pharmacologic treatments for pediatric bipolar disorder: A review and meta-analysis. *Journal of the American Academy of Child & Adolescent Psychiatry, 50,* 749–762.

Lochman, J. E., et al. (2011). Cognitive-behavioral therapy for externalizing disorders in children and adolescents. *Child and Adolescent Psychiatric Clinics of North America, 20,* 305–318.

Loebel, A., et al. (2014). Lurasidone monotherapy in the treatment of bipolar I depression: A randomized, double-blind, placebo-controlled study. *American Journal of Psychiatry, 171,* 160–168.
Lovheim, H. (2012). A new three-dimensional model for emotions and monoamine neurotransmitters. *Medical Hypotheses, 78,* 341–348.
Luby, J., et al. (2006). Risperidone in preschool children with ASD: An investigation of safety and efficacy. *Journal of Child and Adolescent Psychopharmacology, 16,* 575–587.
McCann, D., et al. (2007). Food additives and hyperactive behaviour in 3-year-old and 8/9-year-old children in the community: A randomised, double-blinded, placebo-controlled trial. *Lancet, 370,* 1560–1567.
McClellan, J., et al. (2007). Practice parameter for the assessment and treatment of children and adolescents with bipolar disorder. *Journal of the American Academy of Child & Adolescent Psychiatry, 46,* 107–125.
McClintock, K., et al. (2003). Risk markers associated with challenging behaviours in people with intellectual disabilities: A meta-analytic study. *Journal of Intellectual Disability Research, 47,* 405–416.
McCracken, J. T., et al. (2002). Risperidone in children with autism and serious behavioral problems. *New England Journal of Medicine, 347,* 314–321.
McIntyre, R. S., et al. (2003). Valproate, bipolar disorder and polycystic ovarian syndrome. *Bipolar Disorder, 5,* 28–35.
Maedgen, J. W., et al. (2000). Social functioning and emotional regulation in the attention deficit hyperactivity disorder subtypes. *Journal of Clinical Child Psychology, 29,* 30–42.
Malmquist, C. P. (1971). Depressions in childhood and adolescence. 1. *New England Journal of Medicine, 284,* 887–893.
Manos, M. J., et al. (2011). Changes in emotions related to medication used to treat ADHD. Part I: literature review. *Journal of Attention Disorders, 15,* 101–112.
Marcus, R. N., et al. (2009). A placebo-controlled, fixed-dose study of aripiprazole in children and adolescents with irritability associated with autistic disorder. *Journal of the American Academy of Child & Adolescent Psychiatry, 48,* 1110–1119.
Masi, G., et al. (2002). Clozapine in adolescent inpatients with acute mania. *Journal of Child and Adolescent Psychopharmacology, 12,* 93–99.
Maughan, B., et al. (2013). Depression in childhood and adolescence. *Journal of the Canadian Academy of Child and Adolescent Psychiatry, 22,* 35–40.
Max, J. E., et al. (1997). Traumatic brain injury in children and adolescents: Psychiatric disorders at two years. *Journal of the American Academy of Child & Adolescent Psychiatry, 36,* 1278–1285.
Mayes, S. D., et al. (2011). Anxiety, depression, and irritability in children with autism relative to other neuropsychiatric disorders and typical development. *Research in Autism Spectrum Disorders, 5,* 474–485.
Mendez, M. F., et al. (1993). Interictal violence in epilepsy. Relationship to behavior and seizure variables. *Journal of Nervous and Mental Disease, 181,* 566–569.
Merwood, A., et al. (2014). Genetic associations between the symptoms of attention-deficit/hyperactivity disorder and emotional lability in child and adolescent twins. *Journal of the American Academy of Child & Adolescent Psychiatry, 53*(209–220), e4.
Mesquita, B., & Frijda, N. H. (1992). Cultural variations in emotions: A review. *Psychological Bulletin, 112,* 179–204.
Mick, E., et al. (2005). Heterogeneity of irritability in attention-deficit/hyperactivity disorder subjects with and without mood disorders. *Biological Psychiatry, 58,* 576–582.
Mikita, N., et al. (2015). Irritability in boys with autism spectrum disorders: An investigation of physiological reactivity. *Journal of Child Psychology and Psychiatry, 56,* 1118–1126.
Miklowitz, D. J., et al. (2003). A randomized study of family-focused psychoeducation and pharmacotherapy in the outpatient management of bipolar disorder. *Archives of General Psychiatry, 60,* 904–912.
Miklowitz, D. J., et al. (2008). Family-focused treatment for adolescents with bipolar disorder: Results of a 2-year randomized trial. *Archives of General Psychiatry, 65,* 1053–1061.
Mobbs, D., et al. (2007). When fear is near: Threat imminence elicits prefrontal-periaqueductal gray shifts in humans. *Science, 317,* 1079–1083.
Mobbs, D., et al. (2010). Neural activity associated with monitoring the oscillating threat value of a tarantula. *Proceedings of the National Academy of Sciences of the United States of America, 107,* 20582–20586.
Moreno, C., et al. (2007). National trends in the outpatient diagnosis and treatment of bipolar disorder in youth. *Archives of General Psychiatry, 64,* 1032–1039.
Morgan, S., et al. (2007). Antipsychotic drugs in children with autism. *British Medical Journal, 334,* 1069–1070.
MTA. (1999). A 14-month randomized clinical trial of treatment strategies for attention-deficit/hyperactivity disorder. The MTA Cooperative Group. Multimodal Treatment Study of Children with ADHD. *Archives of General Psychiatry, 56,* 1073–1086.
Nagaraj, R., et al. (2006). Risperidone in children with autism: Randomized, placebo-controlled, double-blind study. *Journal of Child Neurology, 21,* 450–455.
Narrow, W. E., et al. (2013). DSM-5 field trials in the United States and Canada, Part III: Development and reliability testing of a cross-cutting symptom assessment for DSM-5. *American Journal of Psychiatry, 170,* 71–82.

NCHS. (2006). *The international classification of diseases, 9th revision, clinical modification.* Washington, DC: Government Printing Office.
NICE (National Institute for Health and Care Excellence) (2006). *Bipolar disorder. The management of bipolar disorder in adults, children and adolescents, in primary and secondary care.* London: National Institute of Health and Care Excellence.
NICE (National Institute for Health and Care Excellence) (2007). *Bipolar disorder: The management of bipolar disorder in adults, children and adolescents, in primary and secondary care.* London: National Clinical Practice Guideline.
NICE (National Institute for Health and Care Excellence) (2008). Attention deficit hyperactivity disorder: Diagnosis and management of ADHD in children, young people and adults. *NICE Clinical Guideline, 72.* ▶http://www.nice.org.uk/CG72.
OED (2007). *Irritability. Shorter Oxford English dictionary.* 6th ed. Oxford: Oxford University Press.
Olfson, M., et al. (2006). National trends in the outpatient treatment of children and adolescents with antipsychotic drugs. *Archives of General Psychiatry, 63,* 679–685.
Ortony, A., et al. (1990). What's basic about basic emotions? *Psychological Science, 97,* 315–331.
Owen, R., et al. (2009). Aripiprazole in the treatment of irritability in children and adolescents with autistic disorder. *Pediatrics, 124,* 1533–1540.
Packard, M. G., et al. (2002). Learning and memory functions of the basal ganglia. *Annual Review of Neuroscience, 25,* 563–593.
Pandina, G. J., et al. (2007). Risperidone improves behavioral symptoms in children with autism in a randomized, double-blind, placebo-controlled trial. *Journal of Autism and Developmental Disorders, 37,* 367–373.
Passarotti, A. M., et al. (2010). Emotion processing influences working memory circuits in pediatric bipolar disorder and attention-deficit/hyperactivity disorder. *Journal of the American Academy of Child & Adolescent Psychiatry, 49,* 1064–1080.
Pathak, S., Findling, R. L., Earley, W. R., Acevedo, L. D., Stankowski, J., & Delbello, M. P. (2013). Efficacy and safety of quetiapine in children and adolescents with mania associated with bipolar I disorder: A 3-week, double-blind, placebo-controlled trial. *The Journal of Clinical Psychiatry, 74*(1), e100–e109. ▶http://doi.org/10.4088/JCP.11m07424.
Pavuluri, M. N., et al. (2004). Open-label prospective trial of risperidone in combination with lithium or divalproex sodium in pediatric mania. *Journal of Affective Disorders, 82,* S103–S111.
Pavuluri, M. N., et al. (2010). Double-blind randomized trial of risperidone versus divalproex in pediatric bipolar disorder. *Bipolar Disorder, 12,* 593–605.
Paykel, E. S. (1971). Classification of depressed patients: A cluster analysis derived grouping. *The British Journal of Psychiatry, 118,* 275–288.
Perlis, R. H., et al. (2009). Irritability is associated with anxiety and greater severity, but not bipolar spectrum features, in major depressive disorder. *Acta Psychiatrica Scandinavica, 119,* 282–289.
Phillips, A. G., et al. (2003). Amygdalar control of the mesocorticolimbic dopamine system: Parallel pathways to motivated behavior. *Neuroscience and Biobehavioral Reviews, 27,* 543–554.
Phillips, M. L., et al. (2008). A neural model of voluntary and automatic emotion regulation: Implications for understanding the pathophysiology and neurodevelopment of bipolar disorder. *Molecular Psychiatry, 13,* 829–857.
Pickles, A., et al. (2003). Natural categories or fundamental dimensions: On carving nature at the joints and the rearticulation of psychopathology. *Development and Psychopathology, 15,* 529–551.
Pickles, A., et al. (2010). Predictors of suicidality across the life span: The Isle of Wight study. *Psychological Medicine, 40,* 1453–1466.
Pilling, S., et al. (2013). Recognition, intervention, and management of antisocial behaviour and conduct disorders in children and young people: Summary of NICE-SCIE guidance. *British Medical Journal, 346,* f1298.
Polanczyk, G., et al. (2007). The worldwide prevalence of ADHD: A systematic review and metaregression analysis. *American Journal of Psychiatry, 164,* 942–948.
Potegal, M., et al. (2003). Temper tantrums in young children: 2. Tantrum duration and temporal organization. *Journal of Developmental and Behavioral Pediatrics, 24,* 148–154.
Reddy, Y. C., et al. (2000). Juvenile bipolar disorder. *Acta Psychiatrica Scandinavica, 102,* 162–170.
Rodin, E. A. (1973). Psychomotor epilepsy and aggressive behavior. *Archives of General Psychiatry, 28,* 210–213.
Rolls, E. T. (2007). *Emotion explained.* Oxford: Oxford University Press.
Rolls, E. T., et al. (1994). Emotion-related learning in patients with social and emotional changes associated with frontal lobe damage. *Journal of Neurology, Neurosurgery, & Psychiatry, 57,* 1518–1524.
Rowe, K. S., & Rowe, K. J. (1994). Synthetic food coloring and behavior: A dose response effect in a double-blind, placebo-controlled, repeated-measures study. *Journal of Pediatrics, 125,* 691–698.
Rowe, R., et al. (2010). Developmental pathways in oppositional defiant disorder and conduct disorder. *Journal of Abnormal Psychology, 119,* 726–738.
Ruhe, H. G., et al. (2007). Mood is indirectly related to serotonin, norepinephrine and dopamine levels in humans: A meta-analysis of monoamine depletion studies. *Molecular Psychiatry, 12,* 331–359.
RUPPAN (2002). Research Units on Pediatric Psychopharmacology Autism Network. Risperidone in children with autism and serious behavioral problem. *New England Journal of Medicine, 347,* 314–321.

Rutter, M. (2000). Genetic studies of autism: From the 1970s into the millennium. *Journal of Abnormal Child Psychology, 28,* 3–14.
Rutter, M., et al. (1997). Integrating nature and nurture: Implications of person-environment correlations and interactions for developmental psychopathology. *Development and Psychopathology, 9,* 335–364.
Sagvolden, T., et al. (2005). A dynamic developmental theory of attention-deficit/hyperactivity disorder (ADHD) predominantly hyperactive/impulsive and combined subtypes. *Behavioral and Brain Science, 28,* 397–419.
Sano, K., et al. (1970). Results of stimulation and destruction of the posterior hypothalamus in man. *Journal of Neurosurgery, 33,* 689–707.
Savard, G., et al. (2003). Psychiatric aspects of patients with hypothalamic hamartoma and epilepsy. *Epileptic Disorders, 5,* 229–234.
Scarpa, A., & Raine, A. (1997). Psychophysiology of anger and violent behavior. *Psychiatric Clinics of North America, 20,* 375–394.
Schachar, R., et al. (1987). Changes in family function and relationships in children who respond to methylphenidate. *Journal of the American Academy of Child & Adolescent Psychiatry, 26,* 728–732.
Scheffer, R. E., et al. (2005). Randomized, placebo-controlled trial of mixed amphetamine salts for symptoms of comorbid ADHD in pediatric bipolar disorder after mood stabilization with divalproex sodium. *American Journal of Psychiatry, 162,* 58–64.
Scheres, A., et al. (2007). Ventral striatal hyporesponsiveness during reward anticipation in attention-deficit/hyperactivity disorder. *Biological Psychiatry, 61,* 720–724.
Schopler, E., et al. (1986). *The Childhood Autism Rating Scale (CARS): For diagnostic screening and classification of autism.* New York: Irvington.
Scott, S., et al. (2012). An experimental test of differential susceptibility to parenting among emotionally-dysregulated children in a randomized controlled trial for oppositional behavior. *Journal of Child Psychology and Psychiatry, 53,* 1184–1193.
Seo, D., et al. (2008). Role of serotonin and dopamine system interactions in the neurobiology of impulsive aggression and its comorbidity with other clinical disorders. *Aggression and Violent Behavior, 13,* 383–395.
Shaffer, D., et al. (1975). Psychiatric outcome of localized head injury in children. *Ciba Foundation Symposium, 34,* 191–213.
Shaw, P., et al. (2014). Emotion dysregulation in attention deficit hyperactivity disorder. *American Journal of Psychiatry, 171,* 276–293.
Shea, S., et al. (2004). Risperidone in the treatment of disruptive behavioral symptoms in children with autistic and other pervasive developmental disorders. *Pediatrics, 114,* e634–e641.
Siegel, A., et al. (1999). Neuropharmacology of brain-stimulation-evoked aggression. *Neuroscience and Biobehavioral Reviews, 23,* 359–389.
Silva, H., et al. (2007). Serotonin transporter polymorphism and fluoxetine effect on impulsiveness and aggression in borderline personality disorder. *Actas Españolas de Psiquiatría, 35,* 387–392.
Silver, J. M., et al. (2011). *Textbook of traumatic brain injury.* Washington, DC: American Psychiatric Publishing Inc.
Simonoff, E., et al. (2008). Psychiatric disorders in children with autism spectrum disorders: Prevalence, comorbidity, and associated factors in a population-derived sample. *Journal of the American Academy of Child & Adolescent Psychiatry, 47,* 921–929.
Simonoff, E., et al. (2012). Severe mood problems in adolescents with autism spectrum disorder. *Journal of Child Psychology and Psychiatry, 53,* 1157–1166.
Snyder, R., et al. (2002). Effects of risperidone on conduct and disruptive behavior disorders in children with subaverage IQs. *Journal of the American Academy of Child & Adolescent Psychiatry, 41,* 1026–1036.
Sobanski, E., et al. (2010). Emotional lability in children and adolescents with attention deficit/hyperactivity disorder (ADHD): Clinical correlates and familial prevalence. *Journal of Child Psychology and Psychiatry, 51,* 915–923.
Sonuga-Barke, E. J., et al. (2013). Nonpharmacological interventions for ADHD: Systematic review and meta-analyses of randomized controlled trials of dietary and psychological treatments. *American Journal of Psychiatry, 170,* 275–289.
Speltz, M. L., et al. (1999). Preschool boys with oppositional defiant disorder: Clinical presentation and diagnostic change. *Journal of the American Academy of Child & Adolescent Psychiatry, 38,* 838–845.
Spencer, T. J., et al. (2001). Parsing pediatric bipolar disorder from its associated comorbidity with the disruptive behavior disorders. *Biological Psychiatry, 49,* 1062–1070.
Steinhausen, H. C., et al. (1998). Prevalence of child and adolescent psychiatric disorders: The Zurich Epidemiological Study. *Acta Psychiatrica Scandinavica, 98,* 262–271.
Stringaris, A. (2011). Irritability in children and adolescents: A challenge for DSM-5. *European Child and Adolescent Psychiatry, 20,* 61–66.
Stringaris, A. (2015). Emotion, emotion regulation and disorder: conceptual issues for clinicians and neuroscientists. In A. Thapar, D. S. Pine, J. F. Leckman, S. Scott, J. Snowling & E. Taylor (Eds.), *Rutter's child and adolescent psychiatry.* 6th ed. London: Wiley Blackwell.
Stringaris, A., et al. (2009a). Mood lability and psychopathology in youth. *Psychological Medicine, 39,* 1237–1245.
Stringaris, A., et al. (2009b). Three dimensions of oppositionality in youth. *Journal of Child Psychology and Psychiatry, 50,* 216–223.

Stringaris, A., et al. (2009c). Adult outcomes of youth irritability: A 20-year prospective community-based study. *American Journal of Psychiatry, 166*, 1048–1054.
Stringaris, A., et al. (2009d). Longitudinal outcome of youth oppositionality: Irritable, headstrong, and hurtful behaviors have distinctive predictions. *Journal of the American Academy of Child & Adolescent Psychiatry, 48*, 404–412.
Stringaris, A., et al. (2010a). Pediatric bipolar disorder versus severe mood dysregulation: Risk for manic episodes on follow-up. *Journal of the American Academy of Child & Adolescent Psychiatry, 49*, 397–405.
Stringaris, A., et al. (2010b). Youth meeting symptom and impairment criteria for mania-like episodes lasting less than four days: An epidemiological enquiry. *Journal of Child Psychology and Psychiatry, 51*, 31–38.
Stringaris, A., et al. (2012a). The Affective Reactivity Index: A concise irritability scale for clinical and research settings. *Journal of Child Psychology and Psychiatry, 53*, 1109–1117.
Stringaris, A., et al. (2012b). Adolescent irritability: Phenotypic associations and genetic links with depressed mood. *American Journal of Psychiatry, 169*, 47–54.
Stringaris, A., et al. (2013). Irritable mood as a symptom of depression in youth: Prevalence, developmental and clinical correlates in the Great Smoky Mountains Study. *Journal of the American Academy of Child & Adolescent Psychiatry, 52*, 831–840.
Stringaris, A., et al. (2014). Developmental pathways from childhood conduct problems to young adult depression: Findings from the ALSPAC cohort. *The British Journal of Psychiatry, 205*, 17–23.
Strober, M., et al. (1995). Recovery and relapse in adolescents with bipolar affective illness: A five-year naturalistic, prospective follow-up. *Journal of the American Academy of Child & Adolescent Psychiatry, 34*, 724–731.
Strober, M., et al. (1998). Early childhood attention deficit hyperactivity disorder predicts poorer response to acute lithium therapy in adolescent mania. *Journal of Affective Disorders, 51*, 145–151.
Strohle, A., et al. (2008). Reward anticipation and outcomes in adult males with attention-deficit/hyperactivity disorder. *Neuroimage, 39*, 966–972.
Sukhodolsky, D. G., et al. (2004). Cognitive-behavioral therapy for anger in children and adolescents: A meta-analysis. *Aggression and Violent Behavior, 9*, 247–269.
Sukhodolsky, D. G., et al. (2009). Randomized trial of anger control training for adolescents with Tourette's syndrome and disruptive behavior. *Journal of the American Academy of Child & Adolescent Psychiatry, 48*, 413–421.
Surguladze, S. A., et al. (2003). A preferential increase in the extrastriate response to signals of danger. *Neuroimage, 19*, 1317–1328.
Surman, C. B., et al. (2011). Deficient emotional self-regulation and adult attention deficit hyperactivity disorder: A family risk analysis. *American Journal of Psychiatry, 168*, 617–623.
Talarovicova, A., et al. (2007). Some assessments of the amygdala role in suprahypothalamic neuroendocrine regulation: A minireview. *Endocrine Regulations, 41*, 155–162.
Tateno, A., et al. (2003). Clinical correlates of aggressive behavior after traumatic brain injury. *Journal of Neuropsychiatry & Clinical Neurosciences, 15*, 155–160.
Taylor, E., et al. (1984). Hyperactive behavior in English schoolchildren: A questionnaire survey. *Journal of Abnormal Child Psychology, 12*, 143–155.
Taylor, E., et al. (1991). *The epidemiology of childhood hyperactivity*. Oxford: Oxford University Press.
Taylor, E., et al. (2008). Disorders of attention and activity. In M. Rutter, D. V. M. Bishop, D. S. Pine, S. Scott, J. Stevenson, E. Taylor, et al. (Eds.), *Rutter's child and adolescent psychiatry* (5th ed., pp. 521–42). Oxford: Blackwell Publishing.
Tohen, M., et al. (2007). Olanzapine versus placebo in the treatment of adolescents with bipolar mania. *American Journal of Psychiatry, 164*, 1547–1556.
Tramontina, S., et al. (2009). Aripiprazole in children and adolescents with bipolar disorder comorbid with attention-deficit/hyperactivity disorder: A pilot randomized clinical trial. *Journal of Clinical Psychiatry, 70*, 756–764.
Troost, P. W., et al. (2005). Long-term effects of risperidone in children with autism spectrum disorders: A placebo discontinuation study. *Journal of the American Academy of Child & Adolescent Psychiatry, 44*, 1137–1144.
Wagner, K. D., et al. (2002). An open-label trial of divalproex in children and adolescents with bipolar disorder. *Journal of the American Academy of Child & Adolescent Psychiatry, 41*, 1224–1230.
Wakschlag, L. S., et al. (2007). A developmental framework for distinguishing disruptive behavior from normative misbehavior in preschool children. *Journal of Child Psychology and Psychiatry, 48*, 976–987.
Wakschlag, L. S., et al. (2010). Research review: 'Ain't misbehavin': Towards a developmentally-specified nosology for preschool disruptive behavior. *Journal of Child Psychology and Psychiatry, 51*, 3–22.
Wakschlag, L. S., et al. (2012). Defining the developmental parameters of temper loss in early childhood: Implications for developmental psychopathology. *Journal of Child Psychology and Psychiatry, 53*, 1099–1108.
Wasman, M., et al. (1962). Directed attack elicited from hypothalamus. *Archives of Neurology, 6*, 220–227.
Weissman, M. M., et al. (1971). Clinical evaluation of hostility in depression. *American Journal of Psychiatry, 128*, 261–266.
Wierzbicka, A. (1999). *Emotion universals. Language Design, 2*, 23–69.

Wilkowski, B. M., et al. (2008). The cognitive basis of trait anger and reactive aggression: An integrative analysis. *Personality and Social Psychology Review, 12,* 3–21.

Wittchen, H. U., et al. (1998). Prevalence of mental disorders and psychosocial impairments in adolescents and young adults. *Psychological Medicine, 28,* 109–126.

Woolfenden, S. R., et al. (2001). Family and parenting interventions in children and adolescents with conduct disorder and delinquency aged 10–17. *Cochrane Database of Systematic Reviews*, (2), CD003015.

Wozniak, J., et al. (1995). Mania-like symptoms suggestive of childhood-onset bipolar disorder in clinically referred children. *Journal of the American Academy of Child & Adolescent Psychiatry, 34,* 867–876.

Yatham, L. N., et al. (2005). Canadian Network for Mood and Anxiety Treatments (CANMAT) guidelines for the management of patients with bipolar disorder: Consensus and controversies. *Bipolar Disorder, 3,* 5–69.

Yudofsky, S. C., et al. (1986). The Overt Aggression Scale for the objective rating of verbal and physical aggression. *American Journal of Psychiatry, 143,* 35–39.

Zahn-Waxler, C., et al. (1996). Japanese and United States preschool children's responses to conflict and distress. *Child Development, 67,* 2462–2477.

Zahreddine, N., & Stringaris, A. (2014). Treatment of Bipolar Disorder in children and adolescents. In D. Taylor & S. Kapur (Eds.), *Maudsley Prescribing Guidelines* (12th ed.). USA: John Wiley & Sons.

Zuddas, A., et al. (2000). Long-term risperidone for pervasive developmental disorder: efficacy, tolerability, and discontinuation. *Journal of Child and Adolescent Psychopharmacology, 10,* 79–90.

Register

A

aandachtscontrole 19, 22
ABC 65, 66
Aberrant Behavior Checklist 65
acebutolol 110
ADHD 50
affectieve agressie 38
Affectieve Posner-taak 43, 44
Affective Reactivity Index (ARI) 14, 65
afleiding 117
amygdala 38, 41, 43, 45, 96
angst 10, 47
antecedenten 11
anti-epileptica 82
anticonvulsiva 109
antipsychotica 58, 67, 82, 83
antisociaal gedrag 10
ARI. *Zie* Affective Reactivity Index
aripiprazol 67, 68, 83, 85, 103, 108, 110
arousal 39, 41, 43, 44, 47, 118
ASS 62
atomoxetine 56–58
'attention deficit hyperactivity disorder', ADHD 50
autismespectrumstoornis 62

B

basisemotie 18, 40
behandelingsplan 112
beloning 41, 46, 55, 56
bewegingsbeperking 24
bijwerkingen 68, 85, 120
bipolaire stoornis 112
bipolaire stoornis bij kinderen 58
British Child and Adolescent Mental Health Survey 78

C

carbamazepine 83, 85, 119
CD 71, 73
Child and Adolescent Psychiatric Assessment (CAPA) 78
Child Behavior Checklist 10
chloorpromazine 120
chronisch hersenletsel 107
chronische dysforie 42
clonidine 58, 110
clozapine 83, 85

cognitieve flexibiliteit 42, 46
cognitieve gedragstherapie 97
cognitieve herstructurering 118
collectivisme 26
communicatieproblemen 10
communicatieve vaardigheden 63, 66
conduct disorder 70
conserveermiddelen 56
controleerbaarheid 27
cortisolrespons 23, 64
culturele invloeden 26
cultuur 26

D

dagboek 14
definitie prikkelbaarheid 6
dementie 110
depressie 32
Development and Wellbeing Assessment 78
dexamfetamine 58
dextromethorfan 110
diagnostische afbakening 2
dimensionele benadering 30
disregulatie 8
disruptief gedragsprobleem 3
disruptieve stemmingsdisregulatiestoornis 30
'disruptive mood dysregulation disorder', DMDD 100
distress stoornissen 32
divalproaat 83, 85
divalproex 58, 83, 119
divalproexnatrium 68, 85
DMDD 51, 73, 112
dopamine 46
dreigingsnetwerk 38, 96, 97
driftbui 11, 21

E

EEG 109
EEG-abnormaliteiten 108
eetdagboek 13
elektro-encefalografie (EEG) 108
emotie 7
emotionele disregulatie 51
epilepsie 108
ernst 27
ernstige stemmingsdisregulatie 30

F

failure path 95
fluoxetine 46, 96
fMRI 42–44
functionele analyse 66
functionele magnetische resonantie beeldvorming (fMRI) 42
fysiek misbruik 25
fysieke straf 25, 55

G

gedeelde omgeving 25
gedragsbenaderingen 58
gedragsprogramma 56, 66, 116
gedragsveranderingen 106
gegeneraliseerde angst 32
gelijkblijvendheid 62, 63
gemaskeerde depressie 94
genen 96
geslachtsverschillen 23
gewichtstoename 68, 120
Great Smoky Mountains Study 71, 78, 87, 94
guanfacine 58

H

haloperidol 110
hartslagvariabiliteit 20
hersencorrelaten 40
"hete" vorm van agressie 23
hoofdpijn 120
hyperkinetische gedragsstoornis 72
'hyperkinetische stoornis' 50
hyperprolactinemie 68
hypoactivatie 44
hypothalamus 37, 38, 41, 96

I

ictale agressie 109
individualisme 26
inferieure frontale gyrus (IFG) 43, 45
inhiberende controle 21, 53
instabiliteit 8
intensiteit 27
interindividuele variatie 27
interindividuele verschillen 40
interviews 55

K

K-SADS 54
karaktertrek 2
kinidine 110
klinische presentaties 10
koppig 70
koppige dimensie 70
koppige/brutale dimensie 95
"koude" vorm van agressie 23
kritiek 115
kunstmatige kleurstoffen 56
kwaliteit 27
kwetsende dimensie 70

L

labiliteit 8
lamotrigine 119
langdurige woede 21
leerkracht 11, 56
lisdexamfetamine 58
lithium 57, 82, 83, 85, 103
lorazepam 85
lurasidon 85

M

'major depressive disorder', MDD 93
MDD 112
melatoninesupplementen 110
metabole abnormaliteiten 68
metachromatische leukodystrofie 110
methylfenidaat 57, 68
monoaminen 46, 47
monoamineoxidase A-gen 25

N

N-acetylcysteïne 68
neurologische ontwikkelings-
    stoornissen 113
niet-gedeelde omgeving 24
noradrenaline 46, 47
normatief 3

O

obesitas 68
observatie 55
ODD 112
OFC 41–43
olanzapine 67, 83, 85

omega 3-vetzuren 56
omgevingsomstandigheden 45, 96
omgevingsveranderingen 46
onderpresteren 13
ongehoorzaam gedrag 70
ongewenste voorvallen 57
ontwikkelingspaden 4, 63, 65, 72
openlijke uitdrukking van woede 21
oppositional-defiant disorder 70
opvoeding 118
orbitofrontale cortex (OFC) 40
ouderinterventies 73
ouderlijke vijandigheid 13
ouders 11
oudertraining 108, 116
overcorrectie 117
Overt-Aggression Scale-Modified 65

P

pathologische woede 113
pediatrisch bipolair debat 3
periaqueductale grijs 38, 41, 96
periodieke explosieve stoornis 113
pervasieve prikkelbaarheid 12
pijn 66, 113
pimozide 110
positieve gedragsondersteuning 66
prevalentie 2
prikkelbaarheid
– als geneigdheid 6
– definitie 6
– gouden standaard 11
– impact 14
– screening 14
– tijdsverloop 12
prikkelbare dimensie 70, 95
probleemoplossende
    behandelingen 118
pseudobulbaire paralyse 110
psycho-educatie 86, 102
psychochirurgie 37

Q

quetiapine 83, 98

R

reactieomkeringstaak 42–44
reactiviteit 6
relaties 33
response cost 117
risicobeheer 98

risperidon 58, 67, 68, 83, 85, 103, 108, 110, 120
rolbeperking 33

S

Sanfilippo-syndroom 110
SCARE-programma 118
schade 27
Schedule for Affective Disorder and
    Schizofrenia (K-SADS) 51
screening 10
sedatie 68, 109, 120
serotonine 46, 96
serotonineheropnameremmers
    (SRI's) 97
SMD 86, 88, 101
sociale leertheorie 118
sodium valproaat 103
SRI's 103, 110
stemming 7
stemmingslabiliteit 8
stemmingsstabilisatoren 58, 83
stemmingswisselingen 82
stereotyperen 26
stimulantia 53, 57
straffen 41
Strenghts and Difficulties
    Questionnaire 10
stress 64
stressor 13
stressrespons 18
structurele laesies 110
systemische lupus erythematosus 110

T

temperamentsdispositie 7
terminologie 6
terugtrekking 40
thuisobservatie 13
tijdsverloop 2
time-out 116
toegepaste gedragsanalyse 108
toenadering 40
toenadering-terugtrekking 95
troosten 19
tweelingen 24
tweelingstudie 24

U

uitdagend gedrag 107
uitlokkende factoren 114

V

valproaat 57, 119
vecht- en vluchtreacties 39
veiligheid 82, 117
verborgen woede 21
voedingsmiddelen 13

W

warmte 115
Webster-Stratton-technieken 116
Wisconsin Card Sorting Test 64
woede bij zuigelingen 18
woede-uitbarstingen 7
woedebeheersing 118
woedebeheersingstechnieken 110

Y

Young Mania Rating Scale 82, 84

Z

zelfcontrole 20
zelfrapportage 12
zelfregulering 20
ziekte van Wilson 110
ziprasidon 83

GPSR Compliance
The European Union's (EU) General Product Safety Regulation (GPSR) is a set of rules that requires consumer products to be safe and our obligations to ensure this.

If you have any concerns about our products, you can contact us on

ProductSafety@springernature.com

In case Publisher is established outside the EU, the EU authorized representative is:

Springer Nature Customer Service Center GmbH
Europaplatz 3
69115 Heidelberg, Germany

www.ingramcontent.com/pod-product-compliance
Lightning Source LLC
LaVergne TN
LVHW080314260326
834688LV00038B/1109